NTOA 45

Stefan Enste

Kein Markustext in Qumran

NOVUM TESTAMENTUM ET ORBIS ANTIQUUS (NTOA)

Im Auftrag des Biblischen Instituts
der Universität Freiburg Schweiz
herausgegeben von Max Küchler
in Zusammenarbeit mit Gerd Theissen

Zum Autor

Stefan Enste, geb. 1968 in Warstein, Westf., studierte Religionspädagogik an der Katholischen Fachhochschule NW in Paderborn, anschliessend Theologie an der Theologischen Fakultät Paderborn.

Abschluss mit dem Diplom 1998. Zur Zeit wissenschaftlicher Mitarbeiter am Lehrstuhl für Kirchengeschichte unter besonderer Berücksichtigung der Bistumsgeschichte an der Theologischen Fakultät Paderborn.
Veröffentlichung: Qumran-Fragment 7Q5 ist nicht Markus 6, 52–53. In: Zeitschrift für Papyrologie und Epigraphik 126 (1999), S. 189–194.

Novum Testamentum et Orbis Antiquus 45

Stefan Enste

Kein Markustext in Qumran

Eine Untersuchung der These:
Qumran-Fragment 7Q5 = Mk 6, 52–53

Universitätsverlag Freiburg Schweiz
Vandenhoeck & Ruprecht Göttingen
2000

Die Deutsche Bibliothek – CIP-Einheitsaufnahme

Enste, Stefan:
Kein Markustext in Qumran: eine Untersuchung der These: Qumran-Fragment 7Q5=Mk 6, 52–53 / Stefan Enste. – Freiburg, Schweiz: Univ.-Verl.; Göttingen: Vandenhoeck und Ruprecht, 2000
(Novum testamentum et orbis antiquus; 45)
ISBN 3-525-53945-2
ISBN 3-7278-1286-9

Veröffentlicht mit Unterstützung des Hochschulrates Freiburg Schweiz
und des Rektorates der Universität Freiburg Schweiz

Die Druckvorlagen der Textseiten wurden vom Autor
reprofertig zur Verfügung gestellt.

© 2000 by Universitätsverlag Freiburg Schweiz
Paulusdruckerei Freiburg Schweiz
ISBN 3-7278-1286-9 (Universitätsverlag)
ISBN 3-525-53945-2 (Vandenhoeck & Ruprecht)
ISSN 1420-4592 (Novum Testam. orb. antiq.)

*Wenn man für Freundschaft und Wohlwollen danken könnte,
so müßte ich Ihnen viel danken. Ich achte nicht bloß auf die
Summe positiver Kenntnisse, die ich ihrem Vortrag entlehnte
– mehr aber auf die allgemeine Richtung, die mein Ideengang
unter ihrer Leitung nahm.*

Alexander v. Humboldt an Georg Christoph Lichtenberg

Unter diesem Leitwort widme ich diese Untersuchung Prof. Dr. Paul Derks, meinem geduldig-ungeduldigen Lehrer.

Es ist mir eine angenehme Pflicht, denen zu danken, die mir auf ganz unterschiedliche Weise bei der Erstellung dieses Buches geholfen haben.

Besonderen Dank schulde ich Thomas Jürgen Kraus, der in der Schlußphase der Erstellung unzählige wertvolle Hinweise und Hilfen gegeben hat, von Computertricks bis zur Lieferung schwer erreichbarer Literatur.
Freund und Höhlenkollege cand. geol. Rasmus Dreyer war eine große Hilfe bei der schnellen Beschaffung von Literatur aus den Beständen der Universitätsbibliothek Bochum.
Ein Dank an Dipl. Theol. Annegret Meyer – für viele Gespräche und Diskussionen über Einzelfragen dieser Untersuchung und für Computer-Recherchen mit Bible Works 4.0.
Ein Dank an die list-members der TC-, Papy- und Orion-List, die auf meine Anfrage reagierten und mir Literatur zu 7Q5 nannten oder gleich zuschickten.
Ein Dank an Dietmar Schäfers, in dessen gut sortierter Privat-Videothek sich auch eine Aufzeichnung der mikroskopischen Untersuchung des Fragmentes 7Q5 fand.
Ein Dank an Prof. Paul Derks, Universität Essen, der auch in dieser Materie helfen konnte, vor allem als Vorbild und Ansporn in der Behandlung von Pseudowissenschaft.
Ein Dank an Prof. Peter Arzt-Grabner, Salzburg, der neben fachlichen Hilfen den Anstoß zur Veröffentlichung dieser Untersuchung in der Reihe NTOA gab.
Ein Dank an Prof. Knut Backhaus, der diese Untersuchung durch alle Stadien hilfreich begleitet hat.
Ein Dank an Freunde, Bekannte und Verwandte, die durch ihr Interesse die Entstehung dieses Buches sehr befördert haben.
Ein großes Dankeschön an Waltraud, Hannah, Karl-Jakob und den Rest der Familie, die – auf ihre je eigene Art – sehr geholfen haben, daß diese Untersuchung doch noch fertig geworden ist.
Abschließend ein besonderer Dank an Prof. Max Küchler und Prof. Gerd Theissen, die diese Untersuchung in die Reihe NTOA aufgenommen haben.

Inhaltsverzeichnis

1. Einleitung

"Lediglich das eventuelle Vorhandensein neutestamentlicher Texte [in Qumran] bringt die Bücherregale zum Einsturz, auf denen so viele Bibelforscher ihr Ansehen aufgebaut haben."[1]
Immer wieder tauchen Thesen auf, die solch zerstörerische Auswirkungen auf die Fachliteratur oder eben deren Aufbewahrungsorte – Regale, Bibliotheken – haben sollen. Eine einzige, meist eher unscheinbare, Entdeckung reicht, um jahrzehntelang etablierte Forschungstraditionen über den Haufen zu werfen. Jedoch fällt auf, daß die so angepriesenen Sensationen bei näherer Betrachtung in fast allen Fällen schnell ihre Faszination verlieren, nach kurzer Diskussion in genau die Regale verschwinden, die sie eben noch zum Einsturz hätten bringen sollen – wenn die Druckfassungen der Sensationsthesen überhaupt Einzug in wissenschaftliche Bibliotheken finden. Ein besonders fruchtbares Feld für Sensationen aller Art ist das frühe Christentum, vor allem die Person des Jesus von Nazareth. Kein Jahr vergeht, ohne daß es eine weitere ´Enthüllung´ über die Ursprünge des Christentums gegeben hat. Das bekannteste und auflagenstärkste Beispiel ist nach wie vor der Bestseller *Verschlußsache Jesus*, der schon im Untertitel verkündet, endlich *die Wahrheit über das frühe Christentum* zu bieten.[2] Für Diskussionsstoff hat das Buch zweifellos gesorgt, das Interesse auf eine archäologische Fundstätte gelenkt, auf angeblich sehr geheimnisvolle Handschriften und auf angeblich dunkle Machenschaften im Hintergrund.
In diesem Zusammenhang fiel mir 1992 – also mitten in der öffentlichen Diskussion um die *Verschlußsache Jesus* – beim Stöbern in den neutestamentlichen Beständen der Universitätsbibliothek Paderborn ein Buch in die Hände, das – trotz seiner geringen Größe – sofort mein Interesse weckte: C. P. Thiede: *Die älteste Evangelien-Handschrift?* Alles, was dort beim ersten Durchblättern und Anlesen begegnete war so herrlich glatt und einfach, alles fügte sich zum andern – und plötzlich waren sowohl das Markus-Evangelium als auch der Erste Timotheusbrief deutlich vor 68 n. Chr. geschrieben. Ob wirklich alles so einfach war? Als Studienanfänger fand ich das Buch interessant, letztlich wanderte es aber doch in das Regal zurück.
Dann entfachte der Autor des Büchleins 1996 einen großen Medienrummel, als er den „Ursprung des Christentums im Licht einer sensationellen Entdeckung"[3] beleuchtete. Konnte seriöse Wissenschaft hinter diesem Aufruhr stecken, der Pfingsten 1996 schließlich sogar zur Titelgeschichte im *Spiegel* avancierte?

---

[1] Messori, V: Gelitten unter Pontius Pilatus? S. 444. Der Autor gibt an, dieser Satz sei eine Aussage aus dem Munde J. O´Callaghans und C. P. Thiedes. Wo und wie er diese Aussage aufgezeichnet hat, teilt V. Messori leider nicht mit.

[2] Baigent/Leigh: Verschlußsache Jesus.

[3] So die Aufschrift einer leuchtend gelben Banderole, die um den Schutzumschlag des Buches Thiede/d´Ancona: Der Jesus Papyrus. herumgewickelt war.

Da kam im Winter-Semester 1996/97 ein Seminar im Fach Neues Testament ganz recht: *Frühe Papyri des Neuen Testaments: Textgut – Forschungsgeschichte – Exegetische Relevanz*. Im Verlauf dieses Seminars setzte ich mich mit zwei Themen auseinander, die von C. P. Thiede maßgeblich beeinflußt oder angestoßen worden waren: Das Fragment 7Q5 und die Neudatierung des ntl. Papyrus $\mathfrak{P}^{64}$. Aus dieser Beschäftigung heraus entstand der Entschluß, sich einer der Thesen C. P. Thiedes ausführlicher, im Rahmen einer Diplomarbeit, zuzuwenden: Der Identifizierung des Qumran Fragmentes 7Q5 mit Mk 6, 52 – 53. Im Gegensatz zur Neudatierung des $\mathfrak{P}^{64}$ findet die Identifizierung des Fragmentes 7Q5 mit Mk 6, 52 – 53 auch in der Fachwelt vereinzelt positive Resonanz.[4]

Schon die unter Zeitdruck erfolgte kurze Bearbeitung des Themas im Rahmen eines Referats hatte überraschende Ergebnisse gebracht. Von den Befürwortern der ntl. Identifizierung wurden teilweise abenteuerliche Hilfshypothesen vorgetragen, die sich bei kritischer Betrachtung als äußerst zweifelhaft erwiesen. Schließlich war da auch die offensichtliche 'Urkundenfälschung' in der englischen Ausgabe des *Jesus Papyrus* (vgl. Kap. 6. 6 dieser Arbeit) – das alles zeigte, daß es sich lohnen würde, den Argumenten der Befürworter einer solchen Identifizierung kritisch nachzugehen.

Damit ist schon gesagt, was die Grundtendenz dieser Arbeit ist: äußerste Skepsis gegenüber der Identifizierungsthese 7Q5 = Mk 6, 52 – 53. Eine solche Grundeinstellung müßte auch den Befürwortern der ntl. Identifizierung recht sein. Denn wenn die Identifizierung so sicher ist, wie es z. B. C. P. Thiede immer wieder behauptet,[5] dann dürfte ihr eine einfache Diplomarbeit kaum Schaden zufügen können. Im Gegenteil: Das Scheitern der Kritik würde zur weiteren 'Bewährung' der These führen, um die Begrifflichkeit des Fallibilismus-Prinzips aufzugreifen, die von F. Rohrhirsch[6] in die Debatte um 7Q5 eingebracht wurde. F. Rohrhirsch schreibt selbst: „Das bedeutet, daß es bei der Auseinandersetzung um die postulierte Zuordnung von O´Callaghan, 7Q5 enthalte Mk 6, 52 – 53, nicht darum geht, Hinweise *für* die Identifizierungsthese zu finden, sondern um Argumente, die der These O´Callaghans widersprechen. Zeigt sich aber bei den einzelnen Prüfungsschritten, daß nichts qualitativ Entscheidendes (damit sind Argumente in Absetzung von bloßen Meinungen gemeint) dagegen spricht, dann kann wissenschaftlich vertretbar die These O´Callaghans als gegenwärtig plausible Ar-

---

[4]   Vor allem sind es zwei Fachleute von Ruf, die sich dafür ausgesprochen haben, H. Hunger und O. Montevecchi. Letztere äußerte sich in einem Interview: „Als Papyrologin kann ich sagen, daß ich die Identifikation für sicher halte." In: 30 Tage (7/8, 1994), S. 55; weiterhin dies.: Rez. Passoni Dell´Acqua: Il Testo del Nuovo Testamento. S. 207.

[5]   Thiede, C. P.: Der Jesus Papyrus. S. 75: „Es gibt tatsächlich ein Fragment einer Papyrusrolle mit einem Evangelientext, es stammt aus Höhle 7 von Qumran, wird 7Q5 genannt und enthält die Verse Markus 6, 52 – 53.".

[6]   Rohrhirsch, F.: Markus in Qumran?

beitshypothese benutzt werden."[7] Genau diesem Anspruch möchte sich die vorliegende Arbeit stellen.

Der inhaltliche Aufbau, der Gang der Argumentation ist damit schon vorgezeichnet: Zuerst wird der Gegenstand der Untersuchung vorgestellt, das Fragment 7Q5 (Kap. 2), wie ist dieses Fragment in den Gesichtskreis der Forschung gelangt? Anschließend soll die Forschungsgeschichte – von der ersten Edition des Fragmentes 1962 bis zu den letzten erreichbaren Veröffentlichungen und Kommentaren zum Thema von 1999 – vorgestellt werden (Kap. 3). Zur Forschungsgeschichte gehört eine gesonderte Behandlung anderer Identifizierungsversuche (Kap. 3.5), sowie abschließend eine kritische Betrachtung der von Befürwortern der mk. Identifizierung unternommenen Papyrus-Vergleiche zur Stützung ihrer These (Kap. 3. 6). Das 4. Kapitel geht kurz auf die Bedeutung des Fragmentes 7Q5 ein, indem es die Frage der Markus-Datierung im Zusammenhang mit der Diskussion um 7Q5 anschneidet. Im Kapitel 5 werden Argumente untersucht, die von Befürwortern der mk. Identifizierung zur Stützung der These 7Q5 = Mk 6, 52 – 53 vorgebracht werden, im Kapitel 6 dagegen solche Argumente, die gegen diese Identifizierung sprechen. Kapitel 7 versucht dann, die so gewonnenen Erkenntnisse zusammenzufassen.

Die vorliegende Untersuchung geht auf meine Diplomarbeit an der Theologischen Fakultät Paderborn vom Sommersemester 1998 zurück. Für diese Druckfassung ist sie aktualisiert und überarbeitet worden. Literatur wurde – soweit eben möglich – bis Dezember 1999 berücksichtigt.

Neutestamentliche Zitate sind in der Übersetzung *Münchener Neues Testament* angeführt.

---

[7] Rohrhirsch, F.: Markus in Qumran? S. 20.

2.   Zum Fragment 7Q5

In diesem Kapitel soll kurz erörtert werden, wie der eigentliche Gegenstand der Untersuchung – das Papyrus-Fragment 7Q5 – in den Gesichtskreis der Forschung geriet. Es geht also um die erste Etappe: die Forschungsgeschichte vor der Edition des Fragmentes.

2.1   Entdeckungsgeschichte der Schriften aus Qumran

Die Entdeckungsgeschichte der Qumran-Schriften gehört zu den bekanntesten 'Sagen' in der Geschichte der Archäologie. Da sie an vielen Stellen in unterschiedlicher Ausführlichkeit nachzulesen ist, außerdem nur wenig über das Fragment 7Q5 aussagt, soll hier nur in aller Kürze darauf eingegangen werden.[8]
1947/48 wurden die ersten Qumran-Schriften von Beduinen gefunden. "Die Beduinen erzählten, einer ihrer Hütejungen, Muhammad edh-Dhib, »der Wolf«, vom Stamm der Ta´amireh, habe die Höhle zufällig entdeckt, als er einer entlaufenen Ziege seiner Herde in die Felsen hinauf nachgestiegen sei. Was damals ansonsten geschehen ist, kann man nicht mehr genau feststellen."[9] Über verschiedene Stationen – einen christlichen Schuster in Bethlehem, den syrischen Metropoliten in Jerusalem, die Hebräische Universität in Jerusalem – wurden die Schriftrollen schließlich der Wissenschaft bekannt.[10]
Von 1952 – 1958 fanden unter der Leitung des Dominikaner-Paters R. de Vaux verschiedene Untersuchungen und Ausgrabungen in der Gegend der Ruinenstätte Chirbet Qumran statt. Dennoch blieben die Beduinen im Auffinden neuer Schriftenhöhlen erfolgreicher als die Wissenschaftler. Insgesamt wurden nahezu 300 Höhlen und Felsspalten in der Umgebung untersucht, 40 von ihnen enthielten Hinweise auf menschliche Begehung, teilweise vorgeschichtlich, 26 Höhlen enthielten Keramik, wie sie auch bei der Ausgrabung der Ruinenstätte Chirbet Qumran gefunden worden war.[11] Diese Keramik bot einen wichtigen Hinweis auf die Zusammengehörigkeit der Höhlen und der Ruinenstätte. Die in Qumran vor Ort produzierten Töpferwaren sind einzigartig, nirgendwo ist Keramik diesen Stils sonst hergestellt worden.[12] Von besonderer Bedeutung sind jedoch die 11 Höhlen, in denen Schriftstücke gefunden wurden.[13] Insgesamt, so die Schät-

---

8   Vgl. dazu z. B. VanderKam, J. C.: Einführung in die Qumranforschung.
9   Stegemann, H.: Die Essener. S. 11.
10   Vgl. Stegemann, H.: Die Essener. S. 11 f.
11   Vgl. de Vaux, R.: Archaeology. S. 51.
12   Vgl. Stegemann, H.: Die Essener. S. 14 f.; Rohrhirsch, F.: Wissenschaftstheorie und Qumran. S. 295 – 297.
13   Ausführliche Behandlung der Höhlen mit Schriftfunden bei Stegemann, H.: Die Essener. S. 98 – 115; kurze Auflistung der Funde – Schriften, Keramik u. a.- bei

zung J. Maiers, waren in den Höhlen einmal 800 – 1000 Schriftrollen vorhanden.[14]

Der gesamte Befund wurde von R. de Vaux als Hinterlassenschaft einer hochorganisierten religiösen Gemeinschaft gedeutet.[15] Daran gab es von Anfang an Zweifel. So wurde z. B. das hohe Alter der Qumran-Rollen angezweifelt. S. Zeitlin vertrat gar die These einer mittelalterlichen Schriftenproduktion.[16] Paläographische Datierung und die absolute Altersbestimmung mittels C^{14}-Datierung haben die Richtigkeit der zeitlichen Einordnung in die beiden Jahrhunderte um die Zeitenwende jedoch bestätigt.[17] Bis heute ist die These eines 'Wüstenklosters' in Qumran verbreitet und zur Standard-Erklärung geworden. Dennoch gab und gibt es immer wieder Versuche, die Siedlung Qumran, die Höhlen, die Schriften in eine andere Richtung zu deuten.[18] Letztlich spielt die Deutung des Gesamt-Befundes von Qumran und Umgebung in der Fragestellung dieser Arbeit jedoch nur eine untergeordnete Rolle.[19]

2.2 Entdeckungsgeschichte des Fragmentes 7Q5

Im Zuge der Ausgrabungskampagne von 1955 wurden zwischen dem 7. Februar und dem 15. März auch die Höhlen 7Q, 8Q und 9Q untersucht,[20] die der Siedlung Qumran von allen Höhlen am nächsten liegen. Sie befinden sich an der südlichen Abbruchkante der Terasse, auf der die Siedlung Qumran errichtet wurde. Der größte Teil der Höhle 7Q ist im Laufe der Jahrhunderte durch Erosion abgetragen und in das ca. 50 m tiefer gelegen Wadi Qumran abgerutscht.[21] Dennoch wurden im verbliebenen Höhlenrest einige Funde gemacht.

---

[14] Rohrhirsch, F.: Wissenschaftstheorie und Qumran. S. 288 – 294; weiterhin Maier, J.: Die Qumran-Essener III. S. 6 f.

[15] Vgl. Maier, J.: Die Qumran-Essener. S. 7.

Vgl. dazu Rohrhirsch, F.: Wissenschaftstheorie und Qumran. S. 298 – 302, der das Ergebnis von R. de Vaux ausdrücklich unterstützt; vgl. aber die sehr zurückhaltenden Rezensionen von Ph. R. Davies, J. Zangenberg und H. Weippert.

[16] Vgl. Zeitlin, S.: The Dead Sea Scrolls.

[17] Vgl. Maier, J.: Die Qumran-Essener III. S. 2.

[18] Eine Auseinandersetzung mit den verschiedenen Deutungen Qumrans bei Rohrhirsch, F.: Wissenschaftstheorie und Qumran. S. 298 – 333; sehr aufschlußreich auch eine aktuelle Diskussion unter Archäologen; vgl. Shanks, H.: Qumran. Mit sehr guten Farbabbildungen und Illustrationen!

[19] Einzig in Kapitel 6. 1 kommt der Gesamt-Deutung ein gewisser Stellenwert zu.

[20] Vgl. zu diesem Komplex DJD III. S. 27 – 30.

[21] Aus diesem Grund ist es m. E. sehr problematisch von einer 'Höhlenverschließung im Jahr 68 n. Chr.' zu sprechen, wie es Rohrhirsch, F.: Markus in Qumran? S. 28 – 30 tut. Leider gibt es keine genaue Beschreibung der Höhle, bleibt es unklar, wie die Höhlen einmal erreichbar waren, wie sich die Eingangssituation darstellt. Wenn der Höhlenzugang nicht erhalten ist, dann ist es nicht möglich, eine Verschließung der Höhle zu behaupten.

Es fand sich Qumran-typische Keramik, Krüge, Deckel, Schalen, Reste einer Öllampe u. a.[22] Auf einem der Krüge – Krug 7Q-6 – fand sich an zwei Stellen die hebräische Aufschrift   רומא, die als Aufschrift eines Personennamens gedeutet wurde.[23]

Abgesehen von der Keramik wurden auch einige wenige Reste von Handschriften gefunden.[24] Die 21 Papyrus-Fetzen wurden 18 verschiedenen Schriften zugeordnet.[25] Auf einigen der Reste ist nicht einmal ein Buchstabe sicher zu identifizieren.[26] Außerdem fand sich im verhärteten Lehm der spiegelverkehrte Abdruck eines Papyrus-Textes.[27]

Ausdrücklich wird die Möglichkeit bejaht, daß die Höhle 7Q als Wohnhöhle gedient haben könnte.[28]

H. Stegemann stellt nun einen interessanten Zusammenhang her. Er deutet den geringen und noch dazu sehr fragmentarischen Bestand der Höhle 7Q dahingehend, daß einmal ein großer Bestand an Schriften vorhanden war, der irgendwann jedoch wieder aus der Höhle entfernt worden ist. Bei dieser Ausräumung seien die 1955 in der Höhle 7Q gefundenen Fragmente abgeblättert.[29] Auf eine solche Ausräumung gibt es möglicherweise sogar einen Hinweis: "In der Zeit zwischen 228 und 254 n. Chr. fertigte Origenes seine berühmte Hexapla an, [...]. Dabei stand ihm für den griechischen Psalter eine weitere Textfassung zur Verfügung, die zusammen mit anderen hebräischen und griechischen Handschriften »in der Zeit des Antoninus, des Sohnes des Severus, in einem Tonkrug im Gebiet von Jericho gefunden wurde« (nach Fridericus Field, Origenes Hexaplorum quae supersunt, 1875, Band I, S. XLIV). [...] Tonkrüge mit Handschriften hat man noch nirgendwo anders in Palästina entdeckt als »im Gebiet von Jericho«, nämlich im Zusammenhang mit der Qumran-Siedlung. *Griechische* Schriftrollen oder Fragmente von solchen lassen sich aber nur für *zwei* der Fundorte von Qumran-Handschriften nachweisen."[30] Diesen Hinweis bezieht H.

---

22   Vgl. die Zusammenstellung und Zeichnung in DJD III. S. 28 – 30; ebenso DJD III. Planches. Taf. 8.

23   Vgl. DJD III. S. 30.

24   Vgl. DJD III. S. 142 – 146, sowie die Abbildung in DJD III. Planches. Taf. 30.

25   Interessante Beobachtungen machte E. A. Muro: 7Q21; ders.: 7Q20, der Hinweise auf zwei weitere Fragmente aus der Höhle 7Q fand. Einmal ist auf den frühen Aufnahmen des Fundinventars der Höhle 7Q – PAM 42.358 – ein Fragment abgebildet, das in der Veröffentlichung DJD III nicht abgebildet ist. Darauf ist ein einziger Buchstabe sicher zu erkennen, ein v. Weiterhin gibt es in einem Artikel von R. de Vaux einen Hinweis auf ein Pergament-Fragment, das, im Unterschied zu den übrigen Fragmenten aus der Höhle 7Q, hebräisch beschriftet ist. Auch dieses Fragment fehlt in DJD III.

26   Vgl. DJD III. S. 145, die Transkription der Fragmente 7Q14, 7Q16, 7Q17.

27   Vgl. DJD III. S. 145 f., sowie die Abbildung in DJD III. Planches. Taf. 30.

28   DJD III. S. 30: „Possibilité d´habitat: Oui, dans l´état primitif.".

29   Vgl. Stegemann, H.: Die Essener. S. 111.

30   Stegemann, H.: Die Essener. S. 111 f.

Stegemann nun auf die Höhlen 7Q, 8Q und 9Q, da dort sowohl griechische und hebräische Schriftrollen als auch Tonkrüge gefunden worden sind. Außerdem passe die Beschreibung auf die teilweise zerstörten Höhlen, da eben gar nicht von Höhlen gesprochen werde, allein der Tonkrug Erwähnung findet.[31] „Deshalb ist so gut wie sicher, daß die zusätzliche Psalter-Kolumne der Hexapla des Origenes den Text einer Schriftrolle wiedergegeben hat, mit der sich zuletzt im Jahre 68 n. Chr. der damalige Bewohner des Raumes 7Q beschäftigt hatte."[32] Nun ist eine solche These verlockend,[33] 'sicher' ist es aber nicht, daß aus der Höhle 7Q griechische Handschriften entfernt wurden. Vor allem sollte nicht vorschnell eine Verbindung zwischen den Krug-Resten in Höhle 7Q und den Handschriften gezogen werden.[34]

---

[31] Vgl. Stegemann, H.: Die Essener. S. 112.

[32] Stegemann, H.: Die Essener. S. 112.

[33] Schon kurz nach dem Bekanntwerden der Qumran-Schriften ist auf einen ganz ähnlichen Fall verwiesen worden. Es wurde vermutet, daß die Karäer, eine im 8. Jahrhundert gegründete jüdische Reform-Bewegung, wichtige Schriften aus einer der Qumran-Höhlen geborgen hätten. Auch über diesen Schriftenfund gibt es historische Nachrichten Auf diesem Weg ist die sog. *Damaskus-Schrift* aus Qumran, über einige Abschreib-Stationen, schließlich in die Geniza der Karäer-Synagoge in Kairo gelangt. Vgl. dazu Kahle, P. F.: Die Kairoer Genisa. S. 13 – 29, besonders S. 16 – 18; ders.: Zehn Jahre Entdeckungen in der Wüste Juda. Sp. 647 f.; Stegemann, H.: Die Essener. S. 101 – 104.

[34] Auch die Befürworter der ntl. Identifizierung des Fragmentes 7Q5 werden diese Beziehung annehmen, freilich aus anderen Gründen; vgl. Kap. 6. 1 dieser Arbeit.

3.   Abriß der Forschungsgeschichte

3.1   Erste Publikation

1962, also sieben Jahre nach den Untersuchungen und Ausgrabungen der Höhle 7Q, wurde der dritte Band der Serie *Discoveries in the Judean Desert of Jordan* vorgelegt, mit dem Titel *Les 'Petites Grottes' de Qumran*. In diesem Band werden die Ergebnisse der Ausgrabungen publiziert, dabei auch die Ergebnisse der Untersuchung von Höhle 7Q.[35]

Von den 18 Papyrus-Fragmenten und dem Abdruck eines Fragmentes auf dem verhärteten Boden (7Q19) werden zwei Fragmente identifiziert, 7Q1 und 7Q2.[36] 7Q1 enthält eine Passage aus dem Buch Exodus, Ex 28,4-6 (Fragment 1) und Ex 28, 7 (Fragment 2). Für 7Q2 wird eine Passage aus dem Buch Baruch, Bar 6, 43 – 44, angenommen.[37] Die übrigen Fragmente und Textreste konnten nicht identifiziert werden. Die Herausgeber vermuten jedoch biblische Texte hinter den Fragmenten 7Q3 – 7Q5.[38] Die Fragmente 7Q6 – 7Q18 sind so klein, die Zahl der sicher erhaltenen Buchstaben so gering, daß für diese auch keine Vermutung mehr vorgetragen wird.[39]

Das Fragment 7Q5 wird in dieser Erstveröffentlichung folgendermaßen vorgestellt:

"Papyrus fin, très abîmé, et disloqué à droite. Surface rugueuse, dos plus lisse. L´écriture appartient au 'Zierstil' et peut dater de 50 av. à 50 ap. J.-C. Hauteur des lettres 2 à 3 mm. Les mots semblent séparés par des intervalles allant jusqu'à 5 mm. (l. 3). Interlignes de 7 à 9 mm.

  Si on restitue ἐγέννησεν à la l. 4, le f. [= Fragment] peut provenir de quelque généalogie.

  Le déchiffrement et les notes sont dues au R. P. Boismard.

].[

]. τῷ α.[

] η   καὶ τω[

ἐγέ]γνησ [εν

] θη εσ [

---

35   Vgl. DJD III. S. 27 – 30; 32 – 36; 142 – 146.

36   Vgl. DJD III. S. 142 f.

37   Für die Identifizierung müssen einige Varianten angenommen werden, DJD III. S. 143: „On remarquera aux ll. 3 à 5 une sentence qui revient souvent dans la Lettre de Jérémie sous des formes variées, et qui présente ici une variante de la Lucianique et du syriaque."

38   Als Überschrift über diesen Abschnitt ist zu lesen: DJD III. S. 143: „**3-5.** Textes bibliques (?)".

39   Dieser Abschnitt ist überschrieben: DJD III. S. 145: „**6 – 18:** Fragments divers".

L. 1: trace d'*epsilon, thêta, omicron* ou *sigma*.

L. 2: après *alpha*, peut-être un *pi*, mais les traces ont l'air trop basses.

L. 3, début: *êta* probable (cf. l. 5). Dernière lettre: *oméga* ou *omicron*.

L. 4, fin: trace anguleuse de *sigma*. ἐγέννησεν n'est qu'une suggestion.

L. 5: première lettre *omicron* ou plutôt *thêta*; troisième *epsilon* ou *sigma* (le trait médian n'est pas certain); quatrième *sigma, epsilon* ou *thêta*."[40]

Im ebenfalls 1962 erschienenen Tafelband zeigen zwei Tafeln Funde aus der Höhle 7Q, Tafel VIII die Keramikfunde, Tafel XXX die Papyrusfragmente und den Abdruck in verhärtetem Boden. Die Abbildung in diesem Tafelband war lange Zeit die einzig zugängliche Reproduktion des Fragmentes 7Q5.[41]

In der bisherigen Diskussion ist dabei ein Punkt stark vernachlässigt worden, der Erhaltungszustand des Fragmentes. Schon den Herausgebern der Erstedition ist aufgefallen, daß es am rechten Rand eine Verschiebung gibt. Diese könnte durch eine Quetschfalte verursacht worden sein.[42] E. A. Muro vermutet daß das Fragment aus zwei oder drei verschiedenen Einzelteilen besteht.[43] Dabei enthält das größte (linke) Fragment die noch heute lesbaren Buchstaben, das kleinere (rechte) Fragment nur Tintenspuren. Zwischen beiden finden sich kleinere Papyrusreste, die keinem der beiden größeren Bruchstücke eindeutig zugeordnet werden können. Eine behutsame Restaurierung könnte den Bestand lesbarer Buchstaben also durchaus vergrößern, da sich die einzelnen Teile stellenweise überlagern, was zwangsläufig einige Buchstaben verdecken muß.

3.2   Jose O'Callaghan

1972, also zehn Jahre nach der Erstedition der Fragmente aus der Höhle 7Q, erscheint in der Zeitschrift *Biblica* ein Aufsatz von J. O'Callaghan: *¿Papiros neotestamentarios en la cueva 7 de Qumran?*. J. O'Callaghan arbeitete zuerst mit den bereits identifizierten Papyri 7Q1 und 7Q2. Aus 'Neugierde' wandte er sich dann den übrigen Fragmenten zu.[44] Ansatzpunkt war ihm dabei die Buchstabenkombination ννησ in Zeile 4 des Fragments 7Q5. War von den Herausgebern der Erstedition vorgeschlagen worden, diese Buchstabenfolge zu ἐγέννησεν zu vervollständigen, so versuchte es J. O'Callaghan mit dem topographischen Namen Γεννησαρέτ. Dadurch wurde er auf die Stelle Mk 6, 52 – 53 verwiesen, die auch im übrigen recht gut zum Buchstabenbestand des Fragmentes 7Q5 paßte. Auf knapp fünf Seiten stellt er seine Identifizierung vor.

---

[40]   DJD III. S. 144.

[41]   Vgl. DJD III. Planches. Tafel XXX, 5.

[42]   Briefliche Mitteilung von P. Arzt-Grabner.

[43]   Vgl. Muro, E. A.: 7Q5. „Disloqué à droite".

[44]   O'Callaghan, J.: ¿Papiros neotestamentarios. S. 92: „[...] y entoces sentí cierta curiosidad por los otros fragmentos adéspotas."

Mittels zweier Vergleichspapyri versucht J. O´Callaghan die bisher geltende paläographische Einordnung zu präzisieren, wobei sein Ergebnis die Mitte des ersten Jahrhunderts nach Christus ist,[45] ein Wert, der zumindest theoretisch mit einem Textfund des Markusevangeliums zu vereinbaren wäre. J. O´Callaghan sieht die Schwierigkeiten, mit der seine Hypothese belastet ist und versucht, diese so gut es geht aus dem Weg zu räumen. Ausführlich widmet er sich der Lesung schwieriger Buchstaben.[46] Den offensichtlich nicht passenden Buchstaben δ in Zeile 3 versucht er durch eine Lautverwechslung zu erklären,[47] und, um eine stimmige Stichometrie zu erreichen, scheidet er gleich drei Wörter aus dem Text aus: ἐπὶ τὴν γῆν.[48] Als Beleg für diese Auslassung kann er keine griechischen, nur einige koptische und spätere lateinische Zeugen anführen.[49] Im gleichen Aufsatz schlägt er noch zwei weitere neutestamentliche Identifizierungen vor: für das Fragment 7Q6,1 Mk 4, 28 und für 7Q8 Jak 1, 23 – 24. Von Anfang an macht J. O´Callaghan auf die weitreichenden Folgen seiner Identifizierung aufmerksam.

Es kann nicht verwundern, daß sich sofort kritische Stimmen zu Wort melden, so z. B. P. Benoit,[50] M. Baillet[51] und C. H. Roberts.[52] Ihre Kritik richtet sich gegen die Schwachstellen der These J. O´Callaghans, die anfechtbare Deutung unsicherer Buchstaben, den nicht ausreichend belegten Wechsel von δ zu τ, und die willkürliche Auslassung dreier Wörter.

M. Baillet macht auf einen schweren Lesefehler J. O´Callaghans aufmerksam: J. O´Callaghan hat nicht berücksichtigt, daß auf das ω in Zeile 2 ein ι folgt, das in der Transkription als *iota-subscriptum* wiedergegeben ist und von J. O´Callaghan offensichtlich übersehen wurde.[53]

---

[45]   Vgl. O´Callaghan, J.: ¿Papiros neotestamentarios. S. 93.

[46]   Vgl. O´Callaghan, J.: ¿Papiros neotestamentarios. S. 93- 96.

[47]   Vgl. O´Callaghan, J.: ¿Papiros neotestamentarios. S. 95.

[48]   Vgl. O´Callaghan, J.: ¿Papiros neotestamentarios. S. 97.

[49]   Vgl. O´Callaghan, J.: ¿Papiros neotestamentarios. S. 97. Noch in der gleichen Ausgabe der Zeitschrift Biblica wird diese Angabe von C. M. Martini korrigiert; vgl. ders.: Note sui papiri. S. 103: „Infatti entrambe le versioni copte rendono le parole con un´espressione che corrisponde letteralmente a εἰς τὸ πέραν. Esse interpretano quindi, ma non omettono. Perciò non si hanno testimoni per l´omissione."

[50]   Benoit, P.: Note sur les fragments grecs.

[51]   Baillet, M.: Les manuscrits. (1972); ders.: Les manuscrits. (1973).

[52]   Roberts, C. H.: On some presumed papyrus fragments.

[53]   Baillet, M.: Les manuscrits. S. 510: „Par contre, après l´*oméga*, la lecture NH est absolument impossible. Il y a d´abord un *iota*, qui est adscrit dans le document, mais souscrit dans l´édition, et que J. O´Callaghan a complètement négligé. Cet *iota* est sûr, et il est absurde d´y voir le jambage gauche d´un *nu*." (Vgl. zu dieser Frage ausführlich Kap. 6.6 dieser Arbeit). An dieser Stelle darf vielleicht gefragt werden, ob die ganze lange Debatte um das Fragment 7Q5 wohl unterblieben wäre, wenn J. O´Callaghan an dieser Stelle sorgfältiger gearbeitet hätte, ob ihn die dann noch größere Zahl der Unvereinbarkeiten nicht davon abgehalten hätte, mit

Neben diesen kritischen Stimmen gibt es aber auch vorsichtiges Abwarten, wie es in einem populärwissenschaftlich gehaltenen Aufsatz von J. A. Fitzmyer deutlich wird.[54]

Daß biblizistisch-evangelikale Kreise die 'Entdeckung' J. O'Callaghans enthusiastisch begrüßen, kann nicht verwundern. Hier sei nur auf eine „Special 9-page section on the latest discovery among the Dead Sea Scrolls" in der amerikanischen Zeitschrift *Eternity* verwiesen.[55]

Noch bevor die Kritik der ausgewiesenen Fachleute ihn erreicht, veröffentlicht J. O'Callaghan einen weiteren Aufsatz, in dem er vorschlägt, 7Q4 mit 1Tim 3, 16; 4, 1.3 zu identifizieren.[56] Auch für drei weitere Fragmente aus der Höhle 7 schlägt er noch neutestamentliche Identifizierungen vor.[57]

Ausführlich verteidigt J. O'Callaghan dann seine neutestamentlichen Identifizierungen gegen alle bisher vorgetragene Kritik.[58] Dabei betont er, daß er mittlerweile auch mit den Original-Fragmenten in Jerusalem arbeiten konnte.[59] Besonders erwähnenswert ist, daß in diesem Aufsatz erstmals aussagekräftige Abbildungen der umstrittenen Fragmente vorgelegt werden.[60] Auch auf das Problem des angeblichen Lautwechsels von δ zu τ geht J. O'Callaghan kurz ein.[61] Seine Argumentation ist nicht sonderlich gründlich: Lautwechsel seien in griechischen Papyri normal, außerdem in einem Vergleichpapyrus – dem $\mathfrak{P}^9$ – allgemein akzeptiert. Der Hauptunterschied zwischen diesen Papyri ist jedoch ihr unterschiedlicher Umfang: 7Q5 bietet 10 sichere Buchstaben, $\mathfrak{P}^9$ dagegen 61. Und so

---

| 54 | dieser Meldung an die wissenschaftliche Öffentlichkeit zu gehen. Einmal gesagt, ging es anschließend nur noch um Verteidigung der angegriffenen These. |

Fitzmyer, J. A.: A Qumran Fragment of Mark? Interessant ist der Versuch J. A. Fitzmyers, die heftigen Reaktionen der Kritiker J. O'Callaghans populärpsychologisch zu erklären, ebd. S. 649: „I have also learned that M. Baillet thinks that he [J. O'Callaghan] is all wrong. But could this be the original editor's reluctance to admit that someone else has succeeded where he did not?" und über C. H. Roberts: „But again is it a case of a Spaniard succeeding where an Englishman failed?" Zu fragen ist dabei, ob eine solch einfache Psychologisierung den berechtigten Einwänden der Kritiker auch nur im Ansatz gerecht wird.

55 Vgl. Eternity 23 (1972), S. 25 – 33; vgl. hier vor allem White, W.: A Layman's guide to O'Callaghan's Discovery. S. 27 – 31, in dem die Identifizierung J. O'Callaghans bereits als „find of the century" gefeiert wird. Positiv zu vermerken ist auf jeden Fall die aufschlußreiche graphische Rekonstruktion des mk. Textes für das Fragment 7Q5, ebd. S. 27.

56 O'Callaghan, J.: ¿1Tim 3, 16; 4, 1.3 en 7Q4?

57 O'Callaghan, J.: Tres probables papiros neotestamentarios en la cueva 7 de Qumran. Es sind dies 7Q6,2 als Apg 27, 38, 7Q7 als Mk 12, 17 und 7Q9 als Röm 5, 11 – 12.

58 O'Callaghan, J.: Notas sobre 7Q tomadas.

59 Vgl. O'Callaghan, J.: Notas sobre 7Q tomadas. S. 517.

60 Vgl. O'Callaghan, J.: Notas sobre 7Q tomadas. S. 521 f. Besonders hilfreich ist das stark vergrößerte Infrarot-Photo des Fragmentes 7Q5 auf S. 522.

61 Vgl. O'Callaghan, J.: Notas sobre 7Q tomadas. S. 528 – 530.

wird J. O´Callaghans Vergleich auch nur dadurch zum Argument, daß er sich vorstellt, wie es wäre, wenn vom $\mathfrak{P}^9$ nur der linke Rand gefunden worden wäre.[62] Zwingend überzeugend ist ein solch hypothetischer Vergleich nicht.

In der Folge beschäftigt sich J. O´Callaghan mit der Frage, ob im Fragment 7Q5 eventuell ein klassischer griechischer Text verborgen sein könnte – eine Frage, die er letztlich verneint.[63]

Auch der Frage nach dem angeblichen Lautwechsel von δ zu τ widmet er einen kurzen Aufsatz. Darin legt er 20 Beispiele aus vier Papyri für diese Verschreibung vor.[64]

1974 legte J. O´Callaghan eine Zusammenfassung seiner ntl. Identifikationen von Fragmenten aus der Höhle 7 in Buchform vor.[65] Innerhalb dieses Buches nimmt die Darlegung der Identifizierung von 7Q5 den breitesten Raum ein.[66] Darin fällt besonders die ausführliche Behandlung der Frage nach dem angeblichen Lautwechsel von δ zu τ auf.[67] Erstmals führt J. O´Callaghan als Beispiel für einen solchen 'Lautwechsel' eine Inschrift vom Tempel in Jerusalem an, auf der statt δρυφακτον τρυφακτον geschrieben ist.[68]

3.3   Kurt Aland

1973 und 1974 erfolgen wichtige Stellungnahmen von K. Aland "zu den angeblichen Entdeckungen von Professor O´Callaghan".[69] In seiner Eigenschaft als Leiter des Instituts für neutestamentliche Textforschung in Münster war K. Aland von J. O´Callaghan angeschrieben worden, "welcher die Publikationen seiner ersten vier Identifikationen von Papyrusfragmenten aus Höhle 7 von Qumran mit neutestamentlichen Texten ankündigte. Diesem Brief waren die Transkriptionen bzw. Rekonstruktionen der Texte beigefügt, mit der gleichzeitigen Bitte um Mitteilung, welche Nummern diese Papyri in der neutestament-

---

62   Vgl. O´Callaghan, J.: Notas sobre 7Q tomadas. S. 530.

63   Vgl. O´Callaghan, J.: El ordenador, 7Q5 y Homero; ders.: El ordenador, 7Q5 y los autores griegos.

64   Vgl. O´Callaghan, J.: El cambio δ > τ. S. 416. Die Überzeugungskraft der angeführten Beispiele soll weiter unten noch überprüft werden, vgl. Kap. 6.5.

65   Vgl. O´Callaghan, J.: Los papiros griegos. Vgl. die kurzen Rezensionen von L. Sabourin und J. A. Fitzmyer.

66   Vgl. O´Callaghan, J.: Los papiros griegos. S. 44 – 61.

67   Vgl. O´Callaghan, J.: Los papiros griegos. S. 51 – 53.

68   Vgl. O´Callaghan, J.: Los papiros griegos. S. 53. Diesen Hinweis verdankt er J. Vardaman: The earliest Fragments of the New Testament. S. 375, der im übrigen jedoch eine sehr vorsichtige Haltung gegenüber der mk. Identifizierung von 7Q5 einnimmt.

69   So der Untertitel von Aland, K.: Neue Neutestamentliche Papyri? S. 19.

lichen Handschriftenliste erhalten sollten."[70] Die Identifizierungen J. O'Callaghans konnten K. Aland jedoch nicht überzeugen.

In der Zeitschrift *Bibel und Kirche* gibt K. Aland eine kurze Stellungnahme ab: "Inzwischen liegen alle Rekonstruktionen [der angeblich neutestamentlichen Texte der Fragmente aus Höhle 7Q] vor. Und zu meinem großen Bedauern bin ich genötigt zu sagen, daß *keine* von ihnen Aussicht auf allgemeine Anerkennung hat: weder bei den Papyrologen, noch bei den neutestamentlichen Textforschern. Denn sie sind alle nach dem gleichen Muster erstellt wie für das Markusevangelium, die damals so großes Aufsehen erregte: Auf den winzigen Papyrusbruchstücken, die nur ganz wenige Buchstaben mit Sicherheit festzustellen erlauben, wird mehr gelesen, als dort steht, und dann wird daraus die Rekonstruktion einer neutestamentlichen Vorlage entwickelt, die nur möglich ist, wenn man ihrem Text Gewalt antut."[71] Vor allem wendet sich K. Aland gegen überzogene Folgerungen für die (Früh-) Datierung neutestamentlicher Schriften.

1974 veröffentlicht K. Aland eine ausführliche Stellungnahme. Zuerst verweist er auf die Datierungsfragen, da ja C. H. Roberts eher für eine Niederschrift vor der Zeitenwende plädiert hatte.[72] Dann stellt er die Frage nach dem "Sitz im Leben"[73] und schneidet dabei die Probleme der Markus-Datierung und die Frage von ntl. Texten auf Rolle statt im Kodex an. "Einigermaßen durchschlagend"[74] erscheint K. Aland vor allem die Überlegung, daß J. O'Callaghan von den Fragmenten aus der Höhle 7Q vier als Reste des Markus-Evangeliums rekonstruiert, die von verschiedenen Schreibern niedergeschrieben wurden. Daß aber "in der 'Bibliothek' dieser Gemeinde außer den genannten neutestamentlichen Schriften gleich noch vier verschiedene Exemplare des Markusevangeliums existiert haben sollen – und zwar sämtlich zur gleichen Zeit um 50 n. Chr. geschrieben – das sprengt doch wohl alle Möglichkeiten der Phantasie und macht O'Callaghans Hypothese von vornherein zu einer Schimäre."[75]

Besonderes Gewicht legt K. Aland jedoch auf einen Computerversuch mit dem 'Fragment-Identifizierungsprogramm' das in Münster durch das Institut für neutestamentliche Textforschung und das Rechenzentrum der Universität entwickelt wurde.[76] Das Ergebnis dieses Versuchs ist auf den ersten Blick überraschend, für 7Q5 schlug das Programm einzig Lk 3, 19 – 20 vor, nicht aber Mk 6, 52 – 53.[77] Die Identifizierung mit Lk 3, 19 – 20 schließt K. Aland dennoch aus: "Vergleicht man aber einmal, was sich aus der Rekonstruktion als Begleit-

---

[70]   Aland, K.: Neue neutestamentliche Papyri III. S. 357.
[71]   Aland, K.: Neue neutestamentliche Papyri? S. 19.
[72]   Vgl. Aland, K.: Neue neutestamentliche Papyri III. S. 360 f.
[73]   Vgl. Aland, K.: Neue neutestamentliche Papyri III. S. 361 f.
[74]   Vgl. Aland, K.: Neue neutestamentliche Papyri III. S. 362.
[75]   Vgl. Aland, K.: Neue neutestamentliche Papyri III. S. 362 f.
[76]   Vgl. Aland, K.: Neue neutestamentliche Papyri III. S. 370.
[77]   Vgl. Aland, K.: Neue neutestamentliche Papyri III. S. 375. Eine weitere Möglichkeit der Identifizierung – Hebr 11, 22 – 23 - ergab sich durch die nicht völlig auszuschließende Lesung der Zeile 3 des Fragmentes 7Q5 als και π.

buchstaben für die eingegebenen Kombinationen ergibt [...], mit den Lesungen [...] des Ausgrabungsbandes oder denen O'Callaghans – dann erweist sich auch diese Rekonstruktion als unmöglich."[78]

Auf diese vollständige Ablehnung von einflußreicher Stelle mußte J. O'Callaghan reagieren. Er tat dies 1976 in einem ausführlichen Artikel in der Zeitschrift *Aegyptus*.[79] J. O'Callaghan kritisiert, K. Aland habe sich zu ausführlich mit eben jenen Fragmenten beschäftigt, die nur als möglicherweise dem NT entstammend charakterisiert worden waren.[80] Überhaupt möchte J. O'Callaghan seine Identifizierungen als *"working hypothesis"* betrachtet wissen.[81] Weiterhin habe K. Aland wichtige paläographische Argumente für die ntl. Identifizierung vernachlässigt, vor allem "the existence of a clear «paragraphus» in 7Q5."[82] Angeregt von den Computer-Experimenten K. Alands greift J. O'Callaghan ebenfalls auf diese technische Unterstützung zurück. Seine Eingabe unterscheidet sich jedoch an einer wichtigen Stelle von der K. Alands: Für Zeile 2 läßt J. O'Callaghan και und nicht καιτ oder καιπ eingeben, wie es K. Aland getan hatte. Durch diesen anderen Ausgangspunkt wird nun auch die Stelle Mk 6, 52 – 53 für den Computer auffindbar:[83] "I think it can be fairly said that as a result of the computer studies [...] there is no other passage that corresponds so well to the paleographical context of 7Q5 as that of Mk 6: 52 – 53."[84] Für die Zukunft kündigt J. O'Callaghan eine mathematische Studie an, welche den Grad an Wahrscheinlichkeit aufzeigen soll, daß es sich bei 7Q5 nicht um einen bisher unbekannten literarischen Text handelt.[85] Wesentliche Neuigkeiten gibt es also vom Begründer der ntl. Identifizierung nicht, abgesehen davon, daß er einen Computer-Test vorweisen kann, der *für* seine Hypothese spricht.

---

[78] Aland, K.: Neue neutestamentliche Papyri III. S. 375.

[79] O'Callaghan, J.: The Identifications of 7Q.

[80] O'Callaghan, J.: The Identifications of 7Q. S. 289: „Further, the motivation to see if in the smallest papyri of 7Q any NT text could be identified was exclusively the desire to verify whether any other *possible* fragment of the Greek NT might be found in the same cave. Obviously I never considered it opportune to base my theory on the most insignificant fragments of 7Q. If Aland had taken this into account, he doubtless could have avoided much of the work evidenced by his article, for the fundamental problem is entered in 7Q4 and 7Q5."; „I have always been very uncertain that the smaller fragments were NT but it has been precisely these which have been most seriously attacked. Aland, too, follows this procedure."

[81] O'Callaghan, J.: The Identifications of 7Q. S. 288.

[82] O'Callaghan, J.: The Identifications of 7Q. S. 289.

[83] Vgl. O'Callaghan, J.: The Identifications of 7Q. S. 291: „This also allowed control of the group ΚΑΙΔ supposing the change of δ > τ required in my identification."

[84] O'Callaghan, J.: The Identifications of 7Q. S. 292.

[85] O'Callaghan, J.: The Identifications. S. 292: „Once this work is finished, and if the results still favor my theory [...] I would like to see a mathematical study made on the possibilities and probabilities that in 7Q5 we are not dealing with an unknown literary text."

W. N. Pickering befürwortet in einem vierseitigen Appendix zu seinem Buch *The Identity of the New Testament Text* die These J. O'Callaghans.[86] Jedoch hinterfragt er dessen Argumente an keiner Stelle. Seine Beobachtungen zu einzelnen Buchstaben sind oberflächlich und falsch, sein Ton gegenüber M. Baillet ungehörig.

1978 erscheint in Amerika ein Buch, das sich rückhaltlos für die Identifizierung von 7Q5 mit Mk 6, 52 – 53 ausspricht, D. Estrada; W. White: *The First New Testament.* Der Tonfall der beiden 'konservativen' Forscher ist kämpferisch,[87] sie sehen in der These J. O'Callaghans – der übrigens ein ausführliches Vorwort beisteuerte – einen willkommenen Beleg für eine Frühdatierung des ganzen NT. In dieser Frage sind die Autoren wahrlich nicht zimperlich: "The gospel of Mark, traditionally thought to represent the reminiscences and sermons of Peter, was written down as a continuos narrative at such an early date that the original must have been written before the other Gospels and soon after, if not during, the public ministry of Jesus."[88] Weiterhin ist die große Zahl sachlicher Fehler auffällig.[89] Zwar beklagt C. P. Thiede, daß dieser Versuch der Stützung der ntl.

---

[86]   Pickering, W. N.: The Identity. S. 145 – 148.

[87]   Stellenweise ist 'kämpferisch' wohl noch zu schwach, um die gehässigen Ausfälle der Autoren zu beschreiben. Estrada/White: The First New Testament. S. 39 f.: „But the professors in the seminaries apply the twisted logic of the eighteenth-century German philosopher Immanuel Kant and disguise their basic unbelief in the credibility of the New Testament with their layers of academic but unintelligible jargon." Das Feindbild der Autoren ist eindeutig – die deutsche kritische Exegese, als deren Hauptvertreter ihnen R. Bultmann – wer sonst? – gilt: „Unfortunately, the great German scholar did not live long enough to see his lifework of criticism undone by the tiny papyri from Qumran, but its epitaph could not have been better stated than by an anonymous scholar quoted by *Time* magazine who said of O'Callaghan's discoveries: »They can make a bonfire of 70 tons of indigestible German scholarship.«" Der Horizont der Autoren ist allem Anschein nach weitgehend auf Amerika beschränkt, ebd. S. 77: „The fact that the official publication of these fragments was in French and that the plates were of such poor quality further obscured their true nature."

[88]   Estrada/White: The First New Testament. S. 139.

[89]   Einige Beispiele: Estrada/White: The First New Testament. S. 71: „Cave 7 was discovered in mid-March 1955. It lay [sic!] nearly a mile to the north of Khirbet Qumran, on a different ridge." Tatsächlich aber liegt die Höhle 7Q nicht eine Meile (also 1.600 m) nördlich von Qumran auf einem anderen Gebirgsgrat, sondern ca. 100 m südlich von Qumran auf genau der gleichen Gebirgsterasse, auf der sich auch die Ruinen befinden; hier ist also jede Angabe falsch! Ebd. S. 72: „There are three aspects in which the small fragments from Cave 7 are absolutely unique from all the other finds at Qumran: (1) All the fragments are exclusively in Greek; none are in Hebrew or Aramaic. (2) They are all of papyrus [...]. Almost all of the other texts and fragments from Qumran are of parchment [...]. (3) All have writing on only one side of the papyrus sheet, which means they were pieces of a scroll rather than pages from a book or codex." Es gibt in Qumran durchaus weitere Fragmente in griechischer Sprache, sie bilden zwar die Ausnahme, kom-

Identifizierungen J. O'Callaghans in der europäischen Wissenschaft unberücksichtigt blieb,[90] angesichts der peinlichen Fehler und des nahezu durchgängig

men aber auch außerhalb der Höhle 7Q vor, z. B. 4Q119 (=4QLXXLev[a]); 4Q120 (= 4QLevpapLXX[b]); 4Q121 (= 4QLXXNum). Auch kommen neben den Fragmenten von Lederrollen einige Papyrus-Fragmente vor, die – nach seriösen Schätzungen – einmal ca. 10 % des Gesamtbestandes augemacht haben (vgl. Maier, J.: Die Qumran-Essener III. S. 8). Die Behauptung, die Tatsache der einseitigen Beschriftung sei „unique from all of the other finds at Qumran" ist absurd, es dürften alle Qumran-Funde nur einseitig beschrieben worden sein. Ebd. S. 74: "The fragments are dated by no less an authority than the British scholar C. H. Roberts as being within the first century after Christ." Tatsächlich aber sah die Datierung durch C. H. Roberts ganz anders aus: „I should place it in the first century B. C., not excluding the possibility of a date in the first half of the first century A. D." (Roberts, C. H.: Brief vom 17. 7. 1958. In: Baillet, M.: Les manuscrits de la Grotte 7. S. 515). Ebd. S. 92: „O'Callaghan also gives the examples of fragments of Homer and Menander, which contain half as many visible letters as fragment 5 and yet were identified with certainty." Zumindest für Menander (P. Oxy. XXXVIII 2831 = Menander: Samia 385 – 390) ist das falsch, da das Fragment 17 eindeutige Buchstaben enthält, also fast die doppelte Anzahl der 10 Buchstaben des 'sicheren Bestandes' von 7Q5. Ebd. S. 98 vergleichen die Autoren sogar den $\mathfrak{P}^{52}$ mit dem Fragment 7Q5 und werfen C. H. Roberts vor er „rushed into print in 1934 with his identification [...], despite the apparent problem letters and variants." Ebd. S. 120: „If it seems strange that Cave 7 should yield four copies of Mark, it must be remembered that Cave 7 also yielded fragments from 14 different copies of Deuteronomy, and more than two dozen fragments of different copies of Isaiah have been recovered at Qumran." In Höhle 7Q wurde nicht ein einziges Exemplar des Buches Deuteronomium gefunden, weder in Griechisch noch in Hebräisch, vielleicht ist die Höhle 4Q gemeint, dann hätte man das aber doch auch schreiben sollen. Insgesamt wurden in allen Höhlen rund um Qumran 20 Exemplare des Buches Jesaja gefunden, deutlich weniger als 'zwei Dutzend' also. Die von den Autoren auf S. 130 f. präsentierte Rechnung soll die ntl. Identifizierung stützen, sie kommt zu dem Ergebnis, daß es höchst unwahrscheinlich ist, 7Q5 sei nicht mit Mk 6, 52 – 53 zu identifizieren, drückt das Ergebnis als $2.25 * 10^{65}$ aus. Die Vorgaben sind jedoch falsch, da als Ausgangspunkt die Buchstabenfolge καιτω angenommen wird. Die Identifizierung mit Mk 6, 52 – 53 setzte jedoch die Buchstabenfolge καιτι voraus. Bei falschen Vorgaben wird auch die eindrucksvollste Rechnung wertlos. Nebenbei sei noch bemerkt, daß 1995 auch O'Callaghan, J.: Los Primeros Testimonios. S. 116 – 139 eine mathematische Berechnung der (Un-)Wahrscheinlichkeit einer anderen Identifizierung vorlegte: das Ergebnis ist zwar noch immer sehr beeindruckend – 1 : 900.000.000.000 – aber es sind immerhin schon 54 Nullen weniger als noch 1978 bei Estrada/White.

[90] Thiede, C. P.: Die älteste Evangelien-Handschrift? S. 16: „Jüngere Versuche in den USA, an der Richtigkeit der Entzifferung mit Nachdruck festzuhalten, wurden daher außerhalb des englischsprachigen Raums kaum noch zur Kenntnis genommen." In der Anmerkung zur Stelle verweist er ausdrücklich auf Estrada/White: The First New Testament.

unsachlichen Tones dieses Buches sollte es getrost dem Vergessen anempfohlen werden.[91]

3.4 Carsten Peter Thiede

Das ablehnende Urteil K. Alands sowie die zahlreichen Stimmen, die sich mit guten Gründen gegen die Identifizierung von 7Q5 mit Mk 6, 52 – 53 ausgesprochen hatten, führten dazu, daß die mk. Identifizierung den Rang einer Außenseiterhypothese erhielt.

In dieser Situation schaltet sich C. P. Thiede in die Diskussion ein. Papyrologische Meriten hat er sich bis dahin nicht verdient, erst 1990 erscheint eine papyrologische ´Fleißarbeit´,[92] die Edition des Papyrus Bodmer L, eines winzigen Fragmentes mit 8 sicheren und 15 rekonstruierbaren Buchstaben.[93]

---

[91]   Thiede, C. P.: 7Q – Eine Rückkehr. S. 539 f. „Einem größeren Kreis des Spanischen nicht kundiger Leser wurde seine [J. O´Callaghans] Position 1978 zusammenfassend zugänglich durch David Estradas und William Whites »The First New Testament«, der bis heute umfassendsten, wenngleich in vielem überoptimistischen Darlegung des Sachverhalts in englischer Sprache [...]." Wenn C. P. Thiede an diesem Buch nur die ´überoptimistische Darlegung´ aufgefallen ist, dann wirft das ein bezeichnendes Licht auf seine Auffassung von Wissenschaft.

[92]   Der Ausdruck ´Fleißarbeit´ ist die abgeschwächte Form einer Formulierung des Papyrologen H. Vocke. Dieser urteilt folgendermaßen über die Edition des Papyrus Bodmer L und die papyrologische Kompetenz C. P. Thiedes: „Bei der immer wieder vorgetragenen eigenen Lesung defekter Buchstaben des Papyrus-Fragments 7Q5 [...] konnte sich der Wissenschaftstheoretiker aus Paderborn nur auf sein eigenes Urteil berufen. Und das war nur die persönliche Sicht eines in der Entzifferung schwieriger Papyri unerfahrenen Neulings, nicht eines mit eigenen Publikationen als sachkundig ausgewiesenen Forschers. Daran ändert auch die »Erstedition« des Papyrus Bodmer L nicht viel, die Thiede als papyrologischen Experten ausweisen sollte. Der Aufsatz im Museum Helveticum (47, 1990, 34 – 40) gilt einem schon 1961 von R. Kasser zutreffend identifizierten Fragment, [vgl. Kasser, R.: Papyrus Bodmer XVII. S. 9 f.] das von Mt. 25, 43 und 26, 2 – 3 insgesamt 23 Buchstaben ganz oder in Bruchstücken enthält. Weder zur Identifizierung – und damit zur Entzifferung – des Bruchstücks noch zu dessen Datierung auf das sechste oder siebente Jahrhundert nach Christus hat Thiede Neues zu bieten. Das Matthäus-Fragment aus Ägypten enthält auch keine Abweichung gegenüber dem Text des Überlieferungsstroms. Sollte diese Erstedition ein papyrologisches Gesellenstück sein, so hat Thiede ein Beispiel gewählt, bei dem auch ein ungeübter Anfänger kaum etwas falsch machen konnte. Als »international renommierter Papyrologe«, wie ihn der Verlag des Buchs »Der Jesus-Papyrus« vorstellt, kann er aufgrund der belanglosen Fleißarbeit über den Papyrus Bodmer L also sicher nicht gelten. [...] Seine wissenschaftlichen Publikationen über Papyri beschränken sich bisher auf die genannten zwei Zeitschriftenbeiträge [über den Papyrus Bodmer L und den gescheiterten Versuch einer Frühdatierung des $\mathfrak{P}^{64}$ in ZPE 105, 1995, S. 13 – 20] im Gesamtumfang von nur 16 Druckseiten (einschließlich von jeweils

1984 erscheint C. P. Thiedes Aufsatz *7Q – Eine Rückkehr zu den neutesta-mentlichen Papyrusfragmenten in der siebten Höhle von Qumran*. Neben einer kurzen Einführung in den Forschungsstand wiederholt C. P. Thiede vor allem die Argumentation J. O′Callaghans. Neue Argumente kann er kaum vorweisen. Er betont die Wichtigkeit des Freiraumes in Zeile 3, den er als *Paragraphos* interpretiert,[94] versucht weiterhin eine Erklärung des Wegfalls der Wörter ἐπὶ τὴν γῆν, indem er zeigt, daß das Verb διαπεράω für die Stelle Mk 5, 21 im ältesten Zeugen – dem $\mathfrak{P}^{45}$ – auch ohne eine solche oder ähnliche Richtungsan-gabe auskommt.[95] Ansonsten versucht C. P. Thiede die Gegner der mk. Identi-zierung zu kritisieren, behauptet zum Abschluß, „daß sämtliche Widerlegungs-versuche gescheitert sind [...], und daß die Argumente O′Callaghans nicht nur im ganzen bestätigt, sondern auch im einzelnen abgesichert werden können."[96] Am Schluß seines Aufsatzes stehen Ausblicke: „Was bedeutet es, daß ein Markus-Fragment in einer Höhle von Qumran gefunden wurde?"[97]

Die in diesem Aufsatz gebotene Rekonstruktion des Textes war so fehlerhaft – insgesamt 6 Fehler in 5 Zeilen! –, daß im folgenden Band der Zeitschrift *Biblica* ein Erratum veröffentlicht wurde.[98] Andere Fehler blieben unkorrigiert. So ver-wechselt C. P. Thiede zweimal einen Unterpunkt nach dem Leidener System mit dem *iota subscriptum* und das in ′beide Richtungen′.[99]

Trotz dieser offensichtlichen Schwächen wird die Darstellung C. P. Thiedes in der Zeitschrift *IBW-Journal* als „Ein wichtiges Argument für die Datierung der Evangelien"[100] gewertet: „Inzwischen scheint es, als ob gewichtige Argumente nun doch eine Frühdatierung erzwingen."[101] „Die Kennzeichnung und Aufar-beitung der bisherigen Kontroverse um 7Q5 durch Thiede macht deutlich, daß sich an der Deutung O′Callaghans kaum noch zweifeln läßt. Es kann kein Zwei-fel sein, daß die damit gesicherte Frühdatierung des Markusevangeliums auch

---

	einer Seite mit Abbildungen der besprochenen Papyrusfragmente)." (Vocke, H.: Papyrus Magdalen 17. S. 154).
93	Vgl. Thiede, C. P.: Papyrus Bodmer L.
94	Vgl. Thiede, C. P.: 7Q – Eine Rückkehr. S. 547 – 549.
95	Vgl. Thiede, C. P.: 7Q – Eine Rückkehr. S. 550 – 552.
96	Thiede, C. P.: 7Q – Eine Rückkehr. S. 557.
97	Thiede, C. P.: 7Q – Eine Rückkehr. S. 558.
98	Biblica 66 (1985), S. 261.
99	In der Erstedition (DJD III. S. 144) war in Zeile 2 τῷ zu lesen, was C. P. Thiede: 7Q – Eine Rückkehr. S. 543 als τω mit einem Punkt unter dem ω wiedergibt. In Zeile 3 stand dagegen ein η mit Punkt, bei C. P. Thiede ist daraus ohne jeden ver-nünftigen Grund ein ῃ geworden.
100	So der Titel des kurzen Artikels unter der Rubrik „Schlaglicht". Der Autor bleibt ungenannt, es darf aber wohl als sicher gelten, daß er H. Staudinger zuzuschreiben ist, da große Ähnlichkeiten mit Passagen des 1986 erschienenen Buches Staudin-ger, H; Schlüter, J.: An Wunder glauben. S. 85 f. auffallen.
101	Staudinger, H.: Schlaglicht. S. 21.

Auswirkungen auf die gesamte synoptische Frage [...] hat."[102] Hier wird schon deutlich, welche Interessen erkenntnisleitend waren: die Suche nach Indizien für eine Frühdatierung der Evangelien.

Wenige Ausgaben des *IBW-Journals* später kommt C. P. Thiede selbst zu Wort.[103] Nach einer Einleitung, in der der Autor den neutestamentlichen Papyrus $\mathfrak{P}^{52}$ behandelt,[104] weiterhin kurze Erklärungen zur paläographischen Datierung von Papyri gibt, wendet er sich den Fragmenten aus der Höhle 7Q zu. Er hebt besonders das Fragment 7Q5 hervor. Hauptsächlich wiederholt C. P. Thiede, was er im *Biblica*-Aufsatz schon 1984 geschrieben hatte. Jedoch ist der Ton 1985 wesentlich akzentuierter, die Wissenschaftlichkeit ist stellenweise aufgegeben worden, zugunsten eines Stils, den H. U. Rosenbaum später zutreffend als ´flotte (z. T. sogar reißerische) Schreibe Thiedes´[105] kennzeichnen wird.[106] Das Fazit C. P. Thiedes: „Daß er [Fragment 7Q5] künftig in den Apparat der kritischen Ausgaben des griechischen NT gehört, versteht sich von selbst: Die Verschiebung von d zu t und die Auslassung der drei Wörter »epi ten gen«, »auf das Land«, müssen dokumentiert werden."[107]

Eine erste Reaktion auf C. P. Thiedes ´Wiederbelebung´ der These J. O´Callaghans erfolgte 1985 durch C. Focant.[108] Zwar äußert er sich sehr vorsichtig und

---

102   Staudinger, H.: Schlaglicht. S. 22.

103   Thiede, C. P.: Neutestamentliche Papyrologie.

104   Ein Vorgehen, das C. P. Thiede von Estrada/White: The First New Testament. übernommen hat, die ebenfalls den $\mathfrak{P}^{52}$ als Vergleichspapyrus herangezogen haben.

105   Rosenbaum, H. U.: Cave 7Q5. S. 205: „Daß auch die Nicht-Fachleute sich nicht von der flotten (z. T. sogar reißerischen) Schreibe Thiedes irre machen lassen mögen, war der Wunsch und das eigentliche Ziel dieses Beitrags [...]."

106   Ein deutliches Beispiel sei angeführt, Thiede, C. P.: Neutestamentliche Papyrologie. S.16: „Es braucht nicht eigens betont zu werden, daß solche Kriterien an und für sich schon zwingend sind; selbst wenn man darüber spekulieren wollte, ob sie noch einmal anderswo auftauchen könnten, muß man sich die rein mathematische Unwahrscheinlichkeit vor Augen halten: sie beträgt $2,25 * 10^{65}$. Anders gesagt, daß das Fragment 7Q5 etwas anderes sein könnte als Mk 6: 52 – 53 ist eine Vorstellung, die in etwa jener bekannten Beliebigkeitshypothese nahekommt, nach der ein Affe irgendwann einmal auf einer Schreibmaschine die Werke Goethes erschaffen oder eine Explosion in einer Druckerei die Tragödien Shakespeares entstehen lassen könnte." Diese schöne Zahlenspielerei – die durch den nicht abgesetzten Druck einer Fußnotenzahl leicht als noch ´überzeugendere´ Wahrscheinlichkeit von $2,25 * 10^{6515}$ verlesen werden kann – ist von Estrade/White: The First New Testament. übernommen worden. Jedoch basiert diese Rechnung auf falschen Vorgaben (vgl. oben!). Diese falschen Vorgaben – immerhin eine leicht zu bemerkende andere Lesart eines wichtigen und umstrittenen Buchstabens – ist C. P. Thiede nicht aufgefallen. Wer mit derartig hohen Zahlen operiert, sie gar als Argument einsetzt, sollte sich die kleine Mühe machen, die Richtigkeit ihrer Grundlagen zu überprüfen.

107   Thiede, C. P.: Neutestamentliche Papyrologie. S. 18.

108   Focant, C.: Un fragment du second évangile à Qumrân.

zurückhaltend, seine Bedenken gegenüber der Identifizierung von 7Q5 mit Mk 6, 52 – 53 überwiegen dennoch. Neue Argumente *gegen* die Identifizierung führt er nicht an, da C. P. Thiede aber keine wesentlichen neuen Argumente *dafür* beibringen konnte, wäre eine solche Mühe überflüssig gewesen.

Ausführlich stellt C. P. Thiede seine Ansichten über das Fragment 7Q5 1986 in einem kleinen Buch mit dem Titel *Die älteste Evangelien-Handschrift? Das Markus-Fragment von Qumran und die Anfänge der schriftlichen Überlieferung des Neuen Testaments* dar. Der Ablauf der Darstellung ist bereits aus der früheren Veröffentlichung des gleichen Autors bekannt: Zuerst wird der neutestamentliche Papyrus $\mathfrak{P}^{52}$ ausführlich vorgestellt, dann erst geht C. P. Thiede auf das Fragment 7Q5 ein. Neu in seiner Argumentation sind zwei Punkte: Einmal führt er als Beleg für die angenommene Lautvertauschung von δ zu τ eine Tempelinschrift aus Jerusalem an, weiterhin versucht er die Identifizierung dadurch zu stützen, daß er anhand eines Vergleichsbeispieles – P. Oxy. XXXVIII 2831 – zeigt, daß auch kleinste Papyrus-Fragmente identifizierbar sind und die Identifizierungen allgemeine Anerkennung finden können. Was hier wie eine selbständige wissenschaftliche Leistung erscheint, ist von J. O´Callaghan übernommen – jedoch ohne Kennzeichnung.[109] Kurz wird noch über die anderen Fragmente aus der Höhle 7Q referiert,[110] dann spekuliert der Autor über die „Herkunft der Texte und ihre Benutzer";[111] seine abschließende Sicht der Dinge: „Es gab das Markusevangelium zur Mitte des 1. Jahrhunderts, dokumentiert im nunmehr ältesten neutestamentlichen Papyrus; die ersten Christen benutzten bewußt weiterhin die Rollenform und verzichteten auch sprachlich (vorerst) auf Neuheiten – noch kein Gebrauch der Kurzformen für *nomina sacra*; und es gab christliche Aktivitäten unter den Bewohnern von Qumran."[112] Ein Autor, der derartig weitreichende Aussagen an einem nur wenige cm² großen Papyrusbruchstück festmacht, muß sich seiner Sache sehr sicher sein, muß seine grundlegende These – die Identifizierung von 7Q5 als Mk 6, 52 – 53 – auf unerschütterlichem Boden wissen. Unterstützung erfuhr C. P. Thiede durch den österreichischen Papyrologen H. Hunger, der sein Buch zustimmend rezensierte.[113] H. Hunger folgt in nahezu allen Punkten der Argumentation C. P. Thiedes, so daß er mit der Hoffnung schließt, „daß sich mit der vorliegenden Publikation das besonnene Urteil über 7Q5 endlich durchzusetzen beginnt."[114]

---

109   Die Tempelinschrift wird erstmals von O´Callaghan, J.: Los papiros griegos. S. 53 angeführt, der sie wiederum einem Hinweis von Vardaman, J.: The earliest Fragments of the New Testament. S. 375 verdankt. Das *Samia*-Fragment P. Oxy. XXXVIII 2831 wurde ebenfalls zuerst von O´Callaghan, J.: Nuevas consideraciones. S. 43 f. (1977) in gleicher Weise vorgestellt.

110   Vgl. Thiede, C. P.: Die älteste Evangelien-Handschrift? S. 55 – 61.

111   Vgl. Thiede, C. P.: Die älteste Evangelien-Handschrift? S. 61 – 63.

112   Thiede, C. P.: Die älteste Evangelien-Handschrift? S. 63.

113   Genau genommen rezensierte H. Hunger die italienische Fassung des Buches von C. P. Thiede, die 1987 erschien.

114   Hunger, H.: Rez. Thiede: Il più antico manoscritto die Vangeli? S. 280.

Skeptisch bleibt dagegen J. H. Charlesworth in einer kurzen Rezension: „Fragment 7Q5 is early (possibly c. 50 CE), but to identify it with Mark is excessively speculative [...]"[115]
Eine der gründlichsten kritischen Auseinandersetzungen mit der mk. Identifizierung des Fragmentes 7Q5 legte 1987 H. U. Rosenbaum vom *Institut für Neutestamentliche Textforschung* in Münster vor.[116] Zuerst bietet er einen kurzen Überblick über die bisherige Forschungsgeschichte, dann zeigt er einige Sachfehler in den bisherigen Veröffentlichungen C. P. Thiedes auf, die durchaus geeignet sind, Zweifel an dessen Sachkompetenz aufkommen zu lassen.[117] H. U. Rosenbaum unterzieht die Argumente C. P. Thiedes einer eingehenden und mit reichlich Literatur unterstützten Kritik. Die von C. P. Thiede besonders hervorgehobene *Paragraphos* wird ´zurechtgerückt´: Da der linke Rand der Kolumne fehlt, auf der der unbedingt nötige Querstrich zwischen den Zeilen stehen müßte, kann hier nicht von einer *Paragraphos* gesprochen werden.[118] H. U. Rosenbaum trägt eine vorsichtige Vermutung vor: Vielleicht markiere der Freiraum vor dem καὶ der Zeile 3 den Freiraum eines Interkollumniums, der unbeschriebenen Fläche zwischen zwei Spalten.[119] Anschließend beschäftigt sich der Autor mit den Abweichungen von der *Scriptio Continua*, denen C. P. Thiede eine Bedeutung für die Zusammengehörigkeit von Wörtern beimißt. H. U. Rosenbaum lehnt das – mit guten Gründen – ab.[120] Auch die angeblich besonders charakteristische Buchstabenkombination ννησ erweist sich als vergleichsweise häufige Abfolge.[121] Abschließend geht er noch ausführlich auf zwei Argumente gegen die Identifizierung von 7Q5 mit Mk 6, 52 – 53 ein, die angebliche Vertauschung von δ und τ sowie den angeblichen Wegfall der Wörter ἐπὶ τὴν γῆν.[122] H. U. Rosenbaums Fazit kann daher nicht anders lauten: „Wie die vorstehenden Ausführungen gezeigt haben, halten weder Thiedes Darlegungen über die entscheidende Bedeutung einer angeblichen Paragraphos noch die Erklärung für die angebliche Möglichkeit einer Buchstabenvertauschung von δ und τ, um nur die markantesten Gesichtspunkte noch einmal in Erinnerung zu rufen, einer ernsthaften Überprüfung stand."[123] Gerade dieser sachliche und von hoher Kompetenz geprägte

---

[115] Charleworth, J. H.: Rez. Thiede: Die älteste Evangelien-Handschrift? S. 71.
[116] Vgl. Rosenbaum, H. U.: Cave 7Q5!
[117] Vgl. Rosenbaum, H. U.: Cave 7Q5! S. 191.
[118] Vgl. Rosenbaum, H. U.: Cave 7Q5! S. 192 – 195.
[119] Vgl. Rosenbaum, H. U.: Cave 7Q5! S. 195.
[120] Vgl. Rosenbaum, H. U.: Cave 7Q5! S. 196.
[121] Rosenbaum, H. U.: Cave 7Q5! S. 197: „Aber der Ton liegt auf relativ [selten], denn nach Ausweis des Fragmentidentifizierungsprogramms des Instituts für neutestamentliche Textforschung kommt diese Buchstabenkombination allein im NT 116mal vor, wieviel häufiger wohl im AT und in der sonstigen griechischen Literatur?"
[122] Vgl. Rosenbaum, H. U.: Cave 7Q5! S. 197 – 204.
[123] Rosenbaum, H. U.: Cave 7Q5! S. 204 f.

Aufsatz hat in der Folgezeit geradezu wütende Reaktionen C. P. Thiedes hervor-
gerufen.[124]

1988 veröffentlicht F. Rohrhirsch seinen ersten Beitrag in der Debatte um das
Fragment 7Q5.[125] Thema der Veröffentlichung ist der Computerversuch K.
Alands: „Es läßt sich meiner Meinung nach aufzeigen, daß der Computerversuch
mit 7Q5 von vornherein ein positives Resultat nicht erwarten ließ. Weder
O´Callaghan noch Thiede haben bemerkt, daß mit Kurt Alands Eingabe des
´sicheren Bestandes´ eine Identifizierung nicht mehr möglich war, sondern die
gewünschte Identifizierung notwendig scheitern *mußte*.“[126] Es folgen dann einige
Zeilen, warum der „Computerversuch mit 7Q5 [...] mißlingen“[127] mußte: K.
Aland hatte den Text des *Novum Testamentum Graece* als Ausgangsbasis gewählt, mit diesem Text stimmt der Buchstabenbestand des 7Q5 nicht überein.
Statt sich aber nun Gedanken zu machen, ob damit nicht ein Argument gegen die
mk. Identifizierung vorliegt, folgert F. Rohrhirsch: „Der Computerversuch mit
7Q5 mußte deshalb mißlingen, weil die Möglichkeit der Lautverschiebung pro-
grammtechnisch nicht berücksichtigt wurde. [...] O´Callaghans Computeridentifizierung glückte, weil seine Programmeingaben sowohl die Möglichkeit des -δ-
als auch des -τ- berücksichtigten, ohne allerdings das Versehen Alands zu bemerken.“[128] Daß die angebliche ´Lautverschiebung´ mindestens strittig ist, hätte
F. Rohrhirsch vermerken müssen. Da er diese Tatsachen außer acht läßt, kann er
folgendes Fazit präsentieren: „Damit ist aber die Identifizierungsthese von

---

[124]   Ein Beispiel sei zitiert, Thiede, C. P.: Papyrologische Anfragen. S. 70 f: „Als
        Lehrbeispiel für die Art und Weise, wie der eindeutige Befund mit Scheinargu-
        menten weggewischt werden sollte, mag an dieser Stelle ein Exkurs über den
        schon erwähnten H.-U. Rosenbaum gestattet sein. Sein bereits zitierter, 1987 er-
        schienener Aufsatz hat erfreulicherweise relativ wenig Beachtung gefunden. Auch
        Kritiker der Identifizierungsarbeit O´Callaghans waren wohl von seinen Entglei-
        sungen und von den eklatanten Sachfehlern so sehr abgeschreckt, daß man über
        einen höflichen Fußnotenhinweis kaum hinausging.“ Mit den angeblich ´eklatan-
        ten Sachfehlern´ setzt sich C. P. Thiede kaum auseinander. Vor allem sein Fest-
        halten an den Argumenten für die angebliche Lautverschiebung erscheint auf dem
        Hintergrund der detaillierten und kenntnisreichen Darlegungen H. U. Rosenbaums
        als geradezu trotzige Reaktion.

[125]   Rohrhirsch, F.: Das Qumranfragment 7Q5.
[126]   Rohrhirsch, F.: Das Qumranfragment 7Q5. S. 98.
[127]   Rohrhirsch, F.: Das Qumranfragment 7Q5. S. 99.
[128]   Rohrhirsch, F.: Das Qumranfragment 7Q5. S. 99. Mir erscheint es sehr fraglich,
        daß J. O´Callaghan dieses angebliche ´Versehen´ K. Alands nicht bemerkt haben
        sollte. Statt dessen wählte er ja ganz bewußt eine Eingabe *ohne* den sicheren
        Buchstaben δ, da dieser nicht zu seiner Identifizierung paßte, oder, mit J.
        O´Callaghans eigenen Worten (ders.: The Identifications of 7Q. S. 291): „This al-
        so allowed control of the group KAIΔ supposing the change of δ > τ required in
        my identification.“

O´Callaghan durch Alands Computerversuch nicht falsifiziert, sondern die These bleibt, zumindest in dieser Hinsicht, wieder offen."[129]
J. A. Fitzmyer geht 1989 kurz auf die mk. Identifizierungsversuche des Fragmentes 7Q5 ein.[130] Bezeichnend ist seine Einordnung der These J. O´Callaghans: "Both of these theses, of O´CALLAGHAN and THIERING, are so problematical that they need little further comment."[131]
Eine ausführliche kritische Beschäftigung mit der mk. Identifizierungsthese erfolgt 1989 durch die australischen Papyrologen S. R. Pickering und R. R. E. Cook.[132] Schon im Vorwort stellen die Autoren ihre Position klar: "The principal conclusion is that some letters and parts of letters on the fragment 7Q5 *cannot* be read in the way required for identifying the fragment with Mark 6.52 – 53. [...] The relevance for New Testament textual study of the fragment 7Q5 falls away."[133] Der Grund für die kurze Monographie über 7Q5 liegt u. a. auch in den Schriften C. P. Thiedes: "Although the attempted identification of 7Q5 with Mark has been repeatedly rejected in the specialist literature, some scholars have been sufficiently convinced of the worth of some of the readings to want discussion to continue. As a result, the debate has once again raised the expectation in the public arena that the fragment may (or must) be Mark. This state of affair can hardly go uncorrected, particulary as the essential arguments are quite conclusive."[134] Im Text diskutieren die Autoren vor allem die abweichenden Lesarten der verschiedenen unklaren Buchstaben, wobei sie sich mehrfach gegen die Lesungen J. O´Callaghans entscheiden.[135] Interessant sind u. a. auch die Ausführungen über das Problem mit dem *iota-subscriptum / iota-adscriptum* in Zeile 2.[136] Die für die Identifizierung vorauszusetzende Lautvertauschung von δ zu τ halten beide Autoren nicht für ausgeschlossen.[137] Eine weitergehende Diskussion über solche Feinheiten halten S. R. Pickering und R. R. E. Cook allerdings nicht für nötig: "Debates over subsidiary matters, such as the significance of the gap in line 3, or text-critical problems, are unnecessary in view of the fact that the re-readings introduced for a Marcan identification are

---

[129]   Rohrhirsch, F.: Das Qumranfragment 7Q5. S. 99.
[130]   Fitzmyer, J. A.: The Qumran Scrolls. S. 611 – 613.
[131]   Fitzmyer, J. A.: The Qumran Scrolls. S. 612. B. Thiering wird in den 90er Jahren mit ihrem Buch *Jesus von Qumran* auf den Zug aufzuspringen versuchen, der durch die ´berüchtigte´ *Verschlußsache Jesus* ins Rollen gekommen war.
[132]   Pickering/Cook: Has a fragment of the Gospel of Mark.
[133]   Pickering/Cook: Has a fragment of the Gospel of Mark. S. III.
[134]   Pickering/Cook: Has a fragment of the Gospel of Mark. S. III f.
[135]   Vor allem lehnen die Autoren die Lesung des für die mk. Identifizierung notwendigen ν in Zeile 2 ab; Pickering/Cook: Has a fragment of the Gospel of Mark. S. 7: „It is not possible to read ν after ω [...]."
[136]   Vgl. Pickering/Cook: Has a fragment of the Gospel of Mark. S. 7.
[137]   Vgl. Pickering/Cook: Has a fragment of the Gospel of Mark. S. 12 Dabei lassen sie die hier sicher entscheidende Frage der ´Sprachgeographie´ unberücksichtigt (vgl. dazu Kap 6.5 dieser Arbeit).

untenable. The impression ought not to be left that one needs to weigh up finely balanced arguments or make a difficult assessment of likelihood in order to determine the relevance of 7Q5 for New Testament textual research."[138]

Trotz dieses eindeutigen Urteils erscheint 1990 die bisher umfangreichste Arbeit über das Fragment 7Q5, F. Rohrhirsch: *Markus in Qumran?* Auf fast 150 Seiten versucht F. Rohrhirsch zu erweisen, daß die These – *7Q5 = Mk 6, 52 – 53* – nicht falsifiziert ist, daß "die These in der wissenschaftlichen Diskussion als Arbeitshypothese zu belassen"[139] sei. Ausführlich geht er – nach einer kurzen Einführung in das *Fallibilismusprinzip* als Grundlage seiner Arbeit – auf alle bisher vorgetragenen Argumente für und gegen die Identifizierung von 7Q5 mit Mk 6, 52 – 53 ein. Jedoch ist C. P. Thiede für ihn stets die letzte Instanz in allen strittigen Fragen.[140] Da kann es nicht verwundern, daß F. Rohrhirsch zu einem letztlich zustimmenden Ergebnis kommt, die Identifizierung stützt, wenn er diese Aussage auch vorsichtig vorträgt.

Unter der sensationsheischenden Überschrift "Eine Revolution namens 7Q5 – Markus hörte – und schrieb sofort"[141] popularisiert die Zeitschrift *30 Tage* im gleichen Jahr die Thesen C. P. Thiedes.[142] Die Bedenken der Fachwelt gegen die Identifizierung werden nicht ernst genommen, nicht einmal wirklich erwähnt. Statt dessen findet man eine ganz eigene Antwort auf die Frage "Warum ist die Entdeckung heute noch nicht anerkannt? Es gibt weitaus übler zugerichtete Papyrusfragmente, die datiert und zugeteilt worden sind, und die Fachwelt hat die Ergebnisse akzeptiert. Warum also diese Ausnahme? Die Antwort [...] liegt [...] auf der Hand: Einmal akzeptiert wäre die Entdeckung O´Callaghans eine Revolution: mehrere Generationen von Exegeten müßten bekennen, ihre Thesen auf einem Irrtum begründet zu haben."[143] Auf diese Weise ist es leicht, sich eine Auseinandersetzung mit Kritikern zu ersparen; man unterstellt ihnen einfach unlautere Motive.

Angeregt durch die oben erwähnte Arbeit F. Rohrhirschs, veranstaltete B. Mayer, Inhaber des Lehrstuhls für Neutestamentliche Wissenschaft an der Ka-

---

138   Pickering/Cook: Has a fragment of the Gospel of Mark. S. 14.
139   Rohrhirsch, F.: Markus in Qumran? S. 130.
140   Um nur ein Beispiel zu nennen: In der Diskussion über die angebliche *Paragraphos* in Zeile 3 votiert Rohrhirsch, F.: Markus in Qumran? S. 61 f. nach einem – übrigens sachlich vollkommen falschen (s. u.) – Hinweis C. P. Thiedes gegen die in diesem Punkt wirklich unangreifbaren Ausführungen H.-U. Rosenbaums.
141   Auf der Titelseite ist ein Christusmosaik abgebildet, das über einem Papyrus erscheint. Bezeichnenderweise ist es aber nicht das Fragment 7Q5, das hier abgebildet ist, das wäre für einen Aufmacher dieser Art fraglos zu unscheinbar. Also greift man auf eine spätere Handschrift zurück, die eben mehr Text bietet, es geht offensichtlich um die optische Wirkung, um nichts weiter.
142   In der Ausgabe finden sich die Beiträge Horst, G.: Eine Revolution namens 7Q5; Ricci, T.: „Man spürt den Atem der Zeugen Jesu", sowie weitere kleinere Beiträge, die thematisch verwandt sind.
143   Horst, G.: Eine Revolution namens 7Q5. S. 10.

tholischen Universität Eichstätt, 1991 ein Symposion, dessen Referate und Ergebnisse in dem *Band Christen und Christliches in Qumran?* herausgegeben
wurden. Neben zwei ablehnenden Stellungnahmen[144] sind vor allem Verfechter
der Identifizierung versammelt,[145] weiterhin werden auch archäologische Fragen
sowie Fragen nach der Art des Kontaktes zwischen Christen und Essenern erörtert.[146] Am Schluß des Buches steht ein kurzer Beitrag von C. P. Thiede: *Bericht
über die kriminaltechnische Untersuchung des Fragmentes 7Q5 in Jerusalem.* C.
P. Thiede hatte eine mikroskopische Untersuchung des Fragmentes veranlaßt,
um Sicherheit in der Frage zu gewinnen, welcher Buchstabe in Zeile 2 auf das
sichere ω folgt, ein ι, wie größtenteils angenommen, oder ein ν, wie es für die
mk. Identifizierung unbedingt nötig ist. Nach C. P. Thiedes Interpretation der
mikroskopischen Untersuchung, ist das ν als sicherer Buchstabe zu betrachten.[147]
Ebenfalls 1992 erscheint die englische Ausgabe des *Buches Die älteste
Evangelien-Handschrift* von C. P. Thiede unter dem Titel *The Earliest Gospel
Manuscript.* Das Buch ist in weiten Teilen eine wörtliche Übersetzung der
deutschen Ausgabe, dennoch betont der Autor, er habe "keine Übersetzung,
sondern eine grundlegende Neufassung des deutschen Buches"[148] geschrieben.
Das Buch folgt dem Duktus der deutschen Ausgabe, ist jedoch sichtlich bemüht,
'wissenschaftlicher' aufzutreten. So ist die Zahl der Anmerkungen geringfügig
höher, dem Buch außerdem ein beeindruckendes Literaturverzeichnis mit über
100 Titeln angehängt. Zumindest an einer Stelle wird deutlich, daß C. P. Thiede
die Kritik H. U. Rosenbaums zur Kenntnis genommen hat: seine Benutzung des
Terminus *Paragraphos* ist wesentlich vorsichtiger geworden. Der Autor bemüht
sogar eine anerkannte Autorität – E. G. Turner –, um seinen Gebrauch zu
rechtfertigen. Er tut dies zu unrecht, da E. G. Turner den Terminus eindeutig
anders gebraucht als es ihm von C. P. Thiede unterstellt wird.[149] Zum Schluß sei

---

144   Focant, C.: 7Q5 = Mk 6, 52 – 53; Pickering, S. R.: Paleographical Details.

145   Hunger, H.: 7Q5: Markus 6, 52 – 53 – oder?; Thiede, C. P.: Papyrologische An-
      fragen; Rohrhirsch, F.: Kleine Fragmente.

146   Bei vielen dieser Erörterungen wird die Identifizierung von 7Q5 mit Mk 6, 52 –
      53 bereits vorausgesetzt; vgl. Pixner, B.: Archäologische Beobachtungen. S. 112;
      Ruckstuhl, E.: Zur Essenergemeinde. S. 136f.; Burgmann, H.: Die Höhle „7" war
      kein Einzelfall!

147   Thiede, C. P.: Kriminaltechnische Untersuchung. S. 240.

148   Thiede, C. P.: Die älteste Evangelien-Handschrift? S. 81.

149   Thiede, C. P.: The Earliest Gospel Manuscript? S. 26: „And as quite a few manu-
      script fragments have lost the left hand margin where the stroke would have been,
      it is legitimate to use the term for this 'unit' of space plus stroke even where only
      the blank space, but no longer the stroke, is visible. It is in this sense that E. G.
      Turner has described the phenomenon in his analysis of the Oxyrhynchus papyrus
      XXV 2435, where the stroke is visible only in one of several instances. [...] Both
      J. O'Callaghan and the present author have always used the term *paragraphus* for
      the blank space preceeding the *kai* in line 3 of 7Q5 [...]." Was ist bei Tur-
      ner/Parsons: Greek Manuscripts. dazu zu lesen? Zwar ist der linke Rand des ge-

noch auf die im Vergleich mit der deutschen Ausgabe schlechte Qualität der
Abbildungen verwiesen. Bei der Wiedergabe des P.Oxy. XXXVIII 2831 ist die
Qualität so schlecht, daß nicht ein Buchstabe zu erkennen ist.

Besonders unangenehm ist der Ton des 1992 erschienenen *Buches Pati sotto
Ponzio Pilato?* von V. Messori.[150] Statt die Identifizierungsthese als das zu
betrachten, was sie ist – eine These im Rahmen der historisch-philologischen
Wissenschaften – stilisiert der Autor die Frage von neutestamentlichen Texten in
Qumran zu einer Glaubensfrage von geradezu heilsbedeutsamer Wirkung hoch.
Hinter den offenen Fragen zu 7Q5 steht nichts anderes als Vorsehung und
Planung Gottes.[151] Wer die Identifizierung ablehnt, lehnt den Plan Gottes ab. Aus
wissenschaftlichen Bedenken wird Sünde, die historisch-kritische Erforschung
des NT wird dämonisiert – und das ist hier wörtlich zu verstehen.[152] Daß bei
diesem Hintergrund keine ernsthafte Auseinandersetzung mit den Bedenken der
Kritiker zu erwarten ist, versteht sich von selbst.[153]

---

meinten Papyrus (Turner/Parsons: Greek Manuscripts. S. 96, Abb. 57) nicht erhalten, was aber in diesem Fall keine Rolle spielt, da offensichtlich nur wenige
Millimeter nach links bis zum Kolumnenrand fehlen. Zwischen Zeile 3 und Zeile
4 ist am linken Rand eindeutig ein Querstrich zu sehen – eben die Paragraphos.
Diese ist auch in die Transkription auf S. 96 übernommen. Eben dieser Querstrich
ist gemeint, wenn E. G. Turner schreibt: "Punctuation is by space and paragraphus." Hier wird deutlich, daß E. G. Turner zwischen ´space´ also *Spatium* und
Paragraphos unterscheidet. Beide kommen im gemeinten Text vor, mehrfach
Spatien, einmal eine *Paragraphos*. Auch ansonsten ist Turner/Parsons: Greek
Manuscripts. S. 8 völlig eindeutig in seiner Definition der *Paragraphos*: "The paragraphus takes the form of a simple horizontal stroke placed between the lines of
writing. It is usually placed below the line to be marked. [...] In hexameter verses
it may show the end of a section (11), [...] in prose, either alone or in conjunction
with a space (55, 57) [...] it marks the end of a section." Die Zahlen in Klammern
verweisen auf die Abbildungen, dabei auch ausdrücklich die Abbildung des Papyrus, auf den sich C. P. Thiede bezieht. Bei Turner bezeichnet *Paragraphos* also
den Strich, der Freiraum *kann* hinzukommen, *muß* aber nicht.

[150] Eine deutsche Übersetzung, aus der im Folgenden zitiert wird, erschien 1997;
Messori, V.: Gelitten unter Pontius Pilatus?

[151] Messori, V.: Gelitten unter Pontius Pilatus? S. 427: „[...] obgleich auch hier wohl
manches im Schatten bleiben wird, was offenbar von Gott selbst so gewollt ist."

[152] Der Autor geht auch auf das Fragment 7Q4 ein, das angeblich ein Teil des 1 Tim
darstellt. Messori, V.: Gelitten unter Pontius Pilatus? S. 442: „Es soll sich dabei
um den zweiten Teil des ersten Verses im vierten Kapitel handeln, der so lautet:
»(Der Geist sagt ausdrücklich: in späteren Zeiten werden manche vom Glauben
abfallen;) *sie werden sich betrügerischen Geistern und den Lehren von Dämonen
zuwenden.*« Worte, die eine besondere Bedeutung gewinnen, wenn – so hat jemand [wer bitte?] einmal gesagt – man an die Situation denkt, in der sich ein großer Teil der biblischen Forschung befindet..."

[153] So wird auf die Debatte um den eindeutig nicht zum Markustext passenden Buchstaben τ nur in einer Klammer verwiesen; Messori, V.: Gelitten unter Pontius Pilatus? S. 431: „(man konnte jedoch anhand zahlreicher Beispiele feststellen, daß

1993 wird der oben erwähnte Tagungsbericht *Christen und Christliches in Qumran* von K. Backhaus besprochen,[154] der die Gelegenheit nutzt, um noch einmal in aller Deutlichkeit die Fragwürdigkeit der Identifizierung, vor allem auch der daran geknüpften weitergehenden Hypothesen, zu unterstreichen.

Im gleichen Jahrgang der Zeitschrift *Theologie und Glaube* erscheint eine ausführliche Auseinandersetzung M. Weltes vor allem mit dem Stil der Auseinandersetzung um 7Q5, sowie der weiteren publizistischen Erzeugnisse zum Thema Qumran.[155] Seine Ablehnung der These ist eindeutig: "Und es darf getrost dabei [bei der Ablehnung der These, wie sie schon K. Aland vorgetragen hatte] bleiben, daß aus mindestens drei Gründen nicht sein kann, was offenbar um des Fundamentalismus willen sein muß:"[156]

1993 ist das Jahr der Auseinandersetzung mit dem 1992 erschienenen Bestseller *Verschlußsache Jesus*. Qumran wird ein Thema von allgemeinem Interesse. In verschiedenen Veröffentlichungen, die sich mit diesem reißerischen Produkt auseinandersetzen, findet auch die Frage nach der Identifizierung von Fragment 7Q5 Erwähnung.

C. P. Thiede veröffentlicht den Text eines mehrfach gehaltenen Vortrags: *Qumran: Skandale, Gerüchte, Bestseller – Die Wirklichkeit hinter den Texten vom Toten Meer*. Gegen Ende des Vortrags geht er auch auf die Identifizierungsthese um 7Q5 ein, die er sofort mit der Datierung des Mk verbindet.[157]

Auch K. Berger äußert sich in einem populärwissenschaftlichen Buch – *Qumran und Jesus* – über die Frage nach 'Texten aus dem Neuen Testament in Qumran'.

---

diese Verwechslung häufiger vorgekommen ist)". Die Ausführungen zur Datierung sind höchst irreführend und manipulieren Leserinnen und Leser in hohem Maße; ebd.: „[...] denn alle Papyrologen hatten jenes Fragment (dessen Inhalt ihnen noch unbekannt war) anhand des Schrifttyps und anderer Einzelheiten ungefähr auf das Jahr 50 datiert." Nur ein Papyrologe hat sich vor J. O'Callaghan zur Datierung geäußert, C. H. Roberts. Er datiert das Fragment in das erste Jahrhundert v. Chr., läßt allenfalls die Möglichkeit einer späteren Abfassung, in der ersten Hälfte des ersten Jahrhunderts n. Chr. offen. Damit die These glaubwürdig klingt, werden auch die Darstellungen der Befürworter verfälscht; ebd. S. 436: „Wie Thiede bewiesen hat, handelt es sich dabei fast sicher um das Gefäß, in dem die Manuskripte aufbewahrt worden waren." Thiede, C. P.: Die älteste Evangelien-Handschrift. S. 62 ist sich längst nicht so sicher: „Der Krug war allem Anschein nach das Behältnis der Rollen gewesen, wenn auch nicht ihr ständiger Aufbewahrungsort." Hier wird nichts bewiesen; im ganzen Abschnitt C. P. Thiedes zu diesem Thema überwiegt der Konjunktiv: „könnte", „dürfte", „historisch nicht unwahrscheinlich". Alles gipfelt in der Behauptung, Messori, V.: Gelitten unter Pontius Pilatus? S. 435: „Man fand also keine entscheidenden und vielleicht einmal gewichtige Argumente gegen sie [die Identifizierungsthese J. O'Callaghans]."

[154] Backhaus, K.: Qumran und die Urchristen.
[155] Welte, M.: Der Text und seine Folgen.
[156] Welte, M.: Der Text und seine Folgen. S. 443.
[157] Thiede, C. P.: Qumran. S. 16 f.

Die Identifizierung von 7Q4 und 7Q5 mit ntl. Texten lehnt er ab, in seiner Beurteilung der alternativen Identifizierungen ist er allerdings reichlich ungenau: "Ohne Zweifel lassen sich Tausende von griechischen Texten anführen, die (noch dazu bei unsicherer Zeilenlänge) diese Buchstabenkombinationen aufweisen."[158] So einfach darf man es sich nicht machen, denn von 'Tausenden von Texten' kann nun wirklich nicht die Rede sein, da bisher kein einziger Vorschlag – aber eben auch nicht Mk 6, 52 – 53 – als plausible Identifizierung gewertet werden konnte.

Unter den *101 Fragen zu den Schriften vom Toten Meer*, die sich J. A. Fitzmyer zu beantworten bemüht, findet sich unter der Nummer 17 diese: "Gibt es unter den QS Texte aus dem NT?"[159] Sein Urteil ist vorsichtig, aber distanziert.[160] Ausführlicher – auf 12 Seiten - diskutieren O. Betz und R. Riesner die Frage nach den neutestamentlichen Handschriften in Höhle 7Q. Beide Autoren messen der mikroskopischen Untersuchung, die C. P. Thiede veranlaßt hatte, große Bedeutung zu.[161] Als Fazit formulieren O. Betz und R. Riesner: "Sicher ist die Identifizierung von 7Q5 mit Markusevangelium 6, 52 – 53 nicht, sie bleibt aber sehr wohl möglich. Ob von Wahrscheinlichkeit gesprochen werden kann, darüber geht der Streit."[162]

---

[158]   Berger, K.: Qumran und Jesus. S. 40.

[159]   Fitzmyer, J. A.: Qumran: Die Antwort. S. 43.

[160]   Der Grund für seine Vorsicht könnte in der Abbildung bei Thiede, C. P.: Kriminaltechnische Untersuchung. liegen, vgl. Fitzmyer, J. A.: Qumran: Die Antwort. S. 44. Gegenüber G. Stanton äußerte er brieflich, daß er aufgrund dieser Aufnahme die These J. O'Callaghans nun als „unlikely but not impossible" beurteile (vgl. Stanton, G.: Gospel Truth? S. 198, Anm. 16).

[161]   Vgl. Betz/Riesner: Jesus, Qumran und der Vatikan. S. 144; dieses Vertrauen geht so weit, daß in der Transkription auf S. 145 das ν in Zeile 2 als sicherer Buchstabe, also ohne Punkt angegeben wird. Das ist auf jeden Fall überoptimistisch, selbst wenn man der Interpretation der Photographie zustimmte, die hier den Diagonalstrich eines ν erkennen möchte. Der Verzicht auf den Punkt ist besonders auffällig, da es die einzige Abweichung von der Transkription C. P. Thiedes ist. Die ganze Seite 145 bei Betz/Riesner ist eine Reproduktion der betreffenden Seite bei Thiede, C. P.: Die älteste Evangelien-Handschrift? S. 35. Ansonsten übernehmen die beiden Autoren auch die merkwürdigen Striche unter einigen Buchstaben, die wohl den sonst üblichen Punkt an dieser Stelle ersetzen. Übrigens geht nicht einmal C. P. Thiede so weit, in den späteren Auflagen des Buches „Die älteste Evangelien-Handschrift" in der Transkription auf den Punkt unter dem ν in Zeile 2 zu verzichten. Trotz aller Überzeugtheit des Autors von der Richtigkeit seiner Interpretation – das ν als wirklich eindeutigen Buchstaben anzugeben scheint selbst ihm zu weit zu gehen. Obwohl er andererseits im gleichen Jahr behauptet, Thiede, C. P.: Greek Qumran Fragment 7Q5. S. 396: „O'Callaghan´s dot underneath the *nu* in line 2 may now be deleted; the Jerusalem analysis proved its existence beyond the shadow of a doubt."

[162]   Betz/Riesner: Jesus, Qumran und der Vatikan. S. 149.

R. H. Gundry weist in seinem Markus-Kommentar[163] von 1993 durch paläographische Beobachtungen nach, daß es sich beim Fragment 7Q5 nicht um den Text Mk 6, 52 – 53 handeln kann. Diese kurze, aber auf sehr genauen Beobachtungen basierende Darstellung wird in der Folgezeit von – nahezu – allen Autoren übersehen.

Ebenfalls im Zuge der Auseinandersetzung mit der Sensationsliteratur um Qumran erscheint 1994 des Buch *Qumran und die Evangelien*, ein Sammelband, der verschiedene Aufsätze vereint. H.-J. Schulz eröffnet den Reigen der Beiträge mit seiner Auffassung von der Entstehung der Evangelien, bei der auch das Fragment 7Q5 in die Beweiskette eingeflochten ist. Er spricht in diesem Zusammenhang von der "alternativlosen Plausibilität der Identifizierung von 7Q5 mit Markus 6, 52 f."[164] – was nur als Wunschdenken bezeichnet werden kann. Auch C. P. Thiede ist vertreten, er referiert über die "Mehrsprachigkeit der Qumran-Essener und des Frühchristentums"[165] Der Autor versucht zu erweisen, daß die Essener wie auch die frühen Christen in drei Sprachen – Aramäisch, Hebräisch und Griechisch – zu Hause waren und diese auch für ihre Schriften benutzten. Auffällig ist eine Diskrepanz zwischen dem Minimum an Fakten und dem Maximum an Interpretation: Seriöse Schätzungen gehen davon aus, daß es einmal 800 – 1000 Schriftrollen in Qumran gab,[166] darunter fallen die wenigen Handschriften in Griechisch kaum ins Gewicht: vier in Höhle 4Q, 19 in Höhle 7Q, also nicht einmal 3% der einmal vorhandenen Rollen![167]

1993/94 reagieren Wissenschaftler aus dem englischsprachigen Raum auf C. P. Thiedes Buch *The Earliest Gospel Manuscript?*. J. K. Elliott weist in scharfer Form Inhalt und Stil des Buches zurück: "What could have been a mere journal article [...] has been puffed up with much extraneous matter to 80 pages. [...] There is nothing of substance in this booklet that has not already been rehearsed by O´Callaghan: Thiede adds little to the original debate. The arguments here will convince only the gullible."[168] J. K. Elliott ist grundsätzlich beizupflichten,

---

163   Gundry, R. H.: Mark. S. 343 f.
164   Schulz, H.-J.: Zur Entstehung der Evangelien. S. 39.
165   So der Untertitel seines Beitrags, der den Titel „Qumran und die Folgen" trägt.
166   Vgl. Maier, J.: Die Qumran Essener III. S. 7.
167   Unabhängig von der Deutung der Tatsache: die Höhle 7Q fällt aus dem Gesamtbild der Höhlen heraus. Daß es hier wohl nur griechische Schriften gab, verlangt nach einer Erklärung, begründet eine Sonderstellung. Ihre 19 griechischen Fragmente sollten nicht ohne Kommentar dem Aufweis der ´Mehrsprachigkeit´ dienen. Dafür können erst einmal allein die vier Fragmente der Höhle 4Q herangezogen werden. Diese stellen allerbestens 0.5 % des Gesamtbestandes dar. In vielen – auch privaten – Bibliotheken finden sich Bestände in vergleichbarer Größenordnung, die kein Benutzer aus Mangel an fremdsprachlichen Kenntnissen lesen kann, die auf irgendwelchen Wegen einmal in den Bücherschrank gerieten. Das sollte grundsätzlich auch von den Essenern denkbar sein – wenngleich es selbstverständlich nicht ausgeschlossen ist, daß sie Griechisch konnten und nutzten.
168   Elliott, J. K.: Mark in Qumran? S. 249.

da C. P. Thiede keine wirklich neuen Argumente bringt, erübrigt sich eine
eingehende Auseinandersetzung – diese fand bereits zwei Jahrzehnte vorher
statt.

Ausführlicher äußert sich D. B. Wallace in zwei Artikeln.[169] Die Identifizierung
von 7Q5 mit Mk 6, 52 – 53 lehnt er strikt ab, dennoch wünscht er sich eine
schnelle Neuauflage des Buches von C. P. Thiede: "A second, corrected edition
ought to be published as soon as possible, if for no other reason than to remove
an unnecessary stumbling block for the viewpoint espoused."[170] Die Zahl der
(Druck-)Fehler ist dem Rezensenten schlicht zu hoch[171] – zweifellos eine der
auffallendsten unangenehmen Eigenschaften von Veröffentlichungen C. P.
Thiedes. Hauptkritikpunkte D. B. Wallaces sind die zweifelhafte Lesung von
Buchstaben, um den Bestand der Identifizierung mit Mk 6, 52 – 53 anzupas-
sen,[172] die Unwahrscheinlichkeit der Auslassung der Wörter ἐπὶ τὴν γῆν,[173] die
höchstgradige Unwahrscheinlichkeit der Verschreibung von δ zu τ,[174] sowie die
Fragwürdigkeit der ausschließlichen Identifizierung mit dem Mk-Text. An dieser
Stelle unternimmt der Rezensent selbst einen Computer-Versuch, bei dem 16
mögliche Stellen für 7Q5 ermittelt werden.[175] Jedoch macht D. B. Wallace einen
Fehler: Er arbeitet mit der Buchstabenfolge τω, και τ, ννη.[176] Einmal läßt er
dabei den zweifelsfrei identifizierten Buchstaben η in Zeile 5 weg, vor allem
aber gibt er für Zeile 2 τω ein, obwohl er eine Seite vorher das ν - mit gutem
Grund – abgelehnt hatte.[177] Seine Bilanz ist vernichtend: "If it were not for the
fact that José O'Callaghan is a reputable papyrologist and that C. P. Thiede is a
German scholar, one has to wonder whether this hypothesis would ever have
gotten more than an amused glance from the scholarly community."[178] Zum
Schluß warnt D. B. Wallace Forscher aller Richtungen vor der 'unbiblischen

---

[169]   Wallace, D. B.: A Review; ders.: 7Q5. Der erste Artikel ist die knappere Fassung
        des letzten, deshalb wird hier nur der Artikel *7Q5* zitiert.

[170]   Wallace, D. B.: 7Q5. S. 174.

[171]   Wallace, D. B.: 7Q5. S. 174: „One should note at the outset that this work is
        marred by scores of not insignificant typographical errors, including grammatical
        and spelling mistakes, several misquoted statements, and worst of all, a discrepan-
        cy in the very *title* of the book. Such a casual approach to the form of presentation
        can give the reader a natural temptation to see an equally imprecise handling of
        the data on Thiede's part."

[172]   Vgl. Wallace, D. B.: 7Q5. S. 175 f.

[173]   Vgl. Wallace, D. B.: 7Q5. S. 176.

[174]   Vgl. Wallace, D. B.: 7Q5. S. 176 f.

[175]   Vgl. Wallace, D. B.: 7Q5. S. 177.

[176]   Vgl. Wallace, D. B.: 7Q5. S. 177, Anm. 15.

[177]   Wallace, D. B.: 7Q5. S. 176: „In particular, an unbiased reader looking at the
        photograph will almost certainly disagree with O'Callaghans reconstructed *nu* in
        line 2." So jedenfalls zeigte der Test, daß auch die Annahme eines ν nicht
        zwangsläufig und ausschließlich zu einer mk. Identifizierung führen muß.

[178]   Wallace, D. B.: 7Q5. S. 179 f.

Haltung' des wissenschaftlichen Fanatismus: "When the next sensational archae-
ological find is made, should not conservatives and liberals alike ask the que-
stion: Will we fairly examine the evidence, or will we hold the party line at all
costs?"[179]
Es kann nicht verwundern, daß C. P. Thiede auf diese heftige Kritik antwortet.
Hauptsächlich geht er jedoch auf Nebensächlichkeiten ein, legt z. B. dar, wer –
außer J. O'Callaghan und ihm selbst – die These der mk. Identifizierung stützt.[180]
Einzig der Hinweis auf ein im Buch bisher nicht angeführtes Vorkommen der δ-
τ-Vertauschung verdient Erwähnung.[181]
In ihrem 1994 erschienenen Buch *Il testo del Nuovo Testamento* geht A. Passoni
Dell'Acqua kurz auf Fragment 7Q5 ein. Für sie ist die Identifizierung mit Mk 6,
52 – 53 gesichert, Klärungsbedarf sieht sie allein in der Frage der Datierung.[182]
In H. A. Rupprechts Buch *Kleine Einführung in die Papyruskunde* wird 1994 die
Diskussion um Fragment 7Q5 als „noch nicht entschieden"[183] beurteilt.[184]
Pünktlich zum Weihnachtsfest 1994 lieferte C. P. Thiede eine weitere Sensation:
Auf der Titelseite der *Times* wird vermeldet, "Dr. Thiede" habe einen seit 1901
bekannten Papyrus – den $\mathfrak{P}^{64}$ – um fast 150 Jahre zurückdatiert: "In a paper to be
published next month, Carsten Thiede, a German papyrologist, will claim that
three scraps of Matthew belonging to Magdalen College date from the mid-first
century AD."[185] Wie angekündigt, erscheint 1995 ein Artikel von C. P. Thiede in
der *Zeitschrift für Papyrologie und Epigraphik*, in dem er die Rückdatierung –
sehr vorsichtig und gewissermaßen 'im Konjunktiv'[186] - zu belegen versucht.[187]
Die Rückdatierung des $\mathfrak{P}^{64}$ lenkte die Aufmerksamkeit der Fachwelt wie der

---

[179]   Wallace, D. B.: 7Q5. S. 180.
[180]   Vgl. Thiede, C. P.: 7Q5 – Facts or Fiction? S. 471.
[181]   Vgl. Thiede, C. P.: 7Q5 – Facts or Fiction? S. 472; der Nachweis entstammt
        Gignac, F. T.: Grammar I. S. 80 (τιακωσίας statt διακοσίας). Der Nachweis ist
        bei Thiede, C. P.: 7Q5 – Facts or Fiction? S. 472, Anm. 5 reichlich weit gefaßt –
        er gibt bei F. T. Gignac die Seiten 80 – 83 an. Auf den angegebenen Seiten be-
        handelt F. T. Gignac Lautvertauschungen bei Dentalen, aber nur auf S. 80 die
        Vertauschung von δ und τ.
[182]   Passoni Dell'Acqua, A.: Il testo del Nuovo Testamento. S. 35, Anm. 19.
[183]   Rupprecht, H. A.: Kleine Einführung. S. 192
[184]   Mittlerweile beurteilt der Autor diese Frage jedoch anders. Schriftlich teilte H. A.
        Rupprecht mit, daß ihm die Frage nun gegen J. O'Callaghan und C. P. Thiede ent-
        schieden erscheine.
[185]   D'Ancona, M. in: Times, 24. 12. 1994.
[186]   Thiede, C. P.: Papyrus Magdalen Greek 17. S. 17: „For our present purpose, we
        may proffer a tentative suggestion: the material from Nahal Hever, Herculaneum
        and Qumran could point towards a first century date for Magdalen Gr. 17 / P.
        Barc. 1." ebd. S. 19: „The fragments [...] remain the oldest extant papyrus of that
        gospel; but it may be argued that it could be redated from the late second to the
        late first century, some time after the destruction of the Temple in Jerusalem."
[187]   Thiede, C. P.: Papyrus Magdalen Greek 17.

Öffentlichkeit erneut auf C. P. Thiede.[188] Im Zusammenhang mit der Auseinandersetzung um die Datierung der Mt-Fragmente aus dem Magdalen-College, die zu einer völligen Ablehnung der Rückdatierung durch die Fachwelt führte,[189] kam es auch zu Bemerkungen über die Identifizierung von 7Q5 durch C. P. Thiede.[190] Eine besonders ausführliche Stellungnahme legte G. Stanton vor: *Gospel Truth?* Ausgangspunkt ist für ihn die zweifelhafte Rückdatierung des $\mathfrak{P}^{64}$, dann wendet er sich dem Fragment 7Q5 zu. Seine Ablehung der mk. Identifizierung ist eindeutig.[191]

Eine gründliche Auseinandersetzung mit den Thesen C. P. Thiedes bietet É. Puech in seinem Aufsatz *Des Fragments de la Grotte 7 et le Nouveau Testament?* Aus paläographischen Gründen ist die Identifizierung von 7Q5 mit Mk 6, 52 – 53 – ebenso die Identifizierung von 7Q4 mit 1 Tim 3, 16 – 4, 3 – auszuschließen. Diese Aussagen sind deshalb besonders wichtig, da É. Puech seine Aussagen durch Arbeit an den Originalen gewonnen hat. Dieses Resultat wird von M.-É. Boismard und P. Grelot unterstrichen.[192]

Ebenfalls 1995 faßt J. O'Callaghan noch einmal ausführlich seine These über die Fragmente aus der Höhle 7Q zusammen.[193] In seiner Transkription des Textes von 7Q5 bleibt er bei dem Punkt unter dem angeblichen ν in Zeile 2;[194] für den Begründer der mk. Identifizierung bleibt der Buchstabe ν eine nicht eindeutige Rekonstruktion! Neue Argumente trägt J. O'Callaghan nicht vor. Er setzt sich ausführlich mit anderen Identifizierungsvorschlägen auseinander,[195] präsentiert zum Schluß eine Wahrscheinlichkeitsberechnung des Mathematikers A. Dou, die aufzeigen soll, wie wenig wahrscheinlich eine andere Identifizierung als Mk 6, 52 – 53 für das Fragment 7Q5 ist. Nach nicht weniger als 22 Seiten kommt

---

[188]   Nur kurz sei der Band Thiede, C. P.: Rekindling the Word. erwähnt. Er bietet eine Zusammenstellung von 19 – teils übersetzten – Beiträgen C. P. Thiedes, alle vorher an verschiedenen Stellen veröffentlicht. Es sei noch vermerkt, daß die Angaben des Erstveröffentlichungsortes teilweise falsch sind.

[189]   Vgl. vor allem Wachtel, K.: $\mathfrak{P}^{64/67}$: Fragmente des Matthäusevangeliums; weiterhin Parker, D. C.: Was Matthew written before 50 CE? (kurze Erwiderung von Thiede, C. P.: The Magdalen Papyrus.); Elliott, J. K.: $\mathfrak{P}^{64}$ and all that; Vocke, H.: Kein Ende für die Textkritik.

[190]   Elliott, J. K.: $\mathfrak{P}^{64}$ and all that; Grelot, P.: Note sur les propositions; Puech, E.: Des fragments grecs de la grotte 7.

[191]   Vgl. Stanton, G.: Gospel Truth? S. 20 – 29.

[192]   Boismard, M.-É.: À propos de 7Q5 et Mc 6, 52 – 53; Grelot, P.: Note sur les Propositions du Pr Carsten Peter Thiede.

[193]   Vgl. O'Callaghan, J.: Los primeros testimonios.

[194]   Vgl. O'Callaghan, J.: Los primeros testimonios. S. 107.

[195]   Vgl. O'Callaghan, J.: Los primeros testimonios. S. 112 – 116.

dieser zu dem Schluß, die Wahrscheinlichkeit, 7Q5 sei Mk 6, 52 – 53 und kein anderer Text, betrage 1: $9*10^{11}$, also 1:900 Milliarden.[196] In der 1996 erschienenen populärwissenschaftlichen Veröffentlichung *Secrets of the Dead Sea Scrolls* von R. Price wird ausführlich auf die Debatte um 7Q5 eingegeangen. Nach Darstellung der Argumente für und gegen die Identifizierung kommt der Autor zu einem zwar abwartenden, aber doch negativen Ergebnis bezüglich der Identifizierung des Fragmentes mit Mk 6, 52 – 53.[197] 1996 veröffentlicht C. P. Thiede einen Aufsatz im Katalog zur Ausstellung *Dalla Terra Alle Genti*. Neben den altbekannten Thesen deutet sich im Aufsatztitel bereits eine Ausweitung der Interessen C. P. Thiedes an: *Le lingue e la tradizione testuale del primo cristianesimo*. Hervorzuheben ist jedenfalls die sehr gute Qualität der Abbildungen im Katalogteil.[198] Rückhaltlose Unterstützung der mk. Identifikation bietet R. Puig Massana,[199] in seiner Auseinandersetzung mit einer abelehnenden Stellungnahme J. K. Elliotts. Auffällig ist der völlig unkritische Umgang des Autors mit den Befürwortern der ntl. Identifizierung. Deren Positionen werden nicht weiter hinterfragt.[200] Ganz ähnlich verfährt auch die im gleichen Jahr veröffentlichte kurze Darstellung *La Papirologia e il Nuovo Testamento* von G. Di Palma. Abgesehen von einer kurzen Erwähnung K. Alands wird keine einzige kritische Stimme erwähnt. Der unbefangene Leser muß den Eindruck gewinnen, es habe um die Identifizierung des Fragmentes eigentlich nie ernsthafte Diskussionen gegeben. 1996 veröffentlichen C. P. Thiede und M. D´Ancona ein Buch, das den bisherigen Höhepunkt der Beschäftigung C. P. Thiedes mit dem Fragment 7Q5 darstellt: *The Jesus Papyrus*, im gleichen Jahr auch in Deutsch, *Der Jesus Papyrus*. Das Buch ist wohl am besten als Reaktion auf G. Stantons *Gospel Truth* zu verstehen. Es arbeitet die von G. Stanton vorgegebenen Punkte ab, jedoch mit entgegengesetztem Ergebnis. Eigentliches Thema ist der $\mathfrak{P}^{64}$ und seine Rückdatierung durch C. P. Thiede. Jedoch gelingt es den Autoren, im ersten Teil des Buches auch die Identifizierung des Fragmentes 7Q5 mit Mk 6, 52 – 53 unterzubringen. Das Buch stellt einerseits den Höhepunkt, gleichzeitig aber auch den Tiefpunkt der bisherigen Veröffentlichungen C. P. Thiedes dar. Der Stil ist

---

[196]   Dou, A.: El calculo. S. 138. Das ist zwar immer noch eine Zahl mit elf Nullen, immerhin sind es aber schon 54 Nullen weniger als bei Estrada/White: The First New Testament. S. 130 f., die als Ergebnis $2.25*10^{65}$ ermittelten.

[197]   Price, R.: Secrets. S. 190: „At present the evidence is too tenuous to side with O´Callaghan and Thiede. Matters, however, remain inconclusive [...].“

[198]   Eine ausführliche und fundierte Kritik der Ausführungen C. P. Thiedes bei Wischmeyer, W.: Zu den neuen Frühdatierungen von Carsten Peter Thiede.

[199]   Vgl. Puig Massana, R.: Acerca de una reciente Publicacion.

[200]   Puig Massana, R. Acerca de una reciente Publicacion. S. 56 referiert z. B. die Aussagen C. P. Thiedes, die Computeranalyse des Textbestandes von Fragment 7Q5 habe allein Mk 6, 52 – 53 als mögliche Fundstelle ergeben. Daß dieses Ergebnis nur möglich ist, wenn ein ´störender´ Buchstabe – das τ – bei der Eingabe ausgelassen wird, erwähnt der Autor nicht.

in so hohem Maße unsachlich und aggressiv, daß selbst 'treue Freunde' davon abgeschreckt worden sind.[201] Sowohl die englische als auch die deutsche Ausgabe fällt durch eine hohe Zahl an Druckfehlern auf.[202] Ein – schon amüsanter – Fehler ist bisher unkommentiert geblieben. Die Autoren schreiben über den Entdecker des $\mathfrak{P}^{64}$, den Engländer C. B. Huleatt: "Aber seine Geschichte – die Geschichte eines treuen Anhängers der britischen Evangelikalen, der zufällig auf den frühesten Evangelientext der Welt stieß [...]."[203] Bisher hatte C. P. Thiede allen Leserinnen und Lesern seiner Bücher und Aufsätze zu verdeutlichen versucht, 7Q5 sei *Die älteste Evangelien-Handschrift?*[204] Da C. P. Thiede den $\mathfrak{P}^{64}$ auf ca. 66 n. Chr. datiert,[205] für Fragment 7Q5 gemeinhin ca. 50 n. Chr. angibt, liegt in den pathetischen Worten ein Widerspruch zu Aussagen desselben Buches, wie er krasser kaum noch möglich ist.

Daß ein solches Buch in der Fachwelt auf wenig Gegenliebe stößt, liegt auf der Hand. Die Besprechungen sind vernichtend.[206] Aber auch *Der Spiegel* (Nr. 22, 27. 5. 1996) führt die Unhaltbarkeit der Hypothesen Thiedes einem breiten Publikum in einem sehr sorgfältig gearbeiteten Artikel vor.

Schon ein Jahr später erscheint die Taschenbuchausgabe des *Jesus Papyrus*. Die Fehler und Ungenauigkeiten des Haupttextes wurden nicht angetastet, statt

---

[201]   Vgl. Shanks, H. in Biblical Archaeology Review 23, 3 (1997), S. 10, der verschiedene Personen um Kommentar gebeten hatte, die C. P. Thiede als Unterstützer seiner Identifizierung und Datierung angegeben hatte, so Ph. Comfort, H. Chadwick und O. Montevecchi.

[202]   Besonders krasse Beispiele von Druck- und Sachfehlern sind zusammengestellt bei Elliott, J. K.: Rez. Thiede/D´Ancona: The Jesus Papyrus. S. 396 f.

[203]   Thiede/D´Ancona: Der Jesus Papyrus. S. 116; sinngleich in der englischen Ausgabe, S. 12.

[204]   In diesem Zusammenhang sei noch auf eine Grundtendenz des Buches verwiesen. Vor allem auf den Seiten 184 – 187 könnte sehr leicht der Eindruck entstehen, als würde eine Neuuntersuchung der verschiedenen neutestamentlichen Papyri geradezu automatisch eine Neudatierung nach sich ziehen und vor allem: als bedeute eine Neudatierung immer auch, daß die untersuchten Papyri „aus viel früheren Zeiten stammen als bislang angenommen"; S. 185. Daß es durchaus gegenteilige Tendenzen in der Forschung gibt, erfahren Leserinnen und Leser dieses Buches nicht. Aber besonders für die frühe handschriftliche Überlieferung des Johannesevangeliums werden seit einigen Jahren deutlich spätere Datierungen vorgeschlagen. Diese Diskussion hat bereits ihren Niederschlag in der neutestamentlichen Forschung gefunden; vgl. Schnelle, U.: Das Evangelium nach Johannes. S. 7 f.; ders.: Einleitung. S. 487; Strecker/Labahn: Der johanneische Schriftenkreis. S. 101; Schmithals, W.: Johannesevangelium und Johannesbriefe. S. 7 – 9. Ausgangspunkte dieser Diskussion waren Schmidt, A.: Zwei Anmerkungen. sowie Gronewald, M.: Unbekanntes Evangelium.

[205]   Vgl. Thiede/D´Ancona: Der Jesus Papyrus. S. 184.

[206]   Vgl. z. B. Oberforcher, R.: Rez. Thiede/D´Ancona: Der Jesus-Papyrus; Burge, G.: Indiana Jones and the Gospel Parchments; Elliott, J. K.: The Jesus Papyrus. Five Years On, sowie vor allem Elliott, J. K.: Rez. Thiede/D´Ancona: The Jesus Papyrus; vgl. auch Grelot, P.: Jésus selon Matthieu.

dessen steuern die Autoren ein Nachwort bei. Schon die vorangestellten Zitate offenbaren eine Arroganz, die angesichts der einhelligen Ablehnung des Buches peinlich berührt.[207] Ansonsten wiederholen sie die bekannten Positionen. Manche Behauptung ist entlarvend: "Denn in der Tat – wir schreiben es selbst – ist das Datieren antiker Handschriften ein notorisch schwieriges Geschäft, bei dem mit Geduld und Umsicht Hunderte von Handschriften zum Vergleich herangezogen werden müssen. Unser Ergebnis beruht auf einer Vielzahl solcher Dokumente [...]."[208] Wenn man bedenkt, daß C. P. Thiede nur 6 Vergleichspapyri und ein Ostrakon heranzog, die auch noch allesamt ´sehr naheliegend´ waren,[209] dann sollte man den Autor an seinem Anspruch messen und zurückweisen.

Einen ganz ähnlichen Ton schlägt C. P. Thiede in seinem kurzen *Artikel Jesus ist nicht nur eine Glaubensfrage* an: "Die wissenschaftliche Auseinandersetzung über das Markus-Fragment nähert sich dem Ende. Führende Papyrologen, Altphilologen und Historiker stimmen der Identifizierung mit schlüssigen Argumenten zu, anderslautende Äußerungen sind heute leicht und schnell widerlegbar."[210] Angesichts der nahezu einhelligen Ablehnung der These durch die Fachwelt fällt es schwer, solche Äußerungen einzuordnen.

Eine breitere Öffentlichkeit erreicht die Diskussion um die Identifizierungshypothese C. P. Thiedes 1997,[211] als der Herausgeber der Zeitschrift *Biblical Archae-*

---

[207] Thiede/D´Ancona: Der Jesus Papyrus (Tb). S. 251, dem Nachwort ist ein Seneca-Zitat vorangestellt: „Ich werde euch auch gegen euren Willen Nützliches sagen. Es ist an der Zeit, daß eine unsanfte Stimme bis zu euch gelangt, und weil ihr die Wahrheit nicht einzeln hören wollt, sollt ihr sie vor aller Öffentlichkeit hören."

[208] Thiede/D´Ancona: Der Jesus Papyrus (Tb). S. 256.

[209] Damit ist gemeint, daß die herangezogenen Vergleichsstücke aus besonders leicht zu erreichenden, oder C. P. Thiede schon lange bekannten Veröffentlichungen entstammen. Den Qumran-Fragmenten, die er anführt (4QLXXLev^a und 4QLevpapLXX^b, sowie des Fragmentes 7Q6₁) konnte C. P. Thiede bei der Arbeit an der 7Q5-Hypothese kaum aus dem Weg gehen; eine Abbildung des 8HevXIIgr findet sich im weit verbreiteten Buch Würthwein, E.: Der Text des Alten Testaments; P.Oxy. XXXI 2545 findet sich im Standard-Werk Turner/Parsons: Greek Manuscripts. S. 73, Ab. 37; der P. Oxy. II 246 ist beim populärwissenschaftlichen Klassiker – Deissmann, A.: Licht vom Osten. – abgebildet. Eine wirklich sorgfältige und umfassende Suche nach vergleichbaren Papyri ging der Neudatierung offensichtlich nicht voraus. Als Gegenbeispiel sorgfältiger paläographischer Arbeit am Papyrus $\mathfrak{P}^{64}$ sei genannt Head, P. M.: The Date of the Magdalen Papyrus of Matthew.

[210] Thiede, C. P.: Jesus ist nicht nur eine Glaubensfrage. S. 478.

[211] Eine kurze Erwähnung der These 7Q5 = Mk 6, 52 – 53 läßt C. P. Thiede selbstverständlich in seinen kurzen Aufsatz *Die Evangelien*, S. 31 f. einfließen, der im *Insel-Almanach auf das Jahr 1998* erscheint: „Die Ermittlung von Alter und Entstehung der Handschriften gehört also gleichsam zum Geschäft des Abwägens und kritischen Edierens. Um so mehr muß die Leidenschaftlichkeit verwundern, mit der gegen die Ermittlung der ältesten Überlieferungsreste vorgegangen wird. Über Jahre hinweg galt es als nahezu unanständig, die Identifizierung des Qumran-Fragments 7Q5, das aufgrund der archäologischen Fundgeschichte älter sein

ologic Review, H. Shanks, die Thesen C. P. Thiedes unter der Überschrift *The Battle Against Junk »Scholarship«* der Lächerlichkeit preisgibt. Das provoziert eine Reaktion C. P. Thiedes, auf die H. Shanks jedoch mit einer verschärften Antwort reagierte: „The problem is that to listen to Thiede [...] one gets no real understanding of just how far-out the scholarly community considers his contentions to be."[212]

R. Scibona[213] trägt erneut eine Vermutung C. M. Martinis vor, die dieser 1972, als erste Reaktion auf die These J. O´Callaghans, abgegeben hatte. Die Identizierung von Fragment 7Q5 mit Mk 6, 52 – 53 läßt er hypothetisch gelten,[214] um dann anzunehmen, der Text des Markusevangeliums sei erst später, zwischen 70 und 135 n. Chr. in der Höhle 7Q deponiert worden. Diese Erklärung muß jedoch aus paläographischen Gründen abgelehnt werden.[215]

Eine interessante Veröffentlichung wird im gleichen Jahr von F. Dalla Vecchia herausgegeben, eine Sammlung der wichtigsten Aufsätze zu Fragen rund um 7Q5 und P64 in italienischer Übersetzung.[216] In seinem Nachwort weist G. Segalla beide Thesen C. P. Thiedes zurück, sie würden die Fachwelt nicht dazu bringen, die Datierungen des Markus- und Matthäusevangeliums zu ändern.[217]

Unterstützung erfährt die mk. Identifizierung des Fragmentes 7Q5 durch X. Vazquez Allegue[218] und J. M. Vernet[219]. Der erste Beitrag verzichtet wieder einmal völlig darauf, sich ernsthaft mit den kritischen Stimmen auseinanderzusetzen.[220] Wesentlich gründlicher erscheint auf den ersten Blick die Untersuchung J. M. Vernets. Jedoch zeigt sich auch hier, daß sich der Autor sehr schnell mit den Aussagen C. P. Thiedes zufrieden gibt. Diese ´letzte Instanz´ wird grundsätzlich nicht mehr hinterfragt.[221]

---

muß als 68 n. Chr., mit Versen des Markus-Evangeliums zu akzeptieren. Erst als die italienische Papyrologin Orsolina Montevecchi 1994 erklärte, daß es an dieser Identifizierung keine vernünftigen Zweifel mehr geben könne, versachlichte sich die Debatte." Diese Aussage ist inhaltlich falsch. Denn der Ton der Veröffentlichungen C. P. Thiedes, die nach 1994 erschienen – *Der Jesus Papyrus, Ein Fisch für den römischen Kaiser* – ist alles andere als sachlich.

[212]   Shanks, H.: in BAR 23/3 (1997), S. 10.
[213]   Scibona, R.: Un Frammento di Marco.
[214]   Immerhin notiert er, daß es sich um eine umstrittene These handelt, führt auch wichtige kritische Literatur an.
[215]   Vgl. Kap. 5.5 dieser Arbeit.
[216]   Dalla Vecchia, F.: Ridatare i Vangeli?
[217]   Vgl. Segalla, G.: Il dibattito. S. 204.
[218]   Vazquez Allegue, X.: 7Q5.
[219]   Vernet, J. M.: Si riafferma il papiro 7Q5 come Mc 6, 52 – 53?
[220]   So tauchen die Namen der Kritiker zwar zu Beginn kurz in Fußnoten auf, ihre Einwände werden aber überhaupt nicht angeführt oder diskutiert.
[221]   Beispielsweise werden die Bedenken gegen die Lesung des ν in Zeile 2 nicht mehr erwähnt, da der Fall ja durch die Untersuchung mit dem „super-microscopio" endgültig geklärt sei; Vernet, J. M.: Si riafferma il papiro 7Q5 come Mc 6, 52 – 53? S. 52 f. Ganz ähnlich wird der angebliche ´Lautwechsel´ von δ zu τ in

Eine weitere Station ist das 1998 erschienene Buch *Ein Fisch für den römischen Kaiser* von C. P. Thiede. Hier findet der fast schon naive Historismus seinen – vorläufigen – Höhepunkt. Dieses Buch ist von der Wissenschaft nicht mehr beachtet worden. 7Q5 erscheint nur noch am Rande, jedoch – alle Kritik ist offensichtlich auf taube Ohren gestoßen – als unstrittiger Fall: „Während die Debatte um das Fragment 7Q4 in jüngster Zeit noch einmal aufflackert, darf die langanhaltende Kontroverse um 7Q5 als abgeschlossen gelten: Es gibt ein Schriftrollen-Fragment des Markus-Evangeliums, vor 68 n. Chr. in einer Qumran-Höhle deponiert, als Teil einer judenchristlichen Textsammlung, die ursprünglich und wohl über die Zwischenstation Jerusalem aus Rom dorthin kam."[222] Diese Einschätzung verwundert angesichts der Ablehnung der Identifizierungs-These durch R. Riesner seit seiner Veröffentlichung *Essener und Urgemeinde in Jerusalem* um so mehr. Im *Jesus Papyrus* war R. Riesner mehrfach als positives Beispiel – neben z. B. H. Riesenfeld und H. J. Schulz – genannt worden, Wissenschaftler, „die mit Überzeugung und Kompetenz gegensteuern"[223], sich also vor allem für eine Frühdatierung der Evangelien einsetzen. Im genannten Buch formuliert R. Riesner seine Ablehnung ohne jede Einschränkung: „Die Identifizierung von 7Q5 mit dem Markus-Text scheitert daran, daß in Zeile 2 nicht αυ]ΤΩΝ Η [καρδια („ihr Herz") gelesen werden kann, wie es unbedingt notwendig wäre."[224] C. P. Thiede führt R. Riesner noch immer in der Reihe der Befürworter der ntl. Identifizierung an,[225] bleibt dabei, daß zwei Texte aus Höhle 7Q „mit Sicherheit jüdisch-christlich"[226] seien: 7Q4 und 7Q5.

In zwei Ausgaben läßt die Zeitschrift *Welt und Umwelt der Bibel* É. Puech ausführlich zu Wort kommen, der sich mit den bekannten Thesen C. P. Thiedes kundig auseinandersetzt.[227]

Eine gute Zusammenstellung der verschiedenen Positionen bietet der 1999 erschienene Artikel *El Debate sobre los Papiros Neotestamentarios de Qumran* von J. Peláez del Rosal. Er überläßt dem Leser die Entscheidung, bringt seine

---

sechs Zeilen abgehandelt; ebd. S. 56. In dieser sachlich völlig unzureichenden Darlegung offenbart sich eine vollkommene Ahnungslosigkeit des Autors – zumindest in dieser Frage.

[222] Thiede, C. P.: Ein Fisch. S. 295 f.

[223] Thiede, C. P.: Der Jesus Papyrus. S. 238.

[224] Riesner, R.: Essener und Urchristen. S. 133.

[225] Vgl. Thiede, C. P.: Bibelcode und Bibelwort. S. 62, wo die ältere Veröffentlichung Betz/Riesner: Jesus, Qumran und der Vatikan aufgeführt ist, in einem Satz mit Thiede, C. P.: Papyrologische Anfragen, Ruckstuhl, E.: Zur Frage einer Essenergemeinde und Thiede, C. P.: Der Jesus Papyrus.

[226] Thiede, C. P.: Bibelcode und Bibelwort. S. 62.

[227] Puech, É.: Die Überzeugungen eines Gelehrten, ders.: Christliche Schriften in Qumran?, ders: Markus und Matthäus, ders.: Die unbegründete Hypothese der Augenzeugendokumente.

Freude darüber zum Ausdruck, daß die lange Debatte schließlich auch zur Verbesserung des methodischen Instrumentariums beigetragen habe.[228]
V. Spottorno lehnt die mk. Identifizierung in ihrem Aufsatz *Can methodological Limits be set in the Debate on the Identification of 7Q5* ab. Sie macht deutlich, daß mit der gleichen – oder sogar mit größerer – Berechtigung andere Identifizierungen für 7Q5 angenommen werden können: Sach 7, 3 – 5[229] oder Hen 15, 9 – 10.[230] Deutlich wird jedoch: Keine der Identifizierungen geht glatt auf, alle bieten Schwierigkeiten.
Im Sommer 1999 erschien ein Artikel aus meiner Feder in der *Zeitschrift für Papyrologie und Epigraphik*, in dem ich – eng angelehnt an das Kapitel 6.6 dieser Untersuchung – nachweise, daß in Zeile 2 des Fragmentes 7Q5 unmöglich ein für die Identifizierung mit Mk 6, 52 – 53 nötiges ν gestanden haben kann.[231]
Dieser Punkt wird auch von T. J. Kraus in seiner ausführlichen Darstellung der 7Q5-Problematik unterstrichen. Er referiert die verschiedenen Identifizierungs-Alternativen und untersucht besonders die Identifizierung mit Mk 6, 52 – 53 (J. O'Callaghan, C. P. Thiede), sowie die beiden Vorschläge V. Spottornos. Die Identifizierung mit Mk 6, 52 – 53 lehnt er kenntnisreich mit vielen Verweisen auf das 'paläographische Umfeld' ab. Die Alternativvorschläge V. Spottornos werden – ebenfalls aus paläographischen Gründen – genauso skeptisch beurteilt. Wichtig ist auch sein Hinweis darauf, daß es ja sehr wohl möglich ist, daß 7Q5 ein Fragment eines uns unbekannten antiken Textes ist. Diese Möglichkeit ist – aus unerfindlichen Gründen – in der Forschung bisher viel zu selten betont worden.

Damit sei ein Schlußstrich unter die Darstellung von 25 Jahren Forschungs- und Hypothesengeschichte gezogen. Trotz zahlloser Aufsätze, Bücher und Rezensionen ist es den Hauptvertretern der mk. Identifizierung, J. O'Callaghan und, von ihm abhängig, C. P. Thiede, nicht gelungen, die Fachwelt von der Wahrscheinlichkeit der vorgetragenen Identifizierung zu überzeugen. Nach 25 Jahren bleibt die Hypothese, was sie von Anfang an war: eine Außenseiter-These.

---

[228]   Peláez del Rosal, J.: El Debate. S. 537 f.
[229]   Sie greift dabei auf einen Vorschlag zurück, den sie selbst 1992 gemacht hatte; vgl. Spottorno, V.: Una nueva posible identificación de 7Q5.
[230]   Spottorno, V.: Can methodological Limits be set. S. 72 – 77.
[231]   Enste, S.: Qumran-Fragment 7Q5.

3.5   Andere Identifizierungsversuche

Die Herausgeber des Fragmentes 7Q5 hatten keinen Identifizierungsversuch vorgelegt, nur die Vermutung geäußert, es könne sich bei den Fragmenten 7Q3-5 eventuell um biblische Texte handeln.[232] Erst die Identifizierung J. O´Callaghans – 7Q5 = Mk 6, 52 – 53 – führte zu weiteren Vorschlägen. Die meisten Autoren haben ihre Identifizierungsversuche mit großem Vorbehalt vorgelegt.
Neun Alternativvorschläge zu 7Q5 werden von F. Rohrhirsch überprüft und zu Recht abgelehnt. Die "Prüfung der Alternativstellen [...] in 6 Punkten"[233] ist jedoch problematisch, argumentativen Wert haben nur drei der Bewertungskriterien: der Vergleich der Buchstaben des Alternativvorschlages mit dem ´sicheren Bestand´; die Überprüfung der Stichometrie; die Überprüfung der nötigen Rekonstruktionsbuchstaben. Die übrigen drei Kriterien – Sinnabschnitt durch angebliche *Paragraphos* in Zeile 3; καί als eigenständiges Wort; Übereinstimmung der Ligaturen in 7Q5 mit den Wortgrenzen im Alternativtext – sind als verfehlt abzulehnen.[234] Im einzelnen führt F. Rohrhirsch folgende Vorschläge auf:

- 7Q5 = Mt 1, 2 f.[235]
- 7Q5 = 1 Pet 3, 11 - 14[236]
- 7Q5 = Mk 8, 3 - 4[237]
- 7Q5 = Lk 3, 19 - 21[238]
- 7Q5 = 2 Sam 5, 13 - 14[239]
- 7Q5 = 2 Sam 4, 12 – 5, 1[240]
- 7Q5 = Ex 36, 10 - 11[241]
- 7Q5 = Thucydides I. 41, 2[242]
- 7Q5 = Homer, Odyssee 24, 142 - 145[243]

---

[232]   Vgl. DJD III. S. 143.

[233]   Rohrhirsch, F.: Markus in Qumran? S. 106.

[234]   Vgl. die entsprechenden Kapitel dieser Untersuchung.

[235]   Vgl. Parker, P.: Enthält das Papyrusfragment 5 aus der Höhle 7 von Qumran einen MarkusText? S. 467 – 469.

[236]   Vgl. O´Callaghan, J.: The Identifications of 7Q. S. 292.

[237]   Vgl. O´Callaghan, J.: The Identifications of 7Q. S. 291.

[238]   Vgl. Aland, K.: Neue neutestamentliche Papyri III. S. 375.

[239]   Vgl. Roberts, C. H.: On some presumed Papyrus Fragments. S. 446 f.

[240]   Vgl. O´Callaghan, J.: La Biblia y los papiros. S. 425; Dieser Beitrag lag mir leider nicht vor.

[241]   Vgl. Garnet, P.: O´Callaghans Fragments. S. 6 – 12.

[242]   Vgl. Hemer, C. J.: A Note on 7Q5. S. 156 f. Dabei ist zu betonen, daß es C. J. Hemer nicht um einen ernstgemeinten Vorschlag zur Identifizierung von 7Q5 ging! Er selbst umschreibt ebd. S. 156 seine Zielsetzung folgendermaßen: „But my purpose is not to advocate an absurdity, only to illustrate the possibilities." O´Callaghan, J.: El Texto de 7Q5 beschäftigt sich ausführlich und ablehnend mit diesem Vorschlag, nicht berücksichtigend, daß es letztlich gar keiner war. Daraufhin sah sich C. J. Hemer zu einer Klarstellung – ders.: 7Q5: A Correction – veranlaßt, einem bemerkenswerten und nach wie vor wichtigen Artikel.

Sämtliche Vorschläge können einer Überprüfung nicht standhalten. 1992 schlug
V. Spottorno eine weitere Alternative vor, 7Q5 = Sach 7, 4 – 5.[244] Verglichen mit
dem 'sicheren Bestand' ergibt sich folgendes Bild:

Sach 7, 4 – 5:   γω   καιπ   νντ   η
7Q5:   τω   καιτ   νντ   η

Das sieht auf den allerersten Blick gar nicht so schlecht aus, jedoch weicht das γ
völlig ab. Zu bedenken ist dabei immerhin, daß sich auch die Befürworter der
mk. Identifizierung mit einem Buchstaben, dem τ in Zeile 2, abfinden müssen,
der nicht zum Markustext paßt. Kaum vorstellbar in dieser Rekonstruktion ist
jedoch der erste halb zu erkennende Buchstabe in Z. 3. In 7Q5 ist das mit
allergrößter Wahrscheinlichkeit ein η, in Sach 7, 4 – 5 ist dagegen ein σ nötig.
Das kann kaum mit den Buchstabenresten des Fragmentes in Übereinstimmung
gebracht werden.[245] Damit ist dieser Vorschlag gescheitert, eine weitere
Dikussion erübrigt sich.
Die alternativen Identifizierungsvorschläge wurden auch von J. O'Callaghan
noch einmal zusammengestellt und bewertet.[246]
V. Spottorno schaltete sich 1999 erneut in die Diskussion ein,[247] bringt dabei
auch noch einmal ihren Vorschlag von 1992 – Sach 7, 3c – 5 – vor. Weiterhin
schlägt sie eine interessante neue Identifizierungsmöglichkeit vor: 7Q5 = Hen
15, 9d – 10. Diese Identifizierung erfordert jedoch einige in dieser Form nicht
belegte Varianten im Henoch-Text und benötigt mit dem Buchstabenbestand von
7Q5 unvereinbare Lesungen. Aus diesem Grund hat eine solche Identifizierung
wenig für sich.[248]
Keiner der alternativen Identifizierungsversuche kann überzeugen, soviel steht
fest. Dennoch ist das Urteil F. Rohrhirschs abzulehnen, "daß bei keinem einzigen
Vorschlag eine ähnliche Konsistenz der Zuordnung erreicht wurde wie bei Mk 6,
52 – 53."[249] Wer nämlich den Text Mk 6, 52 – 53 ganz unvoreingenommen an
den Bewertungskriterien mißt, die F. Rohrhirsch anwendet, wird zu einem
interessanten Ergebnis kommen:

---

243   Vgl. O'Callaghan, J.: El ordenador, 7Q5 y Homero. S. 78 f.
244   Spottorno, V.: Una nueva posible identificacíon de 7Q5.
245   Weitere Einwände gegen verschiedene Rekonstruktionsbuchstaben vgl. Thiede, C.
        P.: Greek Qumran Fragment 7Q5. S. 396 f.
246   Vgl. O'Callaghan, J.: Los primeros testimonios. S. 110 – 116.
247   Spottorno, V.: Can Methodological Limits.
248   Ausführliche Darstellung und Bewertung bei Kraus, T. J.: 7Q5.
249   Rohrhirsch, F.: Markus in Qumran? S. 128.

	Mk 6, 52 – 53	Tucydides	Homer
´sicherer Bestand´	nein[250]	nein	nein
mögl. ´Spatium´	ja	nein	nein
eigenständg. καϊ	ja	ja	ja
Stichometrie	nein[251]	ja	nein
Vertikalität	nein[252]	ja	ja
Ligaturen	nein[253]	ja	nein
Rekonstruktionsbuch.	nein[254]	nein[255]	ja

Das bedeutet: Selbst die unwahrscheinlichsten Alternativen, griechische
literarische Texte, können mehr ´ja´ verbuchen als die mk. Identifizierung. Wenn
man weiterhin bedenkt, daß die Kriterien ´Spatium´ ´Ligaturen´ und ´καϊ´ haltlos
sind, allein der Unterstützung der mk. Identifizierung dienen, dann sieht es für
die Bewertung der mk. Identifizierung hoffnungslos aus.
Wenn aber schon keinem der Alternativvorschläge zuzustimmen ist, dann sollte
dieses negative Ergebnis auch für 7Q5 akzeptiert werden können.

3.6   Der Vergleich – eine Methode und ihre fragwürdige Anwendung

In der Papyrologie und Paläographie ist der Vergleich verschiedener Papyri eine
unbedingte Notwendigkeit.[256] Nur so können Ergebnisse erzielt werden. Wichtig
ist jedoch, daß stets nur Vergleichbares verglichen wird.[257] Beim Studium der
zur Unterstützung der mk. Identifizierung verfaßten Literatur fällt auf, daß
Vergleiche eine wichtige Rolle spielen, daß sich viele dieser Vergleiche jedoch
bei genauer Betrachtung als sehr fragwürdig herausstellen. An dieser Stelle soll
auf einige besonders offensichtliche Fälle von ´faulen Vergleichen´ verwiesen
werden.

---

[250] Ohne jede Frage paßt der Buchstabe τ in Zeile 3 nicht zum mk. Text.

[251] Erst durch eine Hilfsannahme – Auslassung dreier Wörter! – wird die Stichometrie stimmig.

[252] Ohne die Hilfsannahme der Wortauslassungen stimmt neben der Stichometrie
auch die Vertikalität nicht mehr.

[253] Die Ligaturen sagen gar nichts aus, da sie auch bei Annahme eines mk. Textes
teilweise innerhalb eines Wortes vorkommen, teilweise nicht.

[254] In Zeile 2 muß ein ν rekonstruiert werden, was augenscheinlich unmöglich ist;
auch die Annahme eines ι nach dem τ in Zeile 3 kann nicht überzeugen.

[255] Rohrhirsch, F.: Markus in Qumran. S. 126. 129 macht leider keine Angaben zur
Stimmigkeit der Rekonstruktionsbuchstaben. Diese ist jedoch nicht gegeben.

[256] Vgl. Turner/Parsons: Greek Manuscripts. S. 19; Arzt, P.: Ägyptische Papyri und
das Neue Testament.

[257] Turner/Parsons: Greek Manuscripts. S. 19: „Confidence will be strongest when
like is compared with like [...].“

a)   Der Vergleich $\mathfrak{P}^{52}$ mit 7Q5

Vor allem C. P. Thiede benutzt den bekannten ntl. Papyrus $\mathfrak{P}^{52}$ als Vergleichs-
objekt für das Fragment 7Q5. In einem frühen Aufsatz zum Thema ist der Autor
noch bemüht, die Unterschiede zwischen beiden Papyri zu betonen, stellt die
wesentlich günstigere Ausgangslage bei der Identifizierung des $\mathfrak{P}^{52}$ heraus.[258] In
seinem Buch *Die älteste Evangelien-Handschrift* liest sich das jedoch schon
anders: "Vergleicht man diesen Befund [die charakteristischen Merkmale des
Fragmentes 7Q5] mit dem p52, so liegen dessen »Startvorteile« auf der Hand: Er
hat die beschriftete Rückseite zur Kontrolle und Bestätigung des Zusammen-
hangs, und er verfügt über eine größere Anzahl von Buchstaben auf mehr Zeilen.
Doch ist der p52 andererseits fast völlig ohne besondere Kennzeichen, während
der 7Q5 gleich mehrere, ungewöhnliche und folgenreiche Besonderheiten aufweist, unter denen die Paragraphos, die *kai*-Parataxe, die seltene -nnēs-Abfolge
und die kleinen Abstände in den Zeilen 2 und 3 die wichtigsten sind."[259] Wenn
hier ein direkter Vergleich zwischen $\mathfrak{P}^{52}$ und 7Q5 angestrengt wird, dann muß
vor allem festgehalten werden: 7Q5 bietet auf einer Seite 5 Zeilen, von denen
aber nur in 4 Zeilen Buchstaben zu entziffern sind - $\mathfrak{P}^{52}$ dagegen ist beidseitig
mit je 7 Zeilen beschrieben, was 14 Zeilen ausmacht, allesamt mit lesbaren
Buchstaben. Für 7Q5 werden gern 20 Buchstaben angegeben, wirklich unumstritten sind jedoch allerhöchstens 13 Buchstaben – beim $\mathfrak{P}^{52}$ sind es dagegen
105 Buchstaben, die achtfache Menge! Auch der Verweis auf das angebliche
Fehlen von Kennzeichen ist Irreführung der Leser: Wer das Johannes-Evangelium gelesen hat, dem würde beim genauen Betrachten des $\mathfrak{P}^{52}$ sicherlich schnell
der Verdacht kommen, es könne sich um ein Fragment eben dieses Evangeliums
handeln. Typische joh. Vorzugswörter treten auf: ιουδαι[οι], σημαινω[ν],[260]
μαρτ[υρησω], αληθε[ιας]. Das Zusammentreffen dieser Wörter in einem
Fragment von wenigen Zeilen, drängt eine Identifizierung mit dem Johannes-
Evangelium auf.[261] Auf das Neue Testament bezogen, kommen diese vier Wörter
zusammen nur im Johannes-Evangelium und in der Apostelgeschichte vor.
Wenn man nun das einzige eindeutig lesbare Wort im Fragment 7Q5 – καὶ –
ansieht, dann ist die Situation schon im Neuen Testament schwierig. Immerhin
kommt καί an nicht weniger als 9018 Stellen im NT vor. In jeder der 27
Schriften findet sich dieses Wort mehrfach – was nicht verwundern kann.
Wenn man das berücksichtigt, dann wird auch klar, warum für den $\mathfrak{P}^{52}$ eine
erschlossene Textauslassung zur Sicherung der Stichometrie zulässig ist: An der
Identifizierung des $\mathfrak{P}^{52}$ als Teil des Johannesevangeliums kann nicht ernsthaft

---

[258]   Vgl. Thiede, C. P.: Neutestamentliche Papyrologie.
[259]   Thiede, C. P.: Die älteste Evangelien-Handschrift? S. 39 f.
[260]   Dieses Wort kommt zwar im Joh nur an drei Stellen vor, aber beim Blick auf den
         Papyrus ergibt sich schnell der Gedanke an σημεῖον, der Substantiv-Form, die
         für das Joh besonders kennzeichnend ist.
[261]   Ganz ähnlich wird diese Frage auch von Betz/Riesner: Jesus, Qumran und der
         Vatikan. S. 146 beurteilt.

gezweifelt werden. Da das feststeht, darf hier eine sonst nicht belegte Textvariante angenommen werden. Die übrigen Abweichungen vom 'Standard' las-
sen sich beim $\mathfrak{P}^{52}$ ohne komplizierte Hilfshypothesen erklären: Itazistische Verschreibungen[262] sind in ägyptischen Papyri sehr häufig, eine Variante in der
Wortstellung[263] ist auch in anderen ntl. Handschriften mehrfach belegt. Völlig
anders das Bild beim Fragment 7Q5! Auch hier muß eine Textauslassung
angenommen werden, die ansonsten nirgends belegt ist. Jedoch gibt es kein
plausibles Argument, das diese Auslassung erklären könnte.[264] Die Abweichung
des Standard-Textes von den Buchstaben des Fragmentes 7Q5 ist vollends nicht
erklärbar.[265] Daneben gibt es zahlreiche weitere Unwahrscheinlichkeiten und
Argumente gegen die mk. Identifizierung. Beim Fragment 7Q5 ist die angebliche
Auslassung dreier Wörter eine Unwahrscheinlichkeit neben vielen anderen, beim
$\mathfrak{P}^{52}$ ist diese Auslassung die einzige relevante Abweichung vom Standard, gibt es
ansonsten keinerlei Bedenken gegen die Identifizierung mit einem Text aus dem
Johannesevangelium.

b)   Der Vergleich eines Vergil-Fragmentes mit 7Q5
C. P. Thiede vergleicht weiterhin ein Fragment aus Masada mit 7Q5, um zu
zeigen, daß Identifizierungen viel kleinerer und weniger umfangreicher Papyri
allgemeine Akzeptanz gefunden haben.[266] Das Fragment bietet an sicheren
Buchstaben:

]NA[ ]O . [ ] . QUAEMESUSP[[267]

Hier versucht C. P. Thiede einen Vergleich mit 7Q5. Die Wortwahl suggeriert
Schwierigkeit der Identifizierung: "Es ist 16*18 cm groß und enthält auf dem
recto fünfzehn lesbare Buchstaben – davon zwei erschlossene – auf einer
einzigen Zeile."[268] "Das heißt, außer einem NA vor und einem O etwas später
sind nur die beiden Allerweltswörter *quae* und *me* vollständig lesbar, sowie der
immerhin auffällige Wortanfang *susp*."[269]
Das wirkt sicherlich auf den ersten Blick nicht vielversprechend. Aber es bleibt
festzuhalten, daß 13 eindeutig lesbare Buchstaben mindestens die gleiche Anzahl

---

262   Vgl. Zeile 1 recto ημειν statt ημιν; Zeile 4 recto ισηλθεν statt εισηλθεν.

263   Vgl. Zeile 4 recto die Stellung des παλιν; dieses ist zwar nicht sichtbar, jedoch
       zeigt der Versbeginn mit ισ[η]λθεν, daß hier eine andere Wortstellung vorliegt als
       in einigen anderen Handschriften und dem Mehrheitstext. Da eine Reihenfolge
       mit παλιν als viertes Wort des Verses auch andernorts belegt ist, darf diese Wort-
       stellung für den $\mathfrak{P}^{52}$ vorausgesetzt werden.

264   Vgl. dazu Kap. 6. 4 dieser Arbeit.

265   Vgl. dazu Kap. 6. 5 dieser Arbeit.

266   Vgl. Thiede, C. P.: Die älteste Evangelien-Handschrift? S. 50; ders.: Papyrologi-
       sche Anfragen. S. 66 f.

267   Masada II. Nr. 721; S. 32. Taf. 1; Abb. auch in Dalla Terra Alle Genti. S. 135, Nr.
       238.

268   Thiede, C. P.: Papyrologische Anfragen. S. 66.

269   Thiede, C. P.: Papyrologische Anfragen. S. 66.

sind, die auch das Fragment 7Q5 bietet. Vor allem aber: Daß diese Buchstaben
ʹauf einer einzigen Zeileʹ stehen, ist alles andere als ein Hindernis der Identifizierung, im Gegenteil. Ein Beispiel aus der deutschen Literatur soll das verdeutlichen.
Zuerst der Text unter den Erhaltungsbedingungen des Fragmentes 7Q5:

```
        ] .[
       ]IN P[
     ]L UND K[
       ]ARZ[
      ]ST[
```

Das Beispiel ist dabei nicht einmal besonders schwierig, da es einen wirklich
sehr bekannten Text bietet. Die Identifizierung dieses Textes macht jedenfalls
Mühe, gelingt nicht auf Anhieb. Wie sieht es aber nun aus, wenn der gleiche
Text unter den Erhaltungsbedingungen des Masada-Fragmentes erscheint?

```
]RM[ ]N .[ ] . STAUFGEGANG
```

Auch hier bedarf es einiger Überlegung, dennoch dürfte es keine große Mühe
machen, den Text zu erkennen: *Der Mond ist aufgegangen*, von Matthias
Claudius. Diese eine lange Zeile bietet eben viel mehr und bessere Anknüp-
fungspunkte zum Vergleich.
Und so konnte das Masada-Fragment auch als Vergil, *Aeneis* 4, 9 identifiziert
werden.
C. P. Thiede versucht dennoch, Ähnlichkeiten mit 7Q5 zu suggerieren: "Vergil
an einem Ort, an dem ihn niemand zuvor vermutet hätte, auf Masada, kurz nach
der Eroberung der Festung durch die Römer, zugleich mit der nunmehr ältesten
bisher bekannten Handschrift, und dies mit nur fünfzehn Buchstaben auf einer
einzigen Zeile: Das ist durchaus sensationell. Aber vielleicht ist es eben doch nur
Vergil am Toten Meer und nicht Markus oder Timotheus. So gibt es denn in
diesem Fall keine verzweifelten Versuche der Infragestellung oder Widerle-
gung."[270] Auch hier wird jedoch Unvergleichbares gegenübergestellt! Es steht
völlig außer Frage, daß Römer auf Masada waren, als Eroberer der Festung – C.
P. Thiede schreibt es selbst. Daß ein Römer grundsätzlich in der Lage war, auf
ein Blatt Papyrus einen Vergil-Vers zu schreiben, kann nicht bestritten werden.
Anders beim Fragment 7Q5! Es gibt keinen Hinweis darauf, daß Christen jemals
nach Qumran gelangt sind. Auch die Tatsache der ältesten Vergil-Handschrift
kann nicht mit dem angeblich ältesten Markus-Text in Fragment 7Q5 verglichen

---

[270]   Thiede, C. P.: Papyrologische Anfragen. S. 67. Nebenbei: Timotheus als *Autor*, in
          einer Reihe mit Vergil und Markus, das wirft nun tatsächlich ein völlig neues
          Licht auf die Entstehung des Neuen Testaments...

werden. Als Masada 73 n. Chr. erobert wird,[271] ist der Dichter Vergil bereits seit über 90 Jahren tot. Niemand kann bezweifeln, daß es sein Werk 73 n. Chr. gibt. Beim Markusevangelium (und beim ebenfalls erwähnten ´Timotheus´) ist das jedoch nicht so einfach. Selbst wer den Datierungen der Einleitungswissenschaftler nicht trauen möchte, muß zugeben, daß die Zeit knapper ist. Die Existenz der christlichen Schriften muß sich immerhin erst einmal bis Qumran herumsprechen. ´Vergil am Toten Meer´ ist sicherlich eine Überraschung, grundsätzliche Bedenken dagegen können jedoch nicht vorgebracht werden.
Wieder ist der Vergleich zwar auf den ersten Blick sehr beeindruckend – für 7Q5 sagt der Masada-Papyrus jedoch gar nichts aus.

c)   Der Vergleich eines Menander-Fragments mit 7Q5
C. P. Thiede[272] verweist auf ein winziges Fragment einer Handschrift mit Menanders Komödie *Samia* (= P. Oxy. XXXVIII 2831):[273] "Dieses Fragment ist 2, 4 cm * 3, 3 cm groß (also kleiner als 7Q5) und hat sechs Zeilen, davon fünf mit sichtbarem Buchstabenbestand. Ediert wurde es von dem britischen Papyrologen und Altphilologen E. G. Turner, der 19 Buchstaben identifizierte (d. h. einen weniger als O´Callaghan für 7Q5)."[274] Doch schon hier ist Vorsicht geboten! Von den 19 Buchstaben hat E. G. Turner nur zwei mit einem Punkt versehen,[275] das heißt: 17 Buchstaben sind eindeutig identifiziert. Das kann vom Fragment 7Q5 nicht gesagt werden, höchstens 12 oder 13 Buchstaben können diese Sicherheit für sich beanspruchen.
C. P. Thiede schreibt weiterhin: "Dennoch ist unübersehbar, daß dieses Fragment sehr viel weniger sichere Anhaltspunkte bietet als 7Q5. Vollständig sind nur das Allerweltswort τὶ in Zeile 2, sowie das ἰδού in Zeile 5, dazu ein Wort, dessen Existenz man in literarischen Texten dieser Zeit erst gar nicht wahrhaben wollte: νή in Zeile 1."[276] Jedoch ist noch etwas auf dem Fragment zu erkennen, die

---

271   Vgl. zur Frage des Datums der Eroberung Cotton, H. M.: The Date of the Fall of Masada. Die Autorin versucht darin zu einer genaueren Datierung zu kommen, indem sie auf die Papyri zurückgreift, die auf Masada gefunden wurden.

272   Als Vergleichsstück erscheint P. Oxy. XXVIII 2831 bereits 1977 bei O´Callaghan, J.: 7Q5: Nuevas consideraciones. S. 43 f. Davon ist jedoch bei C. P. Thiede nichts zu lesen. Der Autor schmückt sich hier mit fremden Federn.

273   Ausführliche Edition durch Turner, E. G.: Menander, *Samia*.

274   Thiede, C. P.: Die älteste Evangelien-Handschrift? S. 49.

275   Die beiden Rekonstruktionsbuchstaben sind dabei auch ohne einen vorausgesetzten Text einsichtig rekonstruiert: die Spitze eines Δ ist deutlich zu erkennen, allein ein Λ könnte hier noch vorstellbar sein; für ein I spricht die Tatsache, daß eindeutig ein Trema zu erkennen ist, das eben meist über ι oder υ gesetzt wird (vgl. Rupprecht, H. A.: Kleine Einführung. S. 22). Zusammengenommen ergibt sich mit ἰδου ein sinnvolles Wort. Sogar das Trema ist an dieser Stelle typisch, ein „inorganic" Trema, „very often simply to mark an initial vowel"; Turner/Parsons: Greek Manuscripts. S. 10.

276   Thiede, C. P.: Papyrologische Anfragen. S. 68.

Buchstabenkombination κνει. Es lag auf der Hand, diese Buchstabenabfolge
zum Wort δά]κνει zu ergänzen. Damit ist jedoch der Bereich der ´Allerwelts-
wörter´ verlassen. Im Neuen Testament findet sich dieses Wort an zwei Stellen,
in der LXX ebenfalls an zwei Stellen. Wenn das nun mit dem einzigen sicher
erkennbaren Wort im Fragment 7Q5 verglichen wird – dem καὶ in Zeile 3 –
dann sieht der Befund folgendermaßen aus: καὶ ist im Neuen Testament an 9018
Stellen zu finden, in der LXX an 62231 Stellen.[277] Das zeigt schon, daß die
Situation völlig anders ist, als es C. P. Thiede glauben machen möchte.[278]
Auf die Einzelheiten soll hier nicht eingegangen werden.[279] Fraglos gibt es trotz
der geringen Größe des Fragmentes und trotz der geringen Anzahl von Buchsta-
ben eine Reihe von Abweichungen vom anderswo überlieferten *Samia*-Text.
Aber auch hier ist festzuhalten: Das kann mit 7Q5 nicht verglichen werden. Das
Menander-Fragment stammt annähernd vom rechten Kolumnenrand.[280] Wenn
man nun den Text dieses Fragmentes mit dem großen *Samia*-Kodex – P. Bodmer
XXV – vergleicht, fallen eben die Ähnlichkeiten viel stärker ins Auge, als es die
Unterschiede tun. Bei diesen Unterschieden handelt es sich um echte Varianten,
die durch das deutlich höhere Alter des Fragmentes bedingt sein können. Es gibt
zu den wenigen Zeilen des P. Oxy. XXXVIII 2831, der um die erste nachchr.
Jahrhundertwende datiert wird, nur zwei weitere Vergleichsstücke: Den *Samia*-
Kodex P. Bodmer XXV aus dem 3. Jahrhundert[281] und P. Cairensis 43227 aus
dem 5. Jahrhundert.[282] Hier zeigt sich bereits, wie gering die Vergleichsmöglich-
keiten sind.[283] Für das Neue Testament allgemein, aber auch für das Markus-
Evangelium speziell, ist die Vergleichsbasis ein wenig breiter.[284] Wenn es also
für eine Textstelle überhaupt nur drei Zeugen gibt, dann sollte man mit Aussagen
vorsichtig sein, wie sie C. P. Thiede mit nicht geringem Pathos vorträgt: "Allerdings: Welche *Samia* ist das denn? Mit dem Text, so wie er aus den anderen
Belegen für diesen Abschnitt überliefert ist, hat er zwar Erkennbares gemeinsam,

---

277	Zahlen wurden mit Bible Works 4.0 ermittelt.
278	Nur nebenbei sei noch bemerkt, daß die Recherche nach der Buchstabenkombina-tion κνει in der TLG-Datenbank 2958 Fundstellen für die gesamte griechische Literatur ergab, die in dieser Datenbank erfaßt ist. Eine Recherche nach καὶ hätte jeden zeitlichen Rahmen gesprengt.
279	Zu philologischen Fragen und Interpretation der Stelle vgl. Blume, H. D.: Menan-ders »Samia«. S. 148 – 150; ders.: Menander. Leider geht er auf die textkritischen Fragen zur Stelle nicht ein, was aber anzeigt, daß die textkritischen Probleme nicht allzu schwerwiegend sind.
280	Ein Vergleich mit dem *Samia*-Kodex P. Bodmer XXV zeigt, daß vermutlich weiter rechts noch eine Angabe der im Drama sprechenden Personen gestanden hat. Vgl. P. Bodmer XXV. S. 50.
281	Vgl. Kasser, R.: Papyrus Bodmer XXV. S. 18.
282	Vgl. Pöhlmann, E.: Einführung in die Überlieferungsgeschichte. S. 143, Anm. 73.
283	Zu den Besonderheiten der *Samia*-Überlieferung vgl. Luppe, W.: Neue Erkennt-nisse. S. 106.
284	Vgl. z. B. die Tabelle bei Aland/Aland: Der Text. S. 134 f.

doch es überwiegen die Abweichungen. Der Apparat von F. H. Sandbachs Edition der »Menandri Reliquiae Selectae« [...] bietet zu jedem der Verse 385 – 390 für das Oxyrhynchos-Fragment, das hier unter dem Siglum O 16 geführt wird, *ausschließlich* Varianten, bis dahin, daß dieses Fragment für 385 – 387 auch noch eine andere Textabfolge bietet als der ansonsten bekannte Text."[285] Das ist schlicht falsch. Es stimmt nicht, daß F. H. Sandbach für jeden der Verse 385 – 390 Varianten verzeichnet, für 388 – 390 wird keine Variante angeführt, für 387 ist es eine abweichende Interpunktion. Die 'andere Textabfolge' scheint auf einem Verständnisfehler von C. P. Thiede zu beruhen. E. G. Turner hatte geschrieben: "The Oxyrhynchus scrap offers a different sequence of parts for 385-7 (170-2)."[286] Damit ist aber nicht eine Textumstellung gemeint, sondern eine andere Verteilung des Textes auf die Akteure des Dramas ('parts' = Rollen). Das wird aus den weiteren Ausführungen E. G. Turners auch eindeutig klar. Wenn es also nicht Nachlässigkeit im Lesen kritischer Textausgaben ist, dann muß vermutet werden, daß es C. P. Thiede hier um den 'Effekt' geht, daß er Tatsachen irreführend darstellt, um die eigene Position in einem besseren Licht erscheinen zu lassen.[287] Beim Menander-Fragment: Abweichungen, Varianten, andere Textabfolge und trotzdem allgemein akzeptiert – beim Fragment 7Q5: geringere Probleme, keine andere Textabfolge und trotzdem immer noch nicht allgemein akzeptiert. Doch diese Rechnung geht eben nur dann auf, wenn man für Menander ein wenig 'übertreibt'.

C. P. Thiede schließt aus solchen Vergleichen: "Wenn man den Papyrologen erlaubt, ihr Handwerkszeug unbelastet durch die Vorurteile anderer einzusetzen, geraten sie nicht in die Falle der Doppelmoral. Der Text auf 7Q5 umfaßt die Verse Markus 6, 52 – 53 – nicht nur mit derselben, sondern sogar mit größerer Gewißheit, als wir sagen können, daß P. Oxy XXXVIII 2831 aus Menanders *Samia* oder P. Masada 721a aus Vergils *Aeneis* stammen."[288] Angesichts der oben ausgeführten Details zu den 'Vergleichsstücken' erübrigt sich jeder weitere Kommentar zu solch unsinnigen Behauptungen.

---

[285] Thiede, C. P.: Papyrologische Anfragen. S. 69.

[286] Turner, E. G.: Menander. S. 188.

[287] Der Verständnisfehler C. P. Thiedes wird auch in der englischen Übersetzung des Eichstätter Tagungsbeitrages deutlich. Ders.: Christianity and Qumran. S. 182: „The apparatus of F. H. Sandbach´s edition of *Menandri Reliquiae Selectae* 2nd edition, Oxford 1990, 248, offers variants for every verse from 385 to 390 [...], and these variants go so far that for fragment [sic!] 385 to 387 they offer a sequence of text different from the usual reading." Bei dieser 'Rückübersetzung' hätte man doch wohl bei der Terminologie E. G. Turners bleiben können.

[288] Thiede, C. P.: Der Jesus Papyrus. S. 72 f.

d)   Herbert Hungers Vergleich mit einer Wachstafel
In seinem Beitrag *7Q5: Markus 6, 52 – 53 – oder? Die Meinung des Papyrologen?* versucht H. Hunger aufzuzeigen, daß in Zeile 2 des Fragmentes 7Q5 ebenso ein ν gestanden haben könnte, wie – deutlich erkennbar – in Zeile 4. Um das plausibel zu machen, gibt der Wiener Papyrologe ein Vergleichsstück an, eine von zwei Schreibern beschriebene Wachstafel. "Hier kann man gut vergleichen, wie gleichzeitig und sozusagen »unter einem Dach« einzelne Buchstaben verschieden ausgeführt wurden."[289] „Die Schultafel erlaubt uns für unseren Papyrus eine weitere wichtige Beobachtung. In demselben Text, von derselben Hand geschrieben, finden sich immer wieder verschiedene, mehr oder weniger voneinander abweichende Formen bei ein und demselben Buchstaben."[290]
Daß ´zwei Schreiber unter einem Dach´ Buchstaben unterschiedlich schreiben ist einleuchtend, daß ein Lehrer Buchstaben anders schreibt als ein ´ΑΒΓ-Schütze´ leuchtet auch sofort ein. Aber was hat das mit dem Fragment 7Q5 zu tun? Hier geht es nicht um zwei Schreiber und erst recht nicht um zwei so deutlich unterschiedlich geübte Schreiber. Geradezu peinlich ist es, wenn H. Hunger aus der Schüler-Schrift die Folgerung zieht, gleiche Schreiber hätten bei gleichen Buchstaben abweichende Formen gebildet. Selbstverständlich ist die Schrift eines Schreib-Anfängers noch weit davon entfernt, einheitlich zu sein. Aber wenn 7Q5 mit Mk 6, 52 – 53 identifiziert wird, muß doch wohl ein halbwegs geübter Schreiber vorausgesetzt werden. Es ist kaum vorstellbar, daß ein Schreibanfänger sich daranmacht, ein ganzes Evangelium abzuschreiben.[291]
H. Hunger vergleicht hier Dinge, die nichts miteinander zu tun haben, zieht dennoch Schlußfolgerungen aus dem Ergebnis, um damit die Identifizierung 7Q5 = Mk 6, 52 – 53 zu stützen.

e)   Fazit
Die Befürworter der ntl. Identifizierung arbeiten häufig mit Vergleichen. Das Fragment 7Q5 wird mit anderen Schriftstücken verglichen. Dabei geht es jedoch nicht um Fragen der paläographischen Datierung, wo Vergleiche notwendig sind. Statt dessen sollen die Vergleiche zeigen, daß Fragment 7Q5 bereits sicher identifiziert ist, daß in anderen Fällen die Identifizierung akzeptiert wurde, obwohl die Ausgangsbedingungen doch viel schlechter waren. Es hat sich jedoch bei der kritischen Betrachtung gezeigt, daß diese Vorgehensweise fragwürdig ist. Einzelphänomene werden aus ansonsten eindeutig identifizierten Papyri herausgelöst, Tatsachen verdreht und verfälscht, schnelle Behauptungen treten an die Stelle von sorgfältiger komparativer Arbeit, kurz: Es werden Vergleiche angestellt, bei denen das *tertium comparationis* fehlt. Wo wissenschaftlich exaktes Arbeiten gefordert wäre, wird trickreiche Rhetorik geboten.

---

[289]   Hunger, H.: 7Q5: Markus 6, 52 – 53 – oder? S. 34.
[290]   Hunger, H.: 7Q5: Markus 6, 52 – 53 – oder? S. 35.
[291]   Vgl. zur Kritik an H. Hungers Einordnung Kraus, T. J.: ´Slow writers´.

Zum Abschluß dieses Kapitels soll C. P. Thiede selbst zu Wort kommen, denn einer seiner ´flotten Sprüche´ fällt auf ihn selbst zurück: „Zum Glück hat dies aber nichts mit wirklicher Wissenschaft zu tun."[292]

---

[292]   Thiede, C. P.: Der Jesus Papyrus. S. 67.

4.   7Q5 und die Frage der Markusdatierung

Sollte es sich beim Papyrus 7Q5 tatsächlich um ein Fragment des Markus-Evangeliums handeln, dann wären die Konsequenzen für die Datierung des Evangeliums unausweichlich: Das Mk müßte deutlich vor dem Jahr 68 n. Chr. geschrieben worden sein, da die Zerstörung Qumrans nun den *terminus ante quem* vorgäbe. Dabei ist zu beachten: Datierungsfragen sind nachzuordnen. Zuerst ist das Fragment 7Q5 zu betrachten, ist zu ermitteln, ob es sich überhaupt um ein Fragment des Markusevangeliums handelt. Aus diesem Grunde soll in dieser Arbeit auch nur am Rande auf die Datierungsfragen verwiesen werden. Jedoch werden in der Diskussion gern fragwürdige Konstruktionen als gesicherte Erkenntnisse dargestellt. Dem ist entgegenzutreten – nicht mehr und nicht weniger.

Auf die Konsequenzen für die Datierung ist in der Debatte um die Identifizierung von 7Q5 von Anfang an hingewiesen worden. Konservativen, evangelikalen und biblizistischen christlichen Kreisen kam die mk. Identifizierung sehr entgegen, gab es doch mit dem Fragment 7Q5 endlich einen ´wissenschaftlichen Beweis´ für die Frühdatierung der Evangelien.

D. Estrada formulierte die Konsequenzen der mk. Identifizierung 1972 in der Zeitschrift *Eternity* folgendermaßen: "If the identifications are proved correct, the fragment of Mark´s Gospel called 7Q5 will be the oldest text of the New Testament thus far discovered. And it will be a deathblow to those theories which pretend to explain the composition of the Gospels by a long process of evolution within the Christian community."[293] Besonders weitreichende Schlüsse ziehen D. Estrada und W. White 1978 in ihrem Buch *The First New Testament*.[294] Am Ende des Buches fassen sie zusammen: „The Gospel of Mark,

---

[293]   Estrada, D.: The Fragments from Cave 7. S. 26

[294]   Estrada/White: The First New Testament. S. 133: „For the Bible student, the meaning is wide ranging. Firstly, the tiny scraps mean that Christian attempts to set down and record the events of Jesus´ ministry began so near the time of Christ – if not during His ministry itself – that there was just no time for the development of myths and legends and the complex literary phenomena required by the theories of liberal critics such as Rudolph Bultmann."; ebd. S. 136: „It would be encouraging if such frank realization would dawn upon the world of religious scholarship, and a revival of faith in the truth of the Gospels would result." Unter der Überschrift „Inescapable Conclusions" kommen die Autoren zu folgenden Schlüssen; ebd. S. 138: „The Gospel narratives constitute authentic evidence that the words and works of Jesus were recorded and widely known throughout first-century Palestine. The events of the Gospels were openly witnessed and were commited to writing while both the participants and observers still lived."; ebd. S. 139: „The proximity of so many fragments from so many distant authors, some even being in Rome, bolsters the view that the collection of the New Testament was well under way within the lifetimes of the authors."

traditionally thought to represent the reminiscences and sermons of Peter, was written down as a continuous narrative at such an early date that the original must have been written before the other Gospels and soon after, if not during, the public ministry of Jesus. It was not under any circumstances, the product of long evolutionary, combinatory, or redactive processes that were dependant upon some supposedly primitive, long-lost source, either oral or literary."[295] Ganz ähnliche Reaktionen rief auch C. P. Thiedes Artikel von 1984 hervor, in dem er die These J. O'Callaghans aufgriff.[296] H. Staudinger wertete ihn als "Ein wichtiges Argument für die Datierung der Evangelien"[297] C. P. Thiede selbst war in seinen Formulierungen 1984 noch sehr vorsichtig, deutete nur an, daß die mk. Identifizierung Konsequenzen habe, ohne jedoch genauer darauf einzugehen.[298] Ein Jahr später wird der Autor deutlicher: "Er [Papyrus-Fragment 7Q5] zwingt uns aber auch zu einer Neubewertung des Alters des Markusevangeliums und damit zu einer Neudatierung der anderen, von Markus mehr oder weniger abhängigen synoptischen Evangelien. [...] jene Forscher, die geneigt waren und sind, das Markusevangelium aufgrund inhaltlicher und historischer Kriterien in das Rom der frühen vierziger Jahre zu legen, besitzen nunmehr eine dokumentarische Handhabe."[299] Dieser Artikel wird in *Theologisches* 1985 abgedruckt, mit einer redaktionellen Einleitung versehen, die an Deutlichkeit keine Wünsche offen läßt: "Die Frühdatierung ist jetzt nicht mehr zu leugnen. Wir kommen hier ganz nahe an die in den Synoptikern aufgeschriebenen Ereignisse und Worte Christi heran. Ganze »kritische«, »wissenschaftlich-exegetische« Bibliotheken verlieren ihren Wert. [...] Schon die Funde in den Höhlen am Toten Meer, dann Entzifferung, Zuordnung zu Markus 6, 52 – 53, indizienreiche Datierung haben einen geradezu abenteuerlichen Charakter. Aber noch mehr die Überlegung, daß nach ca. 1940 Jahren uns diese Dokumente belegen, daß der Glaube der Kirche auf auch historisch sicheren Fundamenten ruht und daß die allzu kritischen Bezweifler mit dem ungeheuren Aufwand an Scharfsinn und erdachten Methoden durch kleine Papyrusfragmente nun widerlegt werden. Das Weihnachtsevangelium kann nicht mehr historisch-relativierend und dann hoministisch aushöhlend zerredet werden! Glaube kann sich an wirklich Geschehenem und als solchem Verkündigtem wieder direkt entzünden. Offizielle Einleitungstexte, viele religionspädagogische Materialien müssen umgeschrieben werden. Nicht wenige Exegeten werden umdenken und ihre Konstrukte aus Katechismen eliminiert werden

---

[295]   Estrada/White: The First New Testament. S. 139.
[296]   Thiede, C. P.: 7Q. Eine Rückkehr.
[297]   Staudinger, H.: Schlaglicht. S. 21.
[298]   Thiede, C. P.: 7Q. Eine Rückkehr. S. 558: „Wenn es sich aber um ein Vollevangelium handelt, [...] wenn es ferner vor dem Jahre 50 in Rom entstand und vor 68 nach 7Q gelangte [...], und zwar auf einer Rolle, nicht als Kodex, dann hat das Konsequenzen, die [...] ernsthaft zu prüfen sind [...]."
[299]   Thiede, C. P.: Neutestamentliche Papyrologie. S. 18.

müssen."[300] Wenn man bedenkt, daß all diese Konsequenzen an einem Papyrus-Fragment verankert werden, dessen Identifizierung mit einem ntl. Text nahezu einhellig abgelehnt wurde und wird, erhält die Kennzeichnung ´abenteuerlich´ einen eigenen Charakter. Letztlich geht es darum – wie K. Berger formulierte – „der kritischen Forschung eins auszuwischen".[301]

Der Streit geht um wenige Jahre, um die die Datierung in die eine oder andere Richtung verschoben werden kann. An diesen Jahren entscheidet sich für einige Beteiligte offensichtlich die Frage der Glaubwürdigkeit der Evangelien. H. Staudinger und J. Schlüter schreiben: „Zusammenfassend kann jedoch festgestellt werden, daß die frühe Abfassung der neutestamentlichen Schriften, insbesondere der Paulusbriefe und der Evangelien, ein gewichtiges Argument für die Zuverlässigkeit ihres Inhalts bedeutet."[302] Und so wird auch für sie 7Q5 zu einem ´zwingenden´ Indiz für die Frühdatierung und damit die Zuverlässigkeit und Glaubwürdigkeit der Evangelien.[303]

Auch in den Arbeiten von H. J. Schulz erhält das Fragment 7Q5 einen hohen Stellenwert zur Bestätigung der eigenen Datierungsthese.[304]

Auf der anderen Seite deutet auch K. Aland die Datierungsfragen an. "Nun soll hier nicht damit argumentiert werden, daß es einen Papyrus mit dem Text des Markusevangeliums [...] aus der Zeit um 50 n. Chr. in Qumran nicht gegeben haben kann, es sei denn, man setzte die Niederschrift des Evangeliums etwa um 40 n. Chr. an. [...] Aber all das soll hier beiseitegelassen werden, weil eine derartige Argumentation bei manchen Adressaten [...] wenig Eindruck hinterlassen dürfte."[305] Damit hat er zweifellos den Kern getroffen: Wer ohnehin für eine Frühdatierung der Evangelien plädiert, dem ist das Fragment 7Q5 ein willkom-

---

[300] Bökmann: redaktionelle Einleitung zu Thiede, C. P.: Ein Markus-Fragment. S. 6769 f. Nebenbei sei bemerkt, daß 7Q5 tatsächlich Einzug in ´religionspädagogische Materialien´ gehalten hat: Kurz, H.: Entdeckungen in der Bibel. S. 40 widmet dem Fragment eine halbe Seite. Die Formulierungen des Autors sind jedoch vorsichtiger, als es die Erwähnung dieses Buches bei C. P. Thiede erwarten läßt. Während C. P. Thiede: The earliest Gospel Manuscript. S. 8 den Beitrag eindeutig „in favor of the identification of 7Q5 as Mk 6: 52-53" wertet, schreibt Kurz, H.: Entdeckungen in der Bibel. S. 40: „Ob sich die Identifizierung des Fragments mit Markus 6, 52f. in der Fachwelt durchsetzt, bleibt abzuwarten."

[301] Berger, K.: Qumran und Jesus. S. 40.

[302] Staudinger/Schlüter: An Wunder Glauben? S. 86.

[303] Vgl. Staudinger/Schlüter: An Wunder glauben? S. 84 – 86.

[304] Vgl. Schulz, H. J.: Die apostolische Herkunft. S. 216 f. In seiner Rezension merkt H. J. Klauck, S. 133, an: „es versteht sich, daß das »Markusfragment« 7Q 5 in diesem Zusammenhang nicht fehlen darf." Schulz, H. J.: Bekenntnis statt Dogma. S. 103, Anm. 86 „Zur alternativlosen Plausibilität der Identifizierung von 7Q5 mit Mk 6, 52f. [...]." Dabei ist jedoch zu betonen, daß die Datierung des Mk durch H. J. Schulz von der Datierung C. P. Thiedes deutlich abweicht; Schulz, H. J.: Die apostolische Herkunft. S. 217: „Unsere Datierung des Mk-Ev »um 60« harmoniert also mit einem paläographischen Befund [...]."

[305] Aland, K.: Neue neutestamentliche Papyri III. S. 361.

mener ´Beweis´ der Frühdatierung, alle anderen Möglichkeiten der Markus-Datierung werden erst gar nicht zugelassen.

Es soll hier nur auf einen problematischen Aspekt der Markus-Datierung im Zusammenhang mit Fragment 7Q5 hingewiesen werden. Traditionell wurde das Markusevangelium in die 60´er Jahre datiert, nach dem Tod des Petrus. Diese Information entnahm man der Aussage des Irenäus: "Zur selben Zeit predigten Petrus und Paulus in Rom das Evangelium und gründeten die (dortige) Kirche. Nach ihrem Tod hat Markus, der Schüler und Dolmetscher des Petrus, ebenfalls in schriftlicher Form für uns hinterlassen, was Petrus verkündet hat."[306] Damit ergibt sich für die Vertreter der mk. Identifizierung des Fragmentes 7Q5 jedoch ein Problem, denn der Tod des Petrus und Paulus unter Kaiser Nero wird in der zweiten Hälfte der 60´er Jahre, zwischen 64 und 68 nach Chr. angenommen. Dann wird es also durchaus eng für ein Markus-Evangelium in Qumran, zumal das Fragment 7Q5 von den Befürwortern der mk. Identifizierung paläographisch "kurz vor 50 n. Chr."[307] datiert wird. Demnach wäre das Markus-Evangelium in Qumran angekommen, bevor es überhaupt geschrieben war.

In dieser Situation muß daher versucht werden, die aufgetretenen Datierungs-schwierigkeiten aus dem Weg zu interpretieren. Ansatzpunkt ist das Wort "ἔξοδον" bei Irenäus. Dieses Wort hat mehrere Bedeutungen, ´Tod´ ist nur eine davon: "Viele Kommentatoren nahmen an, Irenäus beziehe sich damit auf den Tod des Petrus – mit anderen Worten, auf einen relativ späten Zeitpunkt, nicht zu Petri Lebzeiten, sondern irgendwann nach 65/67. [...] *Exodos* kann tatsächlich »Tod« bedeuten, aber in den meisten griechischen Bibelstellen bezeichnet das Wort einen »Aufbruch«, wie im Titel des zweiten Buchs Mose (Exodus) im Alten Testament. 1991 trug der amerikanische Neutestamentler E. Earle Ellis auf dem Internationalen Qumran-Kongreß an der Universität Eichstätt ein Referat vor, in dem er anhand einer Computeranalyse der Irenäischen Schriften zeigte, daß Irenäus stets das Wort *thanatos* (oder, lateinisch, *mors*) benutzte, wenn er vom Tod sprach, und folglich mit den anderen frühen Kirchenhistorikern wie Euseb vollkommen übereinstimmte: Das Markus-Evangelium entstand zu Petri Lebzeiten."[308] Nur unter dieser Voraussetzung kann die Identifizierung des Frag-

---

[306]   Irenäus: Adversus Haereses III, 1, 1; lat. Text: „[...] cum Petrus et Paulus Romae evangelizarent et fundarent ecclesiam. Post vero horum excessum, Marcus discipulus et interpres Petri et ipse quae a Petro adnuntiata erant per scripta nobis tradidit."; griech. Text: „[...] τοῦ Πέτρου καὶ τοῦ Παύλου ἐν ᾽Ρώμῃ εὐαγγελιζομένων καὶ θεμελιούντων τὴν ἐκκλησίαν. Μετὰ δὲ τὴν τούτων ἔξοδον, Μάρκος, ὁ μαθητὴς καὶ ἑρμηνευτὴς Πέτρου, καὶ αὐτὸς τὰ ὑπὸ Πέτρου κηρυσσόμενα ἐγγράφως ἡμῖν παραδέδωκεν" Vgl. zur Verfasserfrage des Evangeliums z. B. Pesch, R.: Das Markusevangelium I. S. 3 – 15, der sich ausführlich mit dem Wert der altkirchlichen Überlieferung auseinandersetzt.

[307]   Thiede, C. P.: 7Q – Eine Rückkehr. S. 542.

[308]   Thiede, C. P.: Der Jesus Papyrus. S. 276, Anm. 5. Ganz ähnlich auch wieder in Thiede, C. P.: Ein Fisch. S. 280 – 283, mit Anm.

mentes 7Q5 mit Mk 6, 52 – 53 aus Gründen der Datierung angenommen werden.

Jedoch muß diese Ausführung C. P. Thiedes hinterfragt werden. Zweifellos bezeichnet ἔξοδος ΄in den meisten Bibelstellen΄ einen Aufbruch, denn es ist *terminus technicus* für den Exodus des Volkes Israel aus Ägypten.[309] Im NT wird das Wort in dieser Bedeutung ebenfalls gebraucht, Hebr 11, 22. Die beiden übrigen Vorkommen dürfen aber wohl eindeutig auf die Bedeutung ΄Tod΄ eingeschränkt werden, Lk 9, 31 und 2Petr 1, 15. In der letztgenannten Stelle spricht Petrus von seinem eigenen ἔξοδος: „[13](Für) recht aber halte ich, solange ich bin in dieser Zeltwohnung, euch aufzuwecken durch Erinnerung, [14]wissend, daß rasch ist der Abbruch meiner Zeltwohnung, gleichwie auch unser Herr Jesus Christos mir eröffnete; [15]ich werde mich aber auch bemühen, daß ihr jederzeit nach meinem Weggang (die Möglichkeit) habt, daran Gedenken zu machen." Aus dem Kontext wird eindeutig klar, daß damit keine Abreise, kein Aufbruch gemeint sein kann. Hier ist der Tod des Apostels Petrus angesprochen.[310] Wenngleich der 2. Petrusbrief erst spät eine unangefochtene Stellung im Kanon erlangte,[311] fällt der parallele Wortgebrauch auf. Gerade die ungewöhnliche Wortwahl des Irenäus darf hier als Hinweis auf Quellenbenutzung, vielleicht sogar als Hinweis auf die Kenntnis dieser Passage aus dem 2. Petrusbrief, zumindest aber der Tradition, die dahinter steht, gewertet werden.[312] Es ist nicht nachzuvollziehen, wenn C. P. Thiede behauptet, die Bedeutung ΄Weggang΄ – verstanden als Bewegung von A nach B – für ἔξοδος sei „unzweideutig geklärt[...]".[313] Selbstverständlich kannte Irenäus den gut biblischen und allgemein frühchristlichen Gebrauch von ἔξοδος als Bezeichnung für den Tod.[314] Daß er in der Regel θάνατος für ΄Tod΄ wählt – eine Selbstverständlichkeit! – kann nicht bedeuten, daß er keine anderen Worte

---

[309]   Vgl. EWNT II. Sp. 19.

[310]   So auch die einhellige Meinung der neueren Kommentare, vgl. Grundmann, W.: Der Brief des Judas und der zweite Brief des Petrus. S. 81; Paulsen, H.: Der Zweite Petrusbrief. S. 115: „Worum es dem Vf. in dem Brief zu tun ist, wird abschließend mit großer Klarheit formuliert: der Tod des Apostels beraubt die Gemeinde nicht des Apostolischen [...]"; Vögtle, A.: Der Judasbrief / Der 2. Petrusbrief. S. 158.

[311]   Vgl. Eusebius: HE VI 25, 8; III 25,3, wo noch die Unsicherheit bezüglich des 2 Petr deutlich wird.

[312]   Ein Zusammenhang zwischen beiden Stellen wird auch von Green, E. M. B.: Der 2. Petrusbrief. S. 4 angenommen. Aus diesem Grund ist für den Autor auch klar, daß allein die Bedeutung „Tod" zutreffend ist.

[313]   C. P. Thiede: Ein Fisch. S. 370f., Anm. 66: „Daß Irenäus sich hier *publikatiostechnisch* anders ausdrückt als an anderen Stellen seines Buches [...] liegt daran, daß er einen Sonderfall der Literaturgeschichte zu kommentieren hat. Das darf allerdings nicht mit dem unzweideutig geklärten Gebrauch des Wortes »exodus« = Weggang – gegen »thanatos« = Tod – in seinem Gesamtwerk verwechselt werden."

[314]   Vgl. Bauer/Aland: Wörterbuch. Sp. 559 f.; sowie Hengel, M.: Entstehungszeit. S. 4.

kennt, um 'Tod' zu bezeichnen. Dann kann die Aussage des Irenäus jedoch nicht mehr 'umgebogen' werden, gibt es einen wichtigen Hinweis auf eine Abfassung des Markus-Evangeliums nach dem Tod des Petrus.[315] Als Folge davon, ergeben sich Probleme für die Identifizierung von 7Q5 mit Mk 6, 52.[316] C. P. Thiede hält jedoch an einer Abfassung des Markus-Evangeliums zu einem deutlich früheren Zeitpunkt als 70 n. Chr. fest. In seinem Buch *Ein Fisch für den römischen Kaiser* entwirft er eine komplizierte Theorie von der Evangelienentstehung, die vor allem darum bemüht ist, die schwer miteinander zu vereinbarenden Aussagen der altkirchlichen Überlieferung unter ein Dach zu zwingen.[317] Der Hauptvorteil dieses Entwurfes: „Ein solcher Rekonstruktionsversuch kann keine Beweiskraft haben [...]."[318] C. P. Thiede geht hier von einer in den vierziger Jahren verfassten Erstfassung des Markusevangeliums aus, welche Markus in Rom niederschreibt. Diese Niederschrift setzt einen Besuch des Petrus in Rom bereits in den vierziger Jahren voraus.[319] Die Diskussion um diesen frühen Besuch kann hier nicht weiter verfolgt werden.[320] Jedoch soll auf die Petrusakten verwiesen werden, denen C. P. Thiede an anderer Stelle[321] sehr hohen geschichtlichen Aussagewert zubilligt. In der Darstellung des Eusebius findet das entscheidende Zusammentreffen von Petrus und Simon Magus „unter der Regierung des Claudius"[322] – also zwischen 41 und 54 – statt. Die Petrusakten dagegen setzen diese Auseinandersetzung viel später an. Sie lassen zuerst Paulus in Rom auftreten, dann nach Spanien abreisen, und erst in dieses 'apostolische Vakuum' hinein fällt der Besuch des Petrus und die Auseinandersetzung mit Simon Magus. Ganz offensichtlich sind die Vorgänge der Petrusakten also in die sechziger Jahre zu plazieren.[323] Es gibt in den Petrusakten auch keinen Hinweis darauf, daß Petrus vorher schon einmal in Rom gewesen sein könnte.[324] Wenn C. P. Thiede

---

[315] Eine Abfassung des Markus-Evangeliums nach dem Tod des Petrus wird auch von Hengel, M.: Entstehungszeit. vertreten. Er steht allen Versuchen, eine Abfassung zu Lebzeiten des Petrus zu konstruieren, ablehnend gegenüber.

[316] Einen Ausweg aus allen Problemen dieser Art hat sich C. P. Thiede dadurch gesichert, daß er die ntl. Schriften auf dem Postweg innerhalb weniger Tage längs und quer durch das römische Imperium transportieren läßt; vgl. ders.: Der Jesus Papyrus. S. 160 – 167. Dadurch könnte das Markus-Evangelium noch kurz vor der Zerstörung Qumrans im Jahr 68 geliefert worden sein. Aber auch unter dieser Voraussetzung bleibt das Problem, daß die paläographische Datierung und die Abfassungszeit des Markus-Evangeliums auseinanderklaffen.

[317] Vgl. Thiede, C. P.: Ein Fisch. S. 274 – 278.

[318] Thiede, C. P.: Ein Fisch. S. 278.

[319] Diese Besuch wird auch bei Eusebius HE II, 14 – 17 erwähnt.

[320] Vgl. kurz Hengel, M.: Entstehungszeit. S. 3 –10.

[321] Vgl. dazu Kap. 6.2 dieser Arbeit.

[322] Eusebius, HE: II 14, 6.

[323] Für die Chronologie des Paulus verweise ich hier nur auf Schnelle, U.: Einleitung. S. 43; dort auch weitere Literatur.

[324] Petrusakten 6: „Als aber Ariston das hörte, fiel er dem Theon um den Hals, umarmte ihn und bat ihn, ihn zum Schiff zu führen und ihm den Petrus zu zeigen.

den Petrusakten an anderer Stelle zutraut, historische Details korrekt zu überliefern, dann müßte er erklären, warum er ihnen im groben chronologischen Aufriß nicht vertraut.

Mit diesen Hinweisen auf Datierungsprobleme soll es genügen. Eine ausführliche Erörterung würde den Rahmen sprengen. Es ist ein seltener Fall, daß altkirchliche Traditionen und Ergebnisse der wissenschaftlichen Exegese zu einem halbwegs einmütigen Ergebnis über die Abfassungszeit eines Evangeliums gelangen – beim Markus-Evangelium ist das der Fall. Aus diesem Grund müßten die Argumente für eine deutlich frühere Abfassung des Markus-Evangeliums gleich 'doppelt gut' sein – solche Argumente konnten von den Befürwortern der mk. Identifizierung bisher nicht vorgebracht werden.

Auf einen weiteren Aspekt soll noch aufmerksam gemacht werden. Obwohl die Identifizierung des Fragmentes 7Q5 mit Mk 6, 52 – 53 in der Fachwelt kaum positive Resonanz gefunden hat, wurde sie zum Ausgangspunkt für weitergehende Hypothesengebäude. I. Ramelli entdeckte 1996 'Anspielungen an das Markusevangelium' im *Satyricon* des Petronius.[325] Das Fragment 7Q5 zeige, daß das Markusevangelium in Rom zur Zeit Neros bereits bekannt war.[326] In der Anmerkung führt I. Ramelli Literatur von J. O'Callaghan, C. P. Thiede, C. M. Martini und A. Passoni Dell'Acqua an; nicht eine einzige kritische Stimme wird genannt. Es sind vor allem zwei Stellen aus dem Gastmahl bei Trimalchio, in denen I. Ramelli meint, direkte Anspielungen auf das Markusevangelium erblicken zu müssen: Die Salbung der Gäste durch Trimalchio (77, 7 – 78, 4) und den Schrei eines Hahnes (73, 6 – 74, 3). Auch C. P. Thiede geht in seinem neueren Buch *Ein Fisch für den römischen Kaiser* ausführlich auf diese Stellen ein.[327] In der Zeitschrift *30 Tage* wird in einem Interview mit M. Sordi noch einmal deutlich, daß tatsächlich das angebliche Markus-Fragment 7Q5 Auslöser einer ganzen Reihe von 'Entdeckungen über die Präsenz der Christen im Rom des 1. Jahrhun-

---

Ariston sagte nämlich, seit Paulus nach Spanien abgereist sei, hätte es keinen unter den Brüdern gegeben, bei dem er sich hätte stärken können. Außerdem sei ein Jude, mit Namen Simon, in die Stadt eingedrungen. »Dieser (so fuhr er fort) hat durch Zauberspruch und durch seine Schlechtigkeit von Grund auf die ganze Bruderschaft abtrünnig gemacht, so daß auch ich aus Rom floh in der Hoffnung, Petrus werde kommen. Denn Paulus hat von ihm berichtet, und ich habe vieles in einem Gesicht gesehen.[...]«" Auch hier wird deutlich, daß ein ersten Besuch des Petrus in Rom geschildert wird: Petrus ist den Römern nicht persönlich bekannt, man weiß von ihm allein aus der Erzählung des Paulus sowie aus Visionen.

[325] Vgl. Ramelli, I.: Petronio e i Cristiani; dies.: Il Satyricon di Petronio.
[326] Ramelli, I.: Petronio e i Cristiani. S. 76: „Il frammento marciano 7Q5 è stato recentemente identificato da padre O'Callaghan con *Mc* 6, 52-53, e datato su base archeologica prima del 68 d.C., su base paleografica prima del 50 d.C.; tale scoperta conferma la tradizione cristiana del II secolo, che vuole il Vangelo di Marco redatto a Roma sulla base della predicazione di Pietro all'inizio del regno di Claudio."
[327] Vgl. Thiede, C. P.: Ein Fisch. S. 110 – 121.

derts' war.[328] Aus diesem Grund wird das Fragment im gleichen Artikel dann auch abgebildet – seitenverkehrt.[329] Noch weiter geht G. G. Gamba, der sogar eine „Adesione di Petronio alla fede cristiana" ausmachen will.[330] Waren die vorher genannten Autorinnen und Autoren davon ausgegangen, daß im Satyricon eine bösartige Parodie auf christliche Bräuche und Vorstellungen vorliegt, wird bei G. G. Gamba alles zur Anspielung auf die frühe Christenheit, ohne wirklich negativen Unterton.

Alle Beiträge zeichnet jedoch aus, daß Sie sehr selektiv vorgehen. Sicherlich gibt es Passagen im *Satyricon*, die irgendwie an einzelne Motive des NT erinnern, daraus dürfen aber nicht derart weitreichende Folgerungen gezogen werden. Es lassen sich für die angeblichen Anspielungen andere Erklärungen finden. Wenn z. B. die Salbung in *Satyricon* 77 f. betrachtet wird, fallen doch zuerst die Unterschiede zur Salbung in Mk 14 auf: Das Öl wird von einer Frau hereingebracht – bei Petronius trägt es ein Mann namens Stichus herein; Jesus wird von einer Frau gesalbt – Trimalchio selbst salbt seine Gäste; Jesus deutet das gesalbt werden, das von der Frau sicherlich nicht so gemeint war, auf sein Begräbnis um – Trimalchio läßt seine Gäste von seinem Leichenöl 'kosten'. Die ganze Szenerie bei Petronius hat nur eine Aussage: Trimalchio möchte demonstrieren, daß er auch nach seinem Tod noch in der Lage sein wird, seinen unermeßlichen Reichtum protzend zur Schau zu stellen. Das kann aber nun für Mk nicht gelten. Zwar sind 300 Denare eine große Summe, sie entsprechen dem Jahreslohn eines Tagelöhners[331], aber 'unermeßlicher Reichtum' ist doch etwas anderes. Der inneren Logik der Szenerie folgend, bildet die Protzerei mit den Beerdigungsutensilien auch den Abschluß des Gastmahles, führt dazu, daß der Abend im völligen Chaos versinkt. Wenn nun ausgerechnet das Nardenöl den Bezug zur Mk-Perikope herstellen soll, dann ist dies nicht nachzuvollziehen. Es ging Petronius darum, Trimalchio als reich und verschwenderisch darzustellen. Nun war Nardenöl das feinste Duftöl der Römer.[332] An dieser Stelle hätte Petronius kaum ein anderes Öl einsetzen können.

Ganz ähnlich sieht es in der Szene mit dem Hahnenschrei – *Satyricon* 73 f – aus: Ein Hahnenschrei allein reicht nicht aus, um eine Kenntnis des Markusevangeliums anzuzeigen. Es ist ja keinesfalls so, daß der Hahnenschrei im Markusevangelium den Verrat des Petrus anzeigt.[333] Der Hahnenschrei bekommt ja erst durch die Prophezeiung Jesu an Petrus seine Bedeutung. Im *Satyricon* hat der

---

328 Paci, S. M.: Geliebt, gehaßt. S 26: „Ausgelöst wurde das Ganze durch die – von einigen akzeptierte, von anderen wieder abgelehnte – Identifizierung eines Fragments mit Versen aus dem Markus-Evangelium, das 7Q5, das man in den Grotten von Qumran in Palästina entdeckte." Immerhin deutet M. Sordi also an, daß es sich um eine umstrittene Hypothese handelt.

329 Vgl. Paci, S. M.: Geliebt, gehaßt. S. 27.

330 Vgl. Gamba, G. G.: Petronio Arbitro e i Cristiani. S. 25.

331 Vgl. EWNT I, Sp. 711.

332 Vgl. Steier, August: Art. Nardus. Sp. 1713.

333 So aber bei Thiede, C. P.: Ein Fisch. S. 113.

Hahnenschrei keine vorher festgelegte Bedeutung, eben deshalb steht er ja allerhand Deutungsmöglichkeiten des Trimalchio offen. Im Markusevangelium ist der Hahnenschrei ein Schrei am beginnenden Morgen, also zur üblichen Zeit. Nicht so im *Satyricon*. Hier schreit der Hahn mitten in der Nacht – zur Unzeit. Erst deshalb verlangt sein Ruf nach Deutung. Die Deutungen, die Trimalchio gibt – ein Feuer in der Nachbarschaft oder ein Todesfall – sind dabei durchaus plausibel. In beiden Fällen entsteht Unruhe im Haus, was wohl auch einen Hahn aufschrecken könnte. Noch wichtiger erscheint mir aber die Einordnung des Hahnenschreis in die gesamte Szene: "Da sagte Trimalchio: »Freunde, heute hat einer meiner Sklaven sein Bartfest gefeiert [...]. Drum wollen wir das begießen und bis Tagesanbruch zechen.« (74) Wie er das sagte, krähte ein Hahn.". Das ist sehr originell komponiert: Trimalchio kündigt Zecherei bis zum Morgengrauen an, sofort kräht ein Hahn, der üblicherweise das Morgengrauen anzeigt. Die Kontrolle, die Trimalchio ansonsten souverän über die ganze Szenerie der *Cena* ausübt entgleitet ihm für einen kurzen Moment. Um diese Kontrolle wieder zu erlangen, ordnet er an, den Hahn einzufangen und zum nächsten Gang des Mahles zuzubereiten.[334] Die Ähnlichkeit mit dem Markusevangelium reduziert sich tatsächlich darauf, daß ein Hahn kräht.

Dieser ausführliche Nebenweg sollte aufzeigen, wie schnell sich an eine unbegründete These weitere Thesen anheften.

---

[334]   So auch Conte, G. B.: The hidden Author. S. 131.

5. Argumente für die Identifizierung von 7Q5 mit Mk 6, 52 – 53

Den Anfang der kritischen Betrachtung der Identifizierung von 7Q5 mit Mk 6, 52 – 53 soll die Darstellung und Bewertung derjenigen Argumente bilden, die von Befürwortern der Identifizierung vorgetragen werden. Gefragt ist also: Gibt es gute Gründe, eine Identifizierung 7Q5 = Mk 6, 52 – 53 anzunehmen? Dabei kommen nur solche Argumente zur Sprache, die die Identifizierungsthese stützen. Nicht berücksichtigt werden Argumente, die erst von C. P. Thiede aus Gegenargumenten gewonnen worden sind.[335]

5.1 Der sichere Buchstabenbestand paßt zu Mk 6, 52 – 53

a)   Darstellung

Wie oben bereits dargelegt wurde, sind auf dem Fragment 7Q5 einige Buchstaben ganz, andere nur teilweise erhalten. Über die richtige Lesung der nur fragmentarisch erhaltenen Buchstaben ist es bis heute immer wieder zu heftigen Auseinandersetzungen gekommen. Dennoch gibt es einige Buchstaben, über deren Entzifferung Einmütigkeit unter allen damit befaßten Forschern herrscht. Diese zehn unumstrittenen Buchstaben führt K. Aland als 'sicheren Bestand' an: τω - καιτ - ννη - η.[336] Wird dieser 'sichere Bestand' nun mit dem Text Mk 6, 52 f. in der Form der 27. Auflage des Nestle-Aland verglichen, ergibt sich folgendes Bild.

Zeile 1:   [ου γαρ συνηκαν επι τοις αρτοις][337]
Zeile 2:   [αλλ' ην αυ]τω[ν η καρδια πεπωρω]
Zeile 3:   [μενη] και δ[ιαπερασαντες]
Zeile 4:   [επι τνη γην ηλθον εις Γε]ννη[σαρετ και]
Zeile 5:   [προσωρμισθ]η[σαν]

---

[335]   C. P. Thiede bemüht sich mehrfach darum, offensichtliche Argumente *gegen* die Identifizierungsthese umzudrehen, aus ihnen Belege für die Identifizierung zu gewinnen. Daher kommen diese Punkte erst im nächsten Kapitel zur Sprache.

[336]   Vgl. Aland, K.: Neue Neutestamentliche Papyri III. S. 364. Trotz einiger Fehler ist auch die Lesarten-Variantentabelle bei Rohrhirsch, F.: Markus in Qumran? S. 57 recht hilfreich.

[337]   Die gesamte Zeile ist hier in eckige Klammern gesetzt, da es zwar einen Tintenrest dieser Zeile gibt, jedoch kein Buchstabe identifiziert werden kann. In der Rekonstruktion J. O'Callaghans erscheint hier das ε von επι.

'sicherer Bestand':   τω - καιτ - ννη - η
Mk 6, 52 f.   τω - καιδ - ννη - η

Von den zehn eindeutigen Buchstaben des 'sicheren Bestandes' passen immerhin neun zum vorgeschlagenen Text Mk 6, 52 – 53.

b)   Wertung
Eine große Ähnlichkeit des 'sicheren Bestandes' mit dem in Mk 6, 52 – 53 vorkommenden Buchstabenbestand kann nicht abgestritten werden. Neun von zehn Buchstaben stimmen überein, das ist immerhin eine Übereinstimmung von 90 %. Gefordert wäre bei derart kleiner Textmenge jedoch 100 % Übereinstimmung. Diese versuchen sowohl J. O'Callaghan als auch C. P. Thiede durch die Hilfsannahme einer Lautvertauschung von δ und τ zu erreichen, eine Annahme, die unter 6.5 eingehend zu untersuchen ist.

c)   Fazit
Wenngleich eine Übereinstimmung von 90% zwischen 7Q5 und Mk 6, 52 – 53 beachtlich ist – ohne Hilfsannahmen ist die geforderte Übereinstimmung von 100% nicht zu erreichen. Somit muß die Identifizierung zurückgewiesen werden, da der 'sichere Bestand' des Fragmentes nicht mit den Buchstaben in Mk 6, 52 – 53 übereinstimmt.

5.2   Das Spatium (Z. 3) paßt zu Mk 6, 52 – 53

a)   Darstellung
Zwischen der rechten Hälfte eines Buchstabens – mit größter Wahrscheinlichkeit ein η – und dem fast vollständigen κ in Zeile 3 verbleibt ein Freiraum, etwa zwei Buchstaben breit. Dieser augenscheinlich unbeschriebenen Fläche messen die Befürworter der Identifizierung von 7Q5 mit Mk 6, 52 – 53 eine gewichtige Rolle zu. Erstmals wurde dieses Argument 1984 von C. P. Thiede ausführlich vorgetragen: „Dieser Befund [= das Vorhandensein einer 'Paragraphos', so C. P. Thiedes Interpretation des Zwischenraumes], zu dem man auch noch das relativ seltene Vorkommen der Buchstabenabfolge ννησ hinzunehmen darf, ist kumulativ so zwingend, daß die vielleicht noch leisen Zweifel an den drei von Baillet umkämpften Buchstaben ν, ι, α zugunsten der von O'Callaghan vorgeschlagenen Entzifferung als behoben gelten müssen."[338]
Dieser Argumentation schloß sich H. Hunger an: „Das Spatium von 2 Buchstaben in Zeile 3 vor και ist ein besonders wichtiges Argument für die Zuwei-

---

338   Thiede, C. P.: 7Q5. Eine Rückkehr. S. 548. An dieser Argumentation hält C. P. Thiede bis in seine jüngsten Veröffentlichungen zum Thema fest, vgl. ders.: Der Jesus Papyrus. S. 58 f.

sung an Markus, dessen Evangelium die größte Zahl solcher Spatien vor και am Satzanfang, insbesondere am Versanfang aufweist. (Ich habe rund 400 gezählt).“[339]
Der Freiraum in Zeile 3 wird somit als gliedernder Einschnitt – als *Spatium* – verstanden, das den Beginn eines neuen Abschnitts anzeigt. Im Zusammenhang mit der vorgeschlagenen ntl. Identifizierung erscheint das durchaus stimmig, denn zweifellos kann zwischen den Versen 6, 52 und 53 ein solcher Abschnitt gesetzt werden.

b)   Wertung
Einen ersten Ansatzpunkt für Kritik bot die unklare Begrifflichkeit C. P. Thiedes. Auf dem Fragment ist ein Spatium zu erkennen, ein unbeschriebener Zwischenraum. C. P. Thiede bezeichnet diesen jedoch als *Paragraphos*. Eine Paragraphos wird folgendermaßen definiert: „Die Paragraphos ist ein kleiner wagerechter [sic!] Strich unten am Anfang einer Zeile, der auf das Ende des Sinnabschnitts in der Zeile hinweisen soll, das zugleich durch einen kleinen freien Raum bezeichnet ist.“[340] Da jedoch der linke Rand der Textkolumne nicht erhalten ist, fehlt zwangsläufig auch der kleine waagerechte Strich, der unbedingt nötig ist, um aus dem Spatium in Zeile 3 eine textgliedernde Paragraphos zu machen. C. P. Thiede behauptet nun, die Bezeichnung und Funktion *Paragraphos* könne, da der Strich nicht sichtbar sei, auch für den Freiraum in der Zeile 3 allein gebraucht werden.[341]
H. U. Rosenbaum faßt seine umfassende und detaillierte Kritik an diesem Argument[342] C. P. Thiedes folgendermaßen zusammen: „Die Annahme einer Paragraphos bleibt [...], da der linke Rand der Kolumne (nach O´Callaghans Rekonstruktion) nicht erhalten ist, eine bloße Konjektur, eine Vermutung, die ohne jede Beweiskraft ist, aus der keinerlei Folgerungen gezogen werden dürfen.“[343]
Offensichtlich ist diese Kritik nicht wirkungslos geblieben. In späteren Veröffentlichungen benutzt C. P. Thiede den Fachterminus *Paragraphos* wesentlich zurückhaltender: „In solchen Fällen [= zur Textgliederung] arbeitete man auch

---

[339]   Hunger, H.: 7Q5: Markus 6, 52 – 53 – oder? S. 38, ganz ähnlich schon ders. Rez. C. P. Thiede: Il piu antico manuscritto. S. 279.

[340]   Gardthausen, V.: Griechische Paläographie II, 2. S. 402.

[341]   Vgl. z. B. Thiede, C. P.: 7Q – Eine Rückkehr. S. 548.

[342]   Die Einzelheiten werden hier nicht nachvollzogen, da sie bei H. U. Rosenbaum kenntnisreich zusammengetragen sind. Einzig ein Literaturnachtrag bleibt zu vermelden: Lupi, R. B.: La Paragraphos. Auch hier wird betont, daß mit *Paragraphos* ein horizontaler Strich zwischen zwei Linien gemeint ist (S. 414), daß es weiterhin ´nicht selten´ vorkommt, daß dieser Strich von einem unbeschriebenen Freiraum innerhalb der Zeile begleitet wird (S. 415). Auch bei Giangrande, G.: Preliminary Notes. ist die Benutzung des Begriffs eindeutig auf die Linie beschränkt.

[343]   Rosenbaum, H. U.: Cave 7Q5. S. 193.

mit einer horizontalen Linie unter dem Zeilenanfang, einer sogenannten *para-graphus*. Man braucht kaum zu erwähnen, daß man diese Linie nur entdecken kann, sofern der Anfang der betreffenden Zeile intakt erhalten ist. Bei dem Fragment 7Q5 ist dies nicht der Fall. Doch ob mit *paragraphus* oder ohne – das *spatium* deutet auf den Beginn einer neuen Sequenz hin, eben auf einen neuen »Paragraphen«.‘‘[344] Dazu ist jedoch zu bemerken, daß die Gliederungstiefe von Paragraphos und Spatium unterschiedlich ist. Die Paragraphos dient der Groß-gliederung nach Abschnitten und Absätzen, das Spatium dagegen der „Kleinglie-derung nach Kola und Kommata, d. h. nach Satzteilen und Ausdruckszusam-menhängen [...]‘‘[345] Für die Identifizierung von 7Q5 mit Mk 6, 52 – 53 ist also die Paragraphos gefordert, die den deutlichen Absatz zwischen Mk 6, 52 und 53 anzeigen würde. Da mangels linken Randes die Diskussion über das Vorhanden-sein einer Paragraphos müßig ist, kann das Spatium nicht zur Stützung der Identifizierungsthese herangezogen werden.

Das Vorhandensein eines Zwischenraumes kann selbstverständlich nicht bestrit-ten werden. Fraglich ist jedoch, ob dieser unbedingt als gliedernder Zwischen-raum zu interpretieren ist. Es ist nicht einmal ausgeschlossen, daß an dieser heute leer erscheinenden Stelle einmal Buchstaben gestanden haben. Die Tatsache, daß der unmittelbar an das Spatium anschließende vertikale Strich des κ fast spurlos verschwunden ist, sollte zur Vorsicht mahnen. Wenn dieser unzweifelhaft einmal vorhanden gewesene Strich heute kaum mehr sichtbar ist, dann kann nicht mit letzter Sicherheit behauptet werden, in Zeile 3 sei ein Leerraum, ein Spatium.

Jedoch auch im Falle eines tatsächlichen Freiraumes zwischen η und κ ist damit noch nicht entschieden, daß der Schreiber diesen Freiraum absichtlich gesetzt hat, um den Text zu gliedern. Im Papyrus Bodmer XXIV gibt es einen ähnlich breiten Freiraum mitten im Wort τιεπετασαμεν [sic!]: τι επετασαμεν (vgl. Abb. 2).[346] Hier ist eine gliedernde Funktion des Spatiums eindeutig ausge-schlossen. Einen ähnlichen Fall gibt es auch in Qumran, 4QLXXDeut.[347]

In den griechischen Bibelhandschriften aus der Höhle 4Q kommen Spatien vor καί häufig vor. In einigen Fällen besteht eine Übereinstimmung zwischen der neuzeitlichen Verseinteilung und den Spatien,[348] in anderen Fällen trifft das nicht zu.[349] Vielmehr entsteht der Eindruck, daß ein καί in den meisten Fällen nach vorn und hinten durch kleinräumige Spatien abgesetzt wird.[350] Ein ähnlicher Fall

---

[344]   Thiede, C. P.: der Jesus Papyrus. S. 59.

[345]   Rosenbaum, H. U.: Cave 7Q5. S. 194.

[346]   Vgl. Papyrus Bodmer XXIV, Tafel 26.

[347]   Kraus, T. J.: 7Q5: „Frg. 1,2 von *4Q122* (*4QLXXDtn*) weist einen unnötigen, auch nicht auf das Material zurückzuführenden Zwischenraum innerhalb eines Wortes (ἐρυθρᾶς dort als ερυ θρασ) und einen etwas größeren vor der folgenden Präpo-sition ἐπί auf, der wiederum nicht sinngliedernd, geschweige denn als Kennzei-chen für einen neuen Abschnitt gesehen werden kann [...].‘‘

[348]   Vgl. z. B. pap4QLXXLevᵇ Fragm. 6, Z. 12.

[349]   Vgl. z. B. 4QLXXNum Col. II, Fragm. 9/10, Z. 13.

[350]   Vgl. zu dieser Frage auch ausführlich Kraus, T. J.: 7Q5.

zeigt sich auch in der Zwölfprophetenrolle aus Nahal Hever (8HevXIIgr). In Kolumne 18, Z. 39 ist das καί durch ein mindestens zwei Buchstaben breites Spatium vom vorangehenden Vers getrennt. Nun liegt hier tatsächlich ein Satzanfang vor, beginnt ein neuer Vers. Aber es leuchtet nicht ein, daß an dieser Stelle ein neuer Absatz – vergleichbar dem Übergang von Mk 6, 52 zu 6, 53 – vorliegen sollte.

C. P. Thiede verweist darauf, daß in den hebräischen Bibelhandschriften aus Qumran Zwischenräume in ähnlicher Art gesetzt worden seien, wie auch in 7Q5. Er gibt jedoch sofort zu, daß solche Parallelen mit Vorsicht behandelt werden müssen.[351] Die von ihm vorgebrachte Jesaja-Rolle – 1QIs[a] – stammt aus dem 2. Jahrhundert v. Chr.,[352] ein solcher Vergleich ist nun wirklich sehr weit hergeholt![353]

Letztlich kann über diesen Freiraum nur auf dem Hintergrund einer zu überprüfenden Identifizierungshypothese entschieden werden. Sollte sich die Identifizierung von 7Q5 mit Mk 6, 52 – 53 bewähren, so könnte dieser Freiraum als Spatium im Zusammenhang mit einer Paragraphos interpretiert werden, da der Text Mk 6, 52 – 53 diesen gliedernden Einschnitt nahelegt. Sollte sich diese Identifizierungshypothese aber nicht bewähren, dann ist auch die Frage nach dem Freiraum in Zeile 3 wieder völlig offen.[354]

---

[351] Vgl. Thiede, C. P.: 7Q – Eine Rückkehr. S. 548.

[352] Vgl. Maier, J.: Die Qumran-Essener III. S. 3.

[353] Wenn man schon Vergleiche mit Handschriften aus Qumran bezüglich der *Paragraphos*-Frage unternehmen möchte, dann bleibt nur der Verweis auf 4Q119 = 4QLXXLev[a]. Auf diesem Fragment aus dem 1./2. Jahrhundert v. Chr. ist im unteren Drittel eine *Paragraphos* zu erkennen. Sowohl der horizontale Strich zwischen den Zeilen als auch der unbeschriebene Freiraum innerhalb der Zeile ist deutlich zu sehen. Im Vergleich mit 7Q5 fällt jedoch auf, daß das *Spatium* wesentlich breiter ist, als es bei Fragment 7Q5 in Zeile 3 der Fall ist. In 7Q5 ist das *Spatium* gerade einmal zwei Buchstaben breit (die beiden Buchstaben νη aus Zeile 4 paßten nicht in diesen Zwischenraum!), beim 4Q119 = 4QLXXLev[a] dagegen reicht der Platz für drei bis vier Buchstaben.

[354] Wenngleich sich an dieser Stelle ein gliederndes Spatium aufdrängt – es ist so wenig sicher, daß es auf gar keinen Fall zum Kriterium für die Bewertung alternativer Identifizierungen gemacht werden darf. So behandelt es jedoch Rohrhirsch, F.: Markus in Qumran? S. 106: „Anschließend wird untersucht, ob die Alternativstelle ebenfalls durch die Möglichkeit eines Sinnabschnittes gekennzeichnet ist. Es ist m. a. W. zu prüfen, ob ein Spatium als Bestandteil einer möglichen ´Paragraphos´ sinnvoll in den Alternativtext integrierbar ist." F. Rohrhirsch verkehrt hier die Argumentationsfolge: Eine Identifizierung kann vielleicht den Freiraum sinnvoll erklären, keinesfalls kann aber ein unklarer Freiraum zur Voraussetzung einer Identifizierung erklärt werden. Eine solche Vorgehensweise zielt an der Realität sowohl des Fragmentes 7Q5 als auch anderer Papyri vorbei.

c)   Fazit:

Sicher ist nur: Auf dem Fragment 7Q5 ist in seinem heutigen Zustand in Zeile 3 ein Freiraum in der Breite von ca. zwei Buchstaben zu registrieren. Hier von einer Paragraphos zu sprechen, ist nicht korrekt. Dazu wäre zusätzlich unbedingt ein waagerechter Strich am Zeilenanfang nötig. Der Zeilenanfang ist jedoch nicht erhalten. Was der Grund für diesen Freiraum ist, läßt sich nicht mehr ermitteln. Da solche Spatien auch völlig willkürlich vorkommen können, ist der Freiraum ohne jeden argumentativen Wert für die Identifizierung mit Mk 6, 52 – 53.

5.3   Die Stichometrie paßt zu Mk 6, 52 – 53

a)   Darstellung

Die Identifizierung des Fragmentes 7Q5 mit Mk 6, 52 – 53 kann nur dann glaubhaft gemacht werden, wenn es gelingt, die lesbaren Buchstaben in realistisch breite Zeilen einzuordnen, wenn also die Stichometrie stimmig zu rekonstruieren ist. J. O'Callaghan ging von den schon seit der Erstveröffentlichung der Fragmente identifizierten Bruchstücken 7Q1 und 7Q2 aus.[355] Diese weisen pro Zeile ca. 20 Buchstaben auf. Eine Zuordnung des Textes Mk 6, 52 – 53 zu den Buchstaben des Fragmentes 7Q5 ergibt für die Zeilen 1 – 5 folgende Buchstabenzahlen: 20, 23, 20, 21, 21.[356] Die Stichometrie paßt somit intern, alle fünf Zeilen des Fragmentes haben in etwa die gleiche Anzahl an Buchstaben. Weiterhin paßt die Stichometrie auch zu den an 7Q1 und 7Q2 ermittelten Werten. Ein derartig rundes Bild könnte sehr wohl als Argument für die von J. O'Callaghan vorgeschlagene Identifizierung angeführt werden. Auf die stimmige Stichometrie wird daher auch von C. P. Thiede und F. Rohrhirsch verwiesen.[357]

b)   Wertung

Auf den ersten Blick ist die Stichometrie sicherlich stimmig. Jedoch muß schon J. O'Callaghan zugeben, daß ohne eine Hilfsannahme, einen massiven Eingriff in den Text, die Stimmigkeit nicht erreicht werden kann. Um überzeugende stichometrische Werte zu erhalten, streicht J. O'Callaghan drei in allen griechi-

---

[355]   Vgl. O'Callaghan, J.: Papiros neotestamentarios. S. 96.

[356]   Vgl. O'Callaghan, J.: Papiros neotestamentarios. S. 97.

[357]   Vgl. Thiede, C. P.: 7Q5 – Eine Rückkehr. S. 547; ders.: Der Jesus Papyrus. S. 63: „Die Stichometrie von Markus 6, 53 ohne die drei umstrittenen Wörter bestätigt eher die Gleichsetzung des Qumran-Fragments 7Q5 mit diesem Evangelientext, als sie in Frage zu stellen."; Rohrhirsch, F.: Markus in Qumran? S. 68: „Da hier die maximale Differenz nur 3 Buchstaben beträgt, ist von der stichomterischen [sic!] Prüfung die Identifikation von 7Q5 mit Mk 6, 52 – 53 durchaus wahrscheinlich bzw. eine Falsifikation unmöglich."

schen Textzeugen belegte Wörter: ἐπὶ τὴν γῆν.[358] Ohne diesen Eingriff in den sicher bezeugten Text ergäben sich folgende Buchstabenzahlen für die Zeilen 1 – 5: 20, 23, 29, 21, 21. Wenn man das Spatium in Zeile 3 mit einer Breite von zwei Buchstaben einbezieht, dann müßten hier sogar 31 Buchstaben angenommen werden.[359] In einer so wenig eindeutigen Identifizierungsfrage müßte ein solcher ΄Ausreißer΄ zur Ablehnung der vorgeschlagenen Identifizierung führen. Ob das Fehlen der drei Wörter plausibel gemacht werden kann, soll an anderer Stelle (Kap. 6.4) untersucht werden. Hier genügt die Feststellung, daß nur eine Hilfsannahme die glatte Stichometrie retten kann.

Den um drei Wörter kürzeren Text müssen die Befürworter der ntl. Identifizierung gegen alle bekannten griechischen Textzeugen annehmen, was niemandem Schwierigkeiten zu bereiten scheint.[360]

c)   Fazit

Eine stimmige Stichometrie ist bei der Identifizierung des Fragmentes 7Q5 mit Mk 6, 52 – 53 nur mittels einer Hilfsannahme möglich. Diese muß das Fehlen der Wörter ἐπὶ τὴν γῆν annehmen, um eine völlig aus dem Maß laufende Zeile 3 zu umgehen. Ohne diese Hilfsannahme ist die Identifizierung aus stichometrischen Gründen gescheitert.

5.4   Die Ligaturen passen zu Mk 6, 52 – 53

a)   Darstellung

Von C. P. Thiede wurde 1986 ein weiteres Argument in die Debatte eingebracht, das die Identifizierung des Fragmentes 7Q5 mit Mk 6, 52 – 53 stützen sollte. „Die Schrift [des 7Q5] ist auf den ersten Blick *scriptio continua*, d. h. fortlaufende Schreibung ohne Wort- und Satztrennung. Bei genauerem Hinsehen, auch ohne Heranziehung einer Vergrößerung, fällt jedoch schnell ein kleiner Abstand zwischen dem vorletzten und dem letzten sichtbaren Buchstaben in Zeile 2 sowie zwischen dem deutlichen -i- und dem ebenso deutlichen -t- in Zeile 3 auf: ein möglicher Hinweis darauf, daß hier jeweils neue Wörter beginnen – um so mehr übrigens, als das Fragment ansonsten eine gewisse Tendenz zu Ligaturen, d. h. zum Ineinanderübergehen von Buchstaben aufweist [...].“[361]Abgesehen von den Neuauflagen des 1986 erstmals erschienenen Buches, hat C. P. Thiede in der

---

[358]   Vgl. O΄Callaghan, J.: Papiros neotestamentarios. S. 97.

[359]   Zu dieser Zahl kommt auch Thiede, C. P.: Der Jesus Papyrus. S. 61.

[360]   Vgl. Thiede, C. P.: 7Q5 – Eine Rückkehr. S. 550 – 552; ders.: Der Jesus Papyrus. S. 61; Hunger, H.: 7Q5: Markus 6, 52 – 53 – oder? S. 38: „Die Stichometrie, schon von O΄Callaghan aufgestellt, verlangt die Auslassung der Wortgruppe επι την γην [...].“; Rohrhirsch, F.: Markus in Qumran. S. 68.

[361]   Thiede, C. P.: Die älteste Evangelienhandschrift? S. 38 f.

Folgezeit diese Argumentationslinie nicht weiter verfolgt oder ausgebaut.[362] F. Rohrhirsch dagegen bewertet die Ligaturen und Worttrennungen sehr hoch. Sie werden sogar zu einem Kriterium der Bewertung alternativer Identifizierungs-versuche.[363]

b)   Wertung

Ein erster Einwand – terminologischer Art – kommt von unerwarteter Seite. H. Hunger, sonst ein vorbehaltloser Vertreter der markinischen Identifizierung, korrigiert: „Die Juxtapositionen – es sind keine Ligaturen! [...].“[364] H. U. Rosen-baum verweist auf die inhaltliche Schwäche des Ligaturen-Arguments. Einmal ist durch Materialunregelmäßigkeit des handgefertigten Papyrus häufig ein eben-so unregelmäßiges Schreiben bedingt.[365] Außerdem, so betont H. U. Rosenbaum, liegt ein weiterer Grund für die kleinen Freiräume zwischen verschiedenen Buchstaben des Fragmentes darin, „daß einige Buchstaben weder nach rechts noch nach links ausladen, so daß durch diese isolierte Stellung der optische Eindruck einer kleinen Lücke entsteht [...]. Ob ein solcher Zwischenraum [...] aber mit einer Fuge zwischen zwei Wörtern zusammenfällt oder mitten in einem Wort auftritt, hängt ausschließlich vom Schreiber und den vorgenannten Um-ständen ab.“[366] Trotzdem versucht F. Rohrhirsch, dieses Argument für die Identi-fizierungsthese zu retten: „Nur weil 7Q5 die Tendenz zu Ligaturen enthält, geben die Abstände zwischen nicht verbundenen Buchstaben Anlaß zu einer Vermu-tung.“[367] Das klingt zuerst plausibel. Aber eine genaue Überprüfung bietet fol-gendes Bild: Das von den Befürwortern einer Identifizierung von 7Q5 mit Mk 6, 52 – 53 geforderte των in Zeile 2 bietet nur zwischen dem τ und dem ω eine Juxtaposition, das angebliche ν ist eindeutig unverbunden.[368] Ebenso in Zeile 4, von den drei Buchstaben ννη sind nur das zweite ν und das η verbunden, nicht aber die beiden ν untereinander.

Das και in Zeile 3 macht sicherlich einen ´eigenständigen´[369] Eindruck, aber auch hier ist Vorsicht geboten. Noch einmal ist daran zu erinnern, daß aufgrund der schlechten Erhaltung des Papyrus die Möglichkeit nicht definitiv ausge-schlossen werden kann, daß zwischen dem η und dem κ in Zeile 3 einmal Buchstaben gestanden haben (vgl. Kapitel 5.2 b). Außerdem neigt der Buchstabe ι dazu, einen isolierten Eindruck auf den Betrachter zu machen, da er in der

---

362	Es gibt keine Hinweise auf die Ligaturen und Worttrennungen des 7Q5 in Thiede, C. P.: Papyrologische Anfragen; ebensowenig findet sich dieser Gedanke in ders.: Der Jesus Papyrus.
363	Vgl. Rohrhirsch, F.: Markus in Qumran? S. 68 – 72; 106.
364	Hunger, H.: 7Q5: Markus 6, 52 – 53 – oder? S. 36.
365	Vgl. Rosenbaum, H. U.: Cave 7Q5. S. 196.
366	Rosenbaum, H. U.: Cave 7Q5. S. 196.
367	Rohrhirsch, F.: Markus in Qumran? S. 70.
368	Das wird auch auf der extrem vergrößerten Abbildung bei Thiede, C. P.: Kri-minaltechnische Untersuchung. S. 243 deutlich.
369	Vgl. Rohrhirsch, F.: Markus in Qumran? S. 71.

Schriftart des Fragmentes 7Q5 einseitig nur nach links ausladend geschrieben wurde. Die Juxtaposition mit dem vorangehenden α war einfach zu erreichen. Ganz anders sieht es bei einer Juxtaposition zwischen dem ι und dem nachfolgenden τ aus. Miteinander verbunden, hätten sie kaum noch als zwei verschiedene Buchstaben wahrgenommen werden können, statt dessen wäre die Verwechslungsgefahr mit einem π sehr hoch. Es gibt dabei durchaus Möglichkeiten, sinnvolle Wörter mit dem nun nicht mehr zwingend selbständigen καί zu bilden, z. B. καίτοι oder καίτοιγε.[370]

Vor diesem Hintergrund wird ein weiteres Bewertungskriterium F. Rohrhirschs fraglich: „Wird ein Lösungsvorschlag geboten, der das και eigenständig aufführt, [...], dann kann auch ohne Computer nachvollzogen werden, daß ein derartiger Rekonstruktionsvorschlag mehr Plausibilität besitzt, als einer, der z. B. das και auftrennt."[371] Wenn aber das ʹeigenständige καιʹ fraglich geworden ist, dann sind es die daran anknüpfenden weiteren Argumente umso mehr!

Da im Mk der Satzanfang mit parataktischem καί sehr häufig ist, scheint eine Verbindung zwischen dem καί nach dem Spatium und einem Markustext unwiderstehlich zu sein. Mehrfach wird darauf verwiesen.[372] Für das biblische Griechisch – und solches ist im Umfeld von Qumran doch wohl am ehesten zu erwarten – ist parataktisches καί jedoch keine Seltenheit. So ist in Ps 17 (LXX) gleich an 55 Zeilenanfängen καί zu lesen, bei insgesamt 115 Zeilen dieses Psalms.

Ansonsten relativiert C. P. Thiede selbst den argumentativen Wert der Juxtapositionen und Worttrennungen dadurch, daß er das gleiche Phänomen beim neutestamentlichen $\mathfrak{P}^{52}$ beschreibt:[373] "Der Schreiber des p52, im Vergleich um einiges weniger sorgfältig als der des 7Q5, ist dabei nicht konsequent; die überflüssige Diairesis in Zeile 2 des Verso [...] und die unnötige völlige Isolierung des -ι- in Zeile 2 des Recto und Zeile 2 des Verso zeigen das ebenso wie das etwas seltsame -σ- in der Mitte von Zeile 3 des Verso. Darüber hinaus sind nicht überall die kleinen Abstände [zwischen den einzelnen Wörtern] befolgt [...]."[374] Die Zeile 2 des Verso ist dabei besonders auffällig:

---

370   Hinter dem τ in Zeile 3 ist von verschiedenen Forschern schon mehrfach ein ο vorgeschlagen worden, so daß sich diese Gedanken durchaus innerhalb des wissenschaftlich Möglichen bewegen. Ein ο halten für möglich: R. P. Boismard in DJD III. S. 144; Benoit, P.: Note. S. 322.

371   Rohrhirsch, F.: Markus in Qumran? S. 71.

372   Vgl. u. a. Thiede, C. P.: 7Q5. Eine Rückkehr. S. 548; ders.: Die älteste Evangelienhandschrift? S. 39 f.; ders.: Neutestamentliche Papyrologie. S. 16; sehr vorsichtig auch Betz, O./ Riesner, R.: Jesus, Qumran und der Vatikan. S. 146.

373   Darauf weist auch Rosenbaum, H. U.: Cave 7Q5. S. 196 hin.

374   Thiede, C. P.: Die älteste Evangelienhandschrift? S. 73. Schon Rosenbaum, H. U.: Cave 7Q5. S. 191 hatte bemängelt, daß C. P. Thiede „dem Schreiber des P52 eine »überflüssige Diairesis« vorwirft". Er verweist statt dessen darauf, daß sich „die Schreiber der Handschriften [...] nur selten (im christlichen Bereich fast nie) an diese »sinnvolle« Regel halten. Sie setzen das Trema über Jota und Ypsilon (im

κο]σμον ι ναμαρτ[für κο]σμον ινα μαρτ[. Es liegt auf der Hand, daß hier ein Identifizierungsvorschlag, der das ι ´eigenständig aufführt´ kaum ´mehr Plausibilität´ aufweist, um noch einmal den Argumentationsgang F. Rohrhirschs für 7Q5 aufzugreifen.

Ein willkürlich gewählter weiterer biblischer Papyrus – Papyrus Bodmer XXIV – zeigt schon auf der ersten Seite ganz ähnliche Phänomene. In Zeile 15 ist τη ημεραερευγεται statt τη ημερα ερευγεται zu lesen,[375] mit einer eindeutigen Juxtaposition zwischen dem α von ημερα und dem ε von ερευγεται, obwohl die Buchstaben des Papyrus Bodmer XXIV ansonsten nur selten Juxtapositionen eingehen. Wenige Zeilen weiter ergibt der Augenschein τη σοι κουμεν[für τησ οικουμεν[.[376]

c)   Fazit

In der *scriptio continua* kommen Juxtapositionen und Zwischenräume zwischen einzelnen Buchstaben vor. Diese können durchaus mit ´Wortgrenzen´ übereinstimmen, sie können aber auch in völligem Gegensatz zu den Wortgrenzen stehen. Dieser letztgenannte Fall stellt dabei keineswegs die Ausnahme dar. Die Juxtapositionen und getrennten Buchstaben von 7Q5 sind zufällig und sagen von sich aus nichts über Wortgrenzen im zu rekonstruierenden Text aus. Nicht einmal das angeblich auf jeden Fall eigenständige καί in Zeile 3 hielt einer kritischen Überprüfung stand.

Juxtapositionen und getrennte Buchstaben in 7Q5 haben keinen argumentativen Wert für eine Identifizierung des Fragments 7Q5 mit Mk 6, 52 – 53.[377]

Anlaut) ziemlich willkürlich, ohne Rücksicht darauf, ob ein Konsonant oder ein Vokal folgt." Darauf verweisen auch Turner/Parsons: Greek Manuscripts. S. 10: „One of these is the *trema* or *diairesis*: the pair of dots (sometimes a single dot, occasionally a horizontal) placed over a vowel (usually ι or υ). A distinction should be made between its ´organic´ use to separate those vowels in a cluster that do not belong together [...] and its ´inorganic´ use (very often simply to mark an initial vowel, αυτονῦμας, ϊνα, or to emphasize a final vowel, ουτοσϊ [...])." Die Autoren geben als Beispiel ϊνα an, also genau das Wort, das im 𝔓[52] in Zeile 2 des *recto* erscheint.

[375]   Vgl. Papyrus Bodmer XXIV. Taf. 1, Z. 15.

[376]   Papyrus Bodmer XXIV. Taf. 1, Z. 19. Es sei hier auch noch einmal auf das oben schon genannte Beispiel des Fragmentes 4QLXXDtn, Fragm. 1,2 verwiesen.

[377]   Dasselbe gilt selbstverständlich auch andersherum. Juxtapositionen und getrennte Buchstaben widersprechen keinesfalls der Identifizierung mit einem Text aus Mk, sie falsifizieren nicht die Identifizierungsthese, da sie in bezug auf diese These keinerlei verwertbare Aussage machen. Die oben angeführten Beispiele aus dem ntl. 𝔓[52] und dem atl. Papyrus Bodmer XXIV widersprechen eindeutig den Ausführungen F. Rohrhirschs: „Wenn aber der Schreiber die Buchstaben selbst schon ´verbindet´, wie in unserem Fragment, dann darf der Textkritiker die Entscheidung übernehmen, welche Buchstaben zu welchem Wort bzw. Wortteil gehören oder nicht [...]. Völlig unwahrscheinlich wäre meiner Meinung nach eine Rekon-

5.5 Die paläographische Datierung paßt zu Mk 6, 52 – 53

a) Darstellung

Von Befürwortern der markinischen Identifizierung wird betont, daß die paläographische Datierung des Fragmentes 7Q5 in den zeitlichen Rahmen dieser Identifizierung passe. C. P. Thiede schreibt beispielsweise dazu: „Ebenso unbestritten war lange Zeit die papyrologische Datierung der in 7Q gefundenen Fragmente: C. H. Roberts, Doyen der internationalen Papyrologie, hatte den Herausgebern der editio princeps schriftlich mitgeteilt, daß es sich um Papyri im sogenannten Zierstil handele, für die er einen Entstehungszeitraum von 50 vor bis 50 nach Christus ansetzte. [...] José O´Callaghan selbst zog in sorgfältiger Analyse andere, nicht-biblische Zierstil-Papyri heran und betonte, daß diese Schreibweise noch lange nach 50 n. Chr. im Gebrauch war. Ein Vergleich von 7Q5 mit anderen Handschriften ließ ihn jedoch die Datierung, die C. H. Roberts vorgelegt hatte – wohlgemerkt lange vor einer Identifizierung des Fragments! – bestätigen. Ein Zeitpunkt kurz vor 50 n. Chr. ist für 7Q5 papyrologisch und paläographisch als gesichert anzunehmen."[378]

Eine paläographische Datierung des Fragmentes 7Q5, die eine Abfassung vor der Zeitenwende sicherte, würde zwangsläufig die Ablehnung einer Identifizierung mit dem Markus-Evangelium nach sich ziehen, da dieses ja – alle einleitungswissenschaftlichen Erwägungen nun bewußt ignorierend – nicht vor dem Jahr 30, dem ungefähren Zeitpunkt des Todes Jesu, geschrieben worden sein kann. Wenn aber, wie C. P. Thiede behauptet, eine Abfassung „kurz vor 50 n. Chr. [...]" für 7Q5 papyrologisch und paläographisch als gesichert anzunehmen"[379] ist, dann ließe sich das problemlos zwischen die beiden Eckpfosten der Datierung unterbringen, den Tod Jesu um 30 und der Zerstörung Qumrans im Jahr 68.

---

	struktion [...], die z. B. für Zeile 3 folgende Distinktion fordern würde ...ηκα ιτ..." (Ebd. S. 69).
378	Thiede, C. P.: 7Q – Eine Rückkehr. S. 542. Noch deutlicher äußert er sich an anderer Stelle: „Doch der Zierstil ist so gut erforscht, und die Paläographen haben so viel Vergleichsmaterial, daß man jeden in dieser Schrift verfaßten Text genau datieren und präzise nach der Schriftepoche einordnen kann. In über zwanzig Jahren Forschungstätigkeit haben die Paläographen das 7Q5-Fragment mehrmals untersucht. Das Ergebnis steht absolut fest, und das Fragment ist klar um 50 nach Christus datierbar. Abweichungen von höchstens fünf Jahren sind noch möglich." (In: Paci, S. M.: Nicht später als 50. S. 54 f.). Diese Aussage ist abzulehnen. Eine wirklich gründliche Datierung des Fragmentes 7Q5 hat seit der Datierung durch C. H. Roberts kein erfahrener Papyrologe mehr unternommen. Eine paläographische Datierung mit einem Spielraum von nur fünf Jahren ist völlig ausgeschlossen. Auch die Behauptung, es gebe ´so viel Vergleichsmaterial´ ist falsch. Das Gegenteil ist richtig, P. J. Parsons betont in anderem Zusammenhang, bei der Datierung von 8HevXIIgr, die Schwierigkeit der Datierung dieser Zierstil-Schrift, da es so wenig Vergleichsmaterial gibt; vgl. Parsons, P. J.: The scripts and their Date. S. 19 f.
379	Thiede, C. P.: 7Q – Eine Rückkehr. S. 542.

So verstanden ist die paläographische Datierung also kein wirkliches Argument
für die Identifizierung. Die Datierung spricht jedoch nicht gegen eine mk. Identifizierung, falsifiziert also nicht die Identifizierungshypothese.

b)   Wertung

Die Formulierungen C. P. Thiedes täuschen eine paläographische Gewißheit
hinsichtlich der Datierung 'kurz vor 50 n. Chr.' vor, die so nicht besteht. Aus
diesem Grunde soll kurz der Gang und Stand der paläographischen Fragen dargestellt werden, soweit sie für das Fragment 7Q5 von Belang sind.
Die Erstveröffentlichung des Fragments äußert sich nur sehr knapp zur
Datierung: "L'écriture appartient au 'Zierstil' et peut dater de 50 av. à 50 ap. J.-
C."[380] Die Schrift des Fragmentes wurde also dem sogenannten *Zierstil* zugeordnet. Dieser Terminus wurde vom Papyrologen W. Schubart eingeführt: "Die
Sitte, den Fuß des Buchstabens, wo er es zuläßt, mit einem Strich zu zieren, ist
uns aus einer ganzen Anzahl besonders gut geschriebener Handschriften bekannt; ihre Anfänge haben wir bereits beobachtet. Wann sie sich voll entfaltet
hat, ist ebenso schwer zu sagen wie ihre Dauer; nur sehr vorsichtig darf man ihr
Leben auf mehr als ein Jahrhundert, etwa vom letzten Jahrhundert der Ptolemäer
bis gegen 100 n. Chr. ansetzen. [...] Verzierungen am Kopfe der Buchstaben,
verdickte oder ein wenig umgebogene Striche mangeln nicht, treten aber hinter
jener auffälligen Fußzierde zurück."[381] Schon in dieser ersten Äußerung fällt eine
gewisse Unsicherheit auf, wenn es um konkrete Zeitangaben geht.
Die genaueren Angaben in der Erstedition stützen sich auf eine schriftliche Analyse der Fragmente aus Höhle 7, die C. H. Roberts auf Bitten des Herausgebers
angefertigt hatte. 1972 veröffentlichte M. Baillet den Wortlaut des Briefes. Die
für das Fragment 7Q5 entscheidende Stelle lautet folgendermaßen: "I should
place it in the later first century B. C., not excluding the possibility of a date in
the first half of the first century A. D."[382] Es ist festzuhalten, daß sich C. H.
Roberts für eine Datierung des 7Q5 vor der Zeitenwende ausspricht, eine spätere
Abfassung allenfalls 'nicht ausschließen' möchte.
J. O'Callaghan versucht die Datierung, auf zwei außerbiblische Vergleichspapyri
gestützt, auf die Mitte des 1. Jahrhunderts festzulegen: "Con respecto a la
datación del papiro y visto el facsímil en la lámina XXX, parece poder aceptarse
la antigüedad propuesta. Efectivamente, la escritura de dicho papiro contiene
elementos paleográficos que se descubren en las láminas 16 (= «Fragment eines
Mädchenliedes [Παρθένειον] von Pindar. 1. Jh. v. Chr.») y 17 (= «Fragment
einer Ilias-Handschrift. 1. Jh. n. Chr.») de la Paleografía de R. Seider. Así, pues,
para nuestro papiro podemos admitir como fecha aproximada la mitad del siglo I

---

380   DJD III. S. 144.
381   Schubart, W.: Griechische Paläographie. S. 112.
382   Roberts, C. H.: Brief vom 17. 7. 1958. In: Baillet, M.: Les manuscrits de la Grotte
       7. S. 515.

p. C."[383] Es lohnt sich, beide von J. O´Callaghan angeführten Vergleichspapyri genauer anzusehen. Im Vergleich dieser Papyri aus dem ersten Jahrhundert vor und nach Christus mit dem Fragment 7Q5 wird deutlich, daß einzig der P. Oxy. 659, das Fragment eines Mädchenliedes von Pindar gewisse Ähnlichkeiten mit 7Q5 aufweist. Im P. Heid. Inv. Nr. 4011 fehlen die hier entscheidenden Häkchen an den Buchstaben ι und η, auch das τ ist völlig anders gestaltet. Ganz anders der Eindruck beim P. Oxy. 659: Die Häkchenbildungen in diesem Papyrus ähneln denen im 7Q5 in auffälliger Weise. Besonders bei den Buchstaben ι,η, τ und ν wird das deutlich. Der Vergleich des 7Q5 mit den beiden von J. O´Callaghan angeführten Papyri, läßt die paläographische Datierung in das 1. Jahrhundert nach Christus eher unwahrscheinlich erscheinen, deutet ebenfalls auf eine Datierung des Fragmentes 7Q5 vor der Zeitenwende hin.

Einen anderen Einwand erhebt J. A. Fitzmyer: „In other words, the span of 50 B. C. to A.D. 50 does not seem to be absolute; indeed, as far as I can see, examples of it span the two first centuries B. C. and A. D. and are illustrated in W. Schubart´s classic study, *Griechische Palaeographie* (pp. 111 – 114). So a date for the alleged Marcan fragment as late as A. D. 100 is not yet ruled out."[384] Seine Argumentation setzt bei der Zuordnung des Fragmentes 7Q5 zum *Zierstil* an. Häkchen und Serifen lassen sich zu verschiedenen Zeiten in griechischen Handschriften beobachten.[385] Da es solche auch noch über das 1. Jahrhundert nach Christus hinaus gibt, wäre es eben auch denkbar, daß ein Exemplar des Markus-Evangeliums irgendwann im 2. Jahrhundert in die Höhle gelangt ist – immer vorausgesetzt, die Identifizierung 7Q5 = Mk 6, 52 – 53 ginge auf.

Ganz ähnlich urteilt auch B. M. Metzger: "What Schubart called *Zierstil*, or ´decorated style´ with serifs and roundels, developed in the second and first centuries B.C. [...]; it continues to turn up in succeeding centuries at least as late as the third century A.D."[386] Aus diesem Grund stellt B. M. Metzger auch die Datierung J. O´Callaghans ausdrücklich in Frage: "The extended currency of this style of handwriting for several centuries B.C. and A.D. casts doubt on O´Callaghan´s attempt to date certain Greek papyrus fragments from Qumran Cave VII to about A.D. 50."[387]

Dieses Urteil kann sich auf den Papyrologen E. G. Turner berufen, der das Vorhandensein von Häkchen und dekorativen Rundungen nicht als geeignet ansah, um damit einen eigenen Stil – eben den *Zierstil* – zu definieren. Solche

---

[383]   O´Callaghan, J.: ¿Papiros neotestamentarios. S. 93; fast wortgleich auch in ders.: Los Papiros Griegos de la Cueva 7 de Qumran, S. 44 f.

[384]   Fitzmyer, J. A.: A Qumran Fragment of Mark? S. 648.

[385]   Vgl. auch Hunger, H.: Antikes und mittelalterliches Buch- und Schriftwesen. S. 78 f.

[386]   Metzger, B. M.: Manuscripts of the Greek Bible. S. 24.

[387]   Metzger, B. M.: Manuscripts of the Greek Bible. S. 24, Anm. 41.

Buchstabenverzierungen kommen seit mindestens 250 – 200 v. Chr. bis min-destens 217 n . Chr. vor.[388]
Es wird also deutlich, daß allein mit der Zuordnung der Handschrift des Frag-mentes 7Q5 zum sog. *Zierstil* die Frage der paläographischen Datierung nicht zu beantworten ist. Statt dessen konnte durch den Vergleich mit einem anderen Papyrus – gewissermaßen auf Anregung J. O´Callaghans geschehen – die Datie-rung gestützt werden, die schon 1958 von C. H. Roberts vorgelegt wurde: "in the later first century B. C., not excluding the possibility of a date in the first half of the first century A. D."[389] Es kommt nicht darauf an, *daß* Buchstaben mit Häkchen verziert werden, sondern *wie* sie verziert werden.
Auf diesem Hintergrund erscheint die Sicherheit, mit der C. P. Thiede das Frag-ment 7Q5 in die Mitte des 1. Jahrhunderts[390] oder sogar ausdrücklich "kurz vor

---

[388]   Turner/Parsons: Greek Manuscripts. S. 21 (fettgedruckte Zahlen bezeichnen die Abbildungen bei Turner/Parsons): "One sub-type to which I am reluctant to give recognition is that formal rounded writing in which the letters having vertical strokes are finished with serifs or decorated roundels: what Schubart calls the 'Zierstil', the *decorated style*. Of course there are handwritings in which such se-rifs and roundels are prominent features. But it is necessary to attend to the fre-quency with which the decorations occur (is there any stroke without them?) and the angle made by the arch or the serif with the vertical (is the serif horizontal or oblique? does it face left or right?). It might eventually turn out that writings in which every vertical stroke was finished with an obliquely angled serif could be restricted in time or place. Schubart himself was unwilling to give a currency of 'more than a century, from the last century of the Ptolemaic era to about A.D. 100' (*Gr. Pal.* p. 112) to his concept of the style. His successors have tended to extend the time limit: **63**, for instance, has been claimed for it (and **63** is of A.D. 200 – 250 in my view). In ii B.C. there are hands in which serifs are prominent (**12, 20**); they are there in i B.C. (**56**); and some serifs may be seen as early as **51** and **54**, i. e. in late iv B.C.. At the other extreme, serifs can be seen in documents dated *c.* A.D. 207 (**87**) and 217 (P. Oxy. xliii 3093). The presence of serifs and decorative roundels without further discriminant is, therefore, in my opinion inadequate to characterize a style; the objection might be alternatively expressed by pointing out that the time-span of a style so characterized would be so great that non-shared features among its members might be more important than their shared features. This point will recur a little later in the assessment of **28**."

[389]   Roberts, C. H.: Brief vom 17. 7. 1958. In: Baillet, M.: Les manuscrits de la Grotte 7. S. 515.

[390]   Thiede, C. P.: Die älteste Evangelienhandschrift? S. 37 f.: "Sicher blieb damit vorerst die Frage offen, wann *genau* dieses und die anderen Fragmente geschrie-ben wurden, doch wissen wir ja inzwischen, daß *paläographische* Datierungen nur Annäherungswerte ergeben können. Auch eine Untersuchung anderer Papyri des gleichen Schrifttyps, den C. H. Roberts, darin W. Schubart folgend, als »Zier-stil« bezeichnete, kann immerhin bestätigen, daß die Mitte des 1. Jahrhunderts n. Chr. das paläographisch wahrscheinlichste Datum ist." Dazu ist zu sagen, daß C. H. Roberts in seiner Datierung ausdrücklich zu einem anderen Ergebnis kommt.

50 n. Chr."[391] datiert, unverständlich. C. P. Thiede führt diese Datierung an, ohne zur Unterstützung Vergleichspapyri vorweisen zu können.

Das Fragment 7Q5 wird von P. J. Parsons bei der Datierung der *Greek Minor Prophets Scroll* (8HevXIIgr) herangezogen: "Of these unprofitable scraps [7Q4-9], no. 5 (assigned date: 50 B. C. – A. D. 50) shows some likeness to hands A and B (half-serifs, alpha in capital shape)."[392] Letztlich entscheidet sich P. J. Parsons bei der Datierung des 8HevXIIgr für eine Datum im ersten Jahrhundert v. Chr.[393] Das bedeutet aber, auf das Fragment 7Q5 zurückbezogen, daß auch hier eine Datierung in das erste Jahrhundert v. Chr. wahrscheinlicher ist. Auch für 7Q5 hatte Roberts das erste Jh. n. Chr. nicht ausgeschlossen, war also durchaus noch vorsichtiger bezüglich einer Datierung n. Chr.[394]

F. Rohrhirsch genügt die Zuordnung des Fragmentes 7Q5 zu den *Zierstil*-Papyri, die Vergleichspapyri J. O'Callaghans überprüft er nicht.[395] Unter der Voraussetzung, daß der *Zierstil* noch im 3. Jahrhundert n. Chr. benutzt wurde, spricht der paläographische Befund ja nicht gegen die mk. Identifizierung: "Zusammenfassend läßt sich nach der Diskussion um die Datierung der Höhlenverschließung sowie der Analyse des Schriftstiles von 7Q5 sagen, daß zumindest unter den bis jetzt genannten Gesichtspunkten, beim gegenwärtigen Kenntnisstand, keine argumentative Falsifizierung an der Identifizierungsthese von O'Callaghan vorgenommen werden kann."[396]

Die Datierung C. H. Roberts', die durch die Vergleichspapyri J. O'Callaghans nur noch wahrscheinlicher wurde, falsifiziert die mk. Identifizierung nicht, da C. H. Roberts die Möglichkeit einer Datierung in die erste Hälfte des 1. Jahrhunderts n. Chr. nicht völlig ausschließen möchte. Es müßte dennoch auch von

---

	Außerdem wurde deutlich, daß der Vergleich des Fragmentes 7Q5 mit anderen Papyri ebenfalls eine Datierung vor der Zeitenwende wahrscheinlicher macht.
391	Thiede, C. P.: 7Q – Eine Rückkehr. S. 542.
392	Parsons, P. J.: The Scripts and their Date. S. 25.
393	Parsons, P. J.: The Scripts and their Date. S. 25 f.: „Both hands give the impression of belonging to the late Ptolemaic or early Roman period. Some features favour an earlier rather than a later date; no feature recommends a later rather than an earlier date. I should therefore opt, tentatively (since I have seen only photographs, nor the originals) and with all the provisos listed above, for a date in the later i B. C.; the objectively dated parallels show that such a dating is possible, though not of course necessary. Dr C. H. Roberts and Mr T. C. Skeat have allowed me to cite their opinions. Dr Roberts would remain with his original estimate, ′50 B. C. – A. D. 50′. Mr Skeat [...] inclines to i B. C., and sees nothing which would bring the date down into i A. D."
394	Crisci, E.: Scritture Greche Palestinesi. S. 135 – 137 sowie ders.: Scrivere greco. S. 41 – 42 hält eine Datierung in der ersten Hälfte des 1. Jahrhunderts n. Chr. für möglich.
395	Zur Datierungsfrage vgl. Rohrhirsch, F.: Markus in Qumran? S. 31 – 34.
396	Rohrhirsch, F.: Markus in Qumran? S. 34.

F. Rohrhirsch erwähnt werden, daß diese Datierung – wenn auch nicht unmöglich – so doch eher unwahrscheinlich ist.[397]

c)   Fazit

Die paläographische Datierung des Fragmentes 7Q5 kann die mk. Identifizierungsthese nicht falsifizieren. Als Datierung kann – nach wie vor – gelten, was
C. H. Roberts schon 1958 vorgelegt hat: "I should place it in the later first
century B. C., not excluding the possibility of a date in the first half of the first
century A. D."[398] Die Datierung ´um 50 n. Chr.´ ist somit zwar eher unwahrscheinlich, aber eben nicht unmöglich.

Bei Befürwortern der ntl. Identifizierung wird das jedoch nicht deutlich. Scheinbar auf die Autorität des bekannten Papyrologen C. H. Roberts gestützt, wird
hier das eher Unwahrscheinliche ohne argumentativen Rückhalt "als gesichert"[399] erklärt.

---

[397]   Das gilt um so mehr, da F. Rohrhirsch den Aufsatz von M. Baillet kennt, in dem
        dieser die brieflichen Mitteilungen C. H. Roberts´ veröffentlichte (Vgl. ders.: Les
        manuscrits.). Er zitiert daraus (Rohrhirsch, F.: Markus in Qumran? S. 33) den Satz
        „7Q4-18: entre 50 avant et 50 après J.-C.". Dieser Satz neutralisiert aber bereits
        die Aussagen, die wenige Zeilen vorher in der Wiedergabe des Briefes von C. H.
        Roberts gemacht worden sind: „I should place it in the later first century B. C., not
        excluding the possibility of a date in the first half of the first century A. D." Die
        Aussage M. Baillets ist allein von C. H. Roberts abhängig, der somit die zu zitie-
        rende Instanz an dieser Stelle gewesen wäre. Aber die Datierung C. H. Roberts´
        läßt die mk. Identifizierung in einem weniger günstigen Licht erscheinen, als es
        bei der Formulierung M. Baillets der Fall ist.
[398]   Roberts, C. H.: Brief vom 17. 7. 1958. In: Baillet, M.: Les manuscrits de la Grotte
        7. S. 515.
[399]   Thiede, C. P.: 7Q – Eine Rückkehr. S. 542.

6. Argumente gegen die Identifizierung von 7Q5 mit Mk 6, 52 – 53

Bei der Darstellung der bisher vorgebrachten Argumente für die Identifizierung von 7Q5 mit Mk 6, 52 – 53 hat sich bereits gezeigt, wie wenig tragfähig diese Argumente sind. Entweder waren die Argumente wertlos – die angebliche *Paragraphos*, der Verweis auf Ligaturen – oder aber die genauere Untersuchung der Argumente erbrachte ein genau gegenteiliges Ergebnis, wie im Fall der paläographischen Datierung. Schon an diesem Punkt der Untersuchung ist also festzuhalten, daß eine ntl. Identifizierung für das Fragment 7Q5 in hohem Maße unwahrscheinlich ist. Nun sollen Argumente folgen, die gegen eine mk. Identifizierung sprechen.

6.1 Neutestamentliche Handschriften sind unwahrscheinlich in Qumran

Die Qumran-Forschung ist ein eigenes, mittlerweile völlig unüberschaubares Terrain. Die Zahl der Veröffentlichungen zu Qumran, den Schriftrollen, den Essenern umfaßt einige tausend Titel. Aus diesem Grund können hier nur wenige Fragen angesprochen werden. Eigentlich reichte ein kurzer Hinweis, nämlich die Überschrift dieses Kapitels: Neutestamentliche Handschriften sind unwahrscheinlich in Qumran. Wer jemals längere Textpassagen der Qumran-Schriften gelesen hat, wird zu eben diesem Ergebnis kommen.[400] Dennoch hat die These, 7Q5 sei ein Teil des Markusevangeliums, in Höhle 7Q seien weitere ntl. Schriften gefunden worden, ihre Befürworter zu weitreichenden Schlußfolgerungen verleitet. Vor allem C. P. Thiede ist seit seiner ersten Veröffentlichung von einer Frage bewegt: "Was bedeutet es, daß ein Markus-Fragment in einer Höhle von Qumran gefunden wurde?"[401]
Diese Frage kann jedoch auch anders formuliert werden: Ist es denkbar, daß ein christliches Evangelium in einer Höhle gefunden werden konnte, die nicht ein-

---

400   Es wird hier vorausgesetzt, daß es einen Zusammenhang zwischen den Höhlen, den Schriften und der Siedlung in Qumran gibt. Diese Annahme ist nicht unumstritten, stellt aber nach wie vor einen recht breiten Konsens innerhalb der Forschung dar. Es wird weiterhin davon ausgegangen, daß eben auch die Höhle 7Q und die in ihr gefundenen Papyri in einem Zusammenhang mit den anderen Höhlen und der Siedlung stehen. Die in Höhle 7Q gefundene Keramik ist typisch für die Siedlung und die anderen Höhlen in Qumran; sie ist somit ein wichtiger Hinweis auf das tatsächliche Bestehen eines Zusammenhanges.

401   Thiede, C. P.: 7Q – Eine Rückkehr. S. 558.

mal 100 m von der Siedlung Qumran entfernt ist? Auf welchem Weg und aus welchem Grund sollte diese Schrift zu den Bewohnern Qumrans gelangt sein? Wie schwierig die Beantwortung dieser Frage ist, zeigt sich schon an den vielen verschiedenen Erklärungsversuchen, die bisher von Befürwortern der mk. Identifizierung vorgetragen wurden. C. P. Thiede selbst hat seine Meinung zu diesem Thema immer wieder modifiziert. Zuerst ist er sich nicht sicher: "Es ist unwahrscheinlich, daß wir es bei den Benutzern der Höhle mit Qumranessenern zu tun haben, die sich einfach einmal darüber informieren wollten, was diese neue »Sekte« der Christen vorhatte. [...] Vielmehr dürften wir es hier [...] entweder mit zum Christentum konvertierten Essenern oder mit nicht-essenischen Judenchristen zu tun haben, die den neuen Glauben zu einer Gruppe tragen wollten, mit der sie entweder aufgrund ihrer Vergangenheit oder aufgrund persönlicher Kontakte in Jerusalem vertraut waren und zu der sie gewisse Affinitäten verspürten."[402] In einer Anmerkung zur Stelle gibt er eine weitere Erklärung, die sich auf B. Pixner beruft: Die Höhle 7Q sei „von zum Christentum konvertierten Essenern (vgl. Apg 6, 7) im Auftrag der jerusalemer Gemeinde auch als Sicherungsversteck für die wertvollsten Handschriften benutzt worden [...], als die Jerusalemer im Jahre 66 noch vor Beginn des Krieges gegen die römischen Truppen nach Pella auswichen."[403] Eines ist für C. P. Thiede jedoch klar: „es gab christliche Aktivitäten unter den Bewohnern von Qumran."[404] Später geht der Autor noch weiter: „Ebenso wahrscheinlich wie die Lektüre z. B. der essenischen »Gemeinderegel« durch die ersten Christen ist die Lektüre z. B. des Markusevangeliums durch die Essener in Jerusalem, Qumran und anderswo."[405] Kurz darauf äußert er sich dann wieder vorsichtiger: „Inwieweit sie [die Bewohner Qumrans] sich auf die Besonderheiten der christlichen Schriften auch gedanklich einließen, bleibt selbstverständlich eine ganz andere Frage."[406] Dennoch verkündet er selbstsicher: „Denn für den Historiker ist es aus einer ganzen Reihe von Gründen ohne weiteres einsichtig, daß griechische Fassungen des Alten Testaments und Abschriften erster christlicher Schriften – immerhin auch von Juden verfaßt, und zwar zu einer Zeit, als sich das Christentum vom Judentum noch nicht grundsätzlich gelöst hatte – bis nach Qumran gelangten."[407]
Wahrhaft abenteuerlich sind die Versuche der Befürworter ntl. Texte in Qumran, diesen Literatur-Transfer zu erklären. B. Pixner versuchte es folgendermaßen: „Als während des Jüdischen Aufstandes Gerüchte von den Niederlagen in Gali-

---

[402]   Thiede, C. P.: Die älteste Evangelien-Handschrift? S. 61 f.

[403]   Thiede, C. P.: Die älteste Evangelien-Handschrift? S. 79, Anm. 71.

[404]   Thiede, C. P.: Die älteste Evangelien-Handschrift? S. 63. Diese Aktivitäten scheint der Autor sich recht modern vorzustellen, eine christliche ´Arbeitsgruppe´ mit Missionsauftrag, ausgestattet mit atl. Texten, schließlich noch direkt aus Rom mit den aktuellsten christlichen Buchproduktionen versorgt – Schriftenmission. Qumran ist für C. P. Thiede ein „Einsatzort der ersten Botschafter des Glaubens".

[405]   Thiede, C. P.: Qumran: Skandale, Gerüchte, Bestseller. S. 14.

[406]   Thiede, C. P.: Das unbeachtete Qumran-Fragment 7Q19. S. 128.

[407]   Thiede, C. P.: Qumran und die Folgen. S. 65 f.

läa nach Jerusalem kamen, bereitete sich die judenchristliche Gemeinde auf die Flucht aus der heiligen Stadt vor. [...] Die wertvollen Papyrus-Rollen aus Rom wurden in einen Krug gegeben, dessen Außenwand mit der hebräischen Aufschrift רומא bezeichnet worden war. Der Verantwortliche bat nun einen aus der Gruppe von Priestern, die nach Apg 6,7 gläubig geworden waren und die ich mit vielen Forschern als Essener identifiziere, diese Schriften an einem sicheren Ort in der Wüste zu verbergen. Da diese Dokumente wohl zu den ersten Schriften gehörten, die in Höhlen versteckt wurden, wählte man die dem Qumran-Kloster am nächsten gelegene Höhle, die später mit 7Q bezeichnet wurde."[408]

Etwas unstrukturiert, grundsätzlich aber in ähnlicher Richtung, erscheint der Vorschlag von E. Ruckstuhl: "Gewiß dürfen wir voraussetzen, daß lange vor dem jüdischen Krieg, wahrscheinlich schon in den ersten Jahren der urchristlichen Geschichte die Botschaft von Jesus durch Jünger Jesu oder essenische JudenchristInnen, vielleicht sogar durch christlich gewordene Mönche der Essenersiedlung in Jerusalem nach Qumran gebracht wurde. Wenn, wie wir annehmen dürfen, eine größere Zahl von Priestern dieser Mönchsgemeinde sich schon früh der nachösterlichen Jesusbewegung anschloß (Apg 6, 7), so konnte das kaum ohne Folgen für die Mönche in Qumran bleiben. [...] Auf keinen Fall dürfen wir uns vorstellen, daß die Mönchsgemeinde in Qumran an den Ereignissen um Jesus, an seinem Tod und seiner Auferstehung und an der Entwicklung der nachösterlichen Jesusbewegung vorbeilebte, ohne davon innerlich getroffen und aufgerüttelt zu werden. Es ist auch recht wahrscheinlich, daß manche dieser Mönche zum Glauben an Jesus und seine Auferstehung kamen und Christen wurden, ohne ihre Wüstengemeinde zu verlassen. [...] Wenn das Mk, wie wir annehmen dürfen, durch den Jerusalemer Markus bald nach seiner Abfassung nach Jerusalem kam, kann eine Abschrift davon auch früh schon Qumran erreicht haben. Der in Höhle 7 gefundene Krug mit der Aufschrift rwma´ (= Rom?), könnte aber auch auf eine geradlinige Verbindung zwischen Qumran und der römischen Christengemeinde hinweisen. Möglich bleibt aber auch, daß die Jerusalemer ChristInnen vor ihrer Auswanderung nach Pella einen Teil ihrer Schriften nach Qumran brachten, um sie dort in Sicherheit zu bringen."[409]

Das konkreteste Szenario malt schließlich H. Burgmann: "Die Jahre vergehen. Die Chefbibliothekare in der Höhle 4 von Qumran kommen und gehen. Wieder steht eine Gruppe von Asylanten mit ihren Schriften unter dem Arm vor dem Chefbibliothekar. Dieser ist aber milde gesinnt und heißt die Ankömmlinge freundlich willkommen. [...] »Wir haben Euch schon früher erwartet,« sagt der Chefbibliothekar. »Eure Glaubensgenossen sind schon vor Wochen nach Pella im Ostjordanland ausgewandert. Doch die Freunde und Verwandten hier in Qumran rechneten sicher damit, daß Ihr kommen werdet, und erwarteten Euch

---

408 Pixner, B.: Archäologische Beobachtungen. S. 112.
409 Ruckstuhl, E.: Zur Essenergemeinde in Jerusalem. S. 136 f.

voller Sehnsucht. Nun seid Ihr endlich gekommen. Wir freuen uns. [...]« [...] Der
Anführer der Asylanten nimmt das Wort: »Für Eure Freundlichkeit und Euer
Entgegenkommen danken wir Euch sehr. Wir haben einige Schriften mitge-
bracht, die wir gerne in diesen unruhigen Zeiten gut verwahrt sehen möchten.«
»Wie ich sehe«, erwidert der Chefbibliothekar, »sind das aber seltsame Schrif-
ten: Papyri! Noch dazu griechisch beschriftet! Diese Schriften sind so ganz an-
ders als die Schriften unserer Gemeinde. Wir sind nämlich sprachlich ´Puristen´!
Für uns gibt es nur eine einzige Sprache: Die Sprache der Heiligen Schrift: das
heilige Hebräisch. [...] Eure Schriften bleiben in unserer Nähe. In unsere große
Bibliothek können wir sie nicht aufnehmen, sie werden in der angrenzenden
Höhle aufbewahrt. Damit entlasse ich Euch für heute.« Die Asylanten verneigen
sich und bringen die Papyri in die Nachbarhöhle."[410]
Es wird aus den Äußerungen dieser Autoren sofort deutlich: Es ist schwierig,
sich christliche Texte in Qumran zu denken. Wenn es so einfach und selbstverständlich wäre, wie es die Autoren immer wieder betonen, dann wäre doch ein
wenig mehr Einmütigkeit zwischen den Rekonstrukteuren der christlich-
qumranischen Begegnung zu erwarten. Schon untereinander sind die Positionen
schwer zu vereinbaren: C. P. Thiede betont die ´Mehrsprachigkeit´ der Essener,
hält es für ´wahrscheinlich´, daß in Qumran das Markusevangelium gelesen
wurde[411] - H. Burgmann dagegen besteht darauf, den Bewohnern Qumrans sei
Hebräisch eine heilige Sprache gewesen.[412]
Was ist von diesen Konstruktionen zu halten? C. P. Thiedes Annahme,
Qumraner könnten ganz selbstverständlich das Markusevangelium gelesen haben
ist schwerlich mit dem Textbefund der Qumran-Schriften zu vereinbaren. In der
sog. ´Sektenregel´, 1QS V, 18 - 20 ist eindeutig bestimmt: "Denn alle, die nicht
in Seinem Bund mitgezählt werden, sie sind abzusondern, sie und alles, was
ihnen (gehört). Und kein Mann der Heiligkeit stütze sich auf irgendwelche
Werke von Nichtigkeit, denn nichtig sind alle, die Seinen Bund nicht erkannt
haben, aber alle Verächter Seines Wortes wird er vertilgen aus der Welt. Alle
ihre Taten (gelten als) Menstruationsunreinheit vor Ihm und Unreines haftet an
all ihrem Besitz." Wo ist in diesem Text Platz für eine Gruppe außerhalb der
eigenen ´Gemeinde´? Müßte nicht ein christlicher Text selbstverständlich zur

---

410   Burgmann, H.: Die Höhle „7". S. 235 f.
411   Vgl. Thiede, C. P.: Qumran: Skandale, Gerüchte, Bestseller. S. 14.
412   Vgl. Burgmann, H.: Die Höhle „7". S. 236. Es sei zumindest bemerkt, daß ´das
       heilige Hebräisch´ nicht allein ´die Sprache der Heiligen Schrift´ ist, daß es ohne
       Kenntnis des Aramäischen nicht möglich ist, das Buch Daniel zu lesen. Weiterhin
       wurden in Qumran fast 100 aramäische Texte gefunden. Dabei kommen aramäi-
       sche Texte auch in der Höhle 1Q vor, in der nach H. Burgmann „die Hauptschrif-
       ten dieser sektiererischen Gemeinde" deponiert wurden (ebd.). Schon vorher hat
       der Autor ähnliche Konstruktionen erdacht, vgl. dazu Burgmann, H.: Die Esseni-
       schen Gemeinden. S. 429 – 437. Die ´Sorgfalt´ des Autors wird schon darin deut-
       lich, daß er B. Pixner durchgängig ´Pixter´ schreibt, aus P. Benoit wird bei ihm
       ´Bendit´ (S. 431).

Kategorie "Werke von Nichtigkeit" gezählt werden? Nun ist es nicht ausgeschlossen, daß auch solche Werke in Qumran existierten, viel weniger wahrscheinlich ist es aber wohl, daß man eben diesen 'unreinen Besitz' sorgfältig in einer Höhle verbarg, um ihn vor der Zerstörung zu retten.

Bei den meisten Autoren wird auf den direkten Kontakt zwischen Christen und Essenern hingewiesen. Einerseits soll dieser Kontakt in Jerusalem räumlich bestanden haben, Christen und Essener hätten in direkter Nachbarschaft gelebt.[413] Die These eines 'Essener-Quartiers' in Jerusalem ist jedoch alles andere als unumstritten, es gibt gute – archäologische – Argumente gegen diese Annahme, die zu größerer Zurückhaltung bei der Interpretation mahnen.[414]

Besonders wichtig erscheinen den oben angeführten Autoren die 'Priester' aus Apg 6, 7 zu sein. Der Grund ist recht einfach: Die Essener kommen als solche im NT nicht vor. Da sie jedoch vor allem bei Josephus als wichtige Gruppierung des Judentums zur Zeit Jesu erscheinen, stellt sich die Frage, *warum* von ihnen im NT nicht berichtet wird. Die anderen Gruppen – Pharisäer, Sadduzäer – werden selbstverständlich genannt.[415] Und so beginnt die Suche nach 'verborgenen Essenern' im NT. B. Schwank vermutet z. B. hinter "den, offensichtlich unverheirateten, Geschwistern in Betanien" 'essenische Kreise'.[416]

Apg 6, 7 zieht Deutungen an, die darin einen Hinweis auf Essener sehen möchten:[417] "Und das Wort Gottes wuchs, und es mehrte sich die Zahl der Schüler in Jerusalem sehr, und eine große Menge der Priester gehorchte dem Glauben." Der Gedankengang ist einfach.[418] Da die Tempelpriester Sadduzäer waren – "sagend, nicht gebe es Auferstehung" (Mt 22, 23) – können mit 'einer großen Menge der Priester' nur Essener gemeint sein, die sich selbst als

---

413   Vgl. Pixner, B.: Archäologische Beobachtungen; ders.: Wege des Messias. Ausführlich dargestellt bei Riesner, R.: Essener und Urgemeinde.

414   Vgl. Schwank, B.: Gab es zur Zeit der öffentlichen Tätigkeit; Wenning, R.: Essener auf dem Zion?

415   Vgl. zu Quellen und Quellenverarbeitung in den Essener-Berichten bei Flavius Josephus Bergmeier, R.: Die Essener-Berichte. Hier wird auf die Quellenbenutzung durch Josephus hingewiesen.

416   Schwank, B.: Gab es zur Zeit der öffentlichen Tätigkeit. S. 129.

417   Vgl. dazu Schwank, B.: Gab es zur Zeit der öffentlichen Tätigkeit. S. 129; Pixner, B.: Archäologische Beobachtungen. S. 112; Ruckstuhl, E.: Zur Essenergemeinde. S. 136; Riesner, R.: Essener und Urkirche. S. 146; die ältere Diskussion bei Braun, H.: Qumran und das Neue Testament I. S. 153 f.

418   Als Beispiel sei Thiede, C. P.: Essener wurden Christen. S. 21 zitiert: „In der Tat findet sich im Neuen Testament ein erst jetzt sicher zu verstehender Hinweis auf die Hinwendung zahlreicher führender Essener zum Christentum: Im sechsten Kapitel der Apostelgeschichte (Vers 7) wird von einer großen Anzahl Priester berichtet, die sich dem christlichen Glauben zuwandten. Die sadduzäischen Priester konnten das nicht sein, die Pharisäer hatten keine Priester, mithin bleibt hier nur die essenische, priesterliche Führungsschicht." Ganz ähnlich aber auch Schenke, L.: Die Urgemeinde. S. 45, 68.

priesterliche Gemeinschaft definierten.[419] So einfach sollte in dieser Frage aber nicht argumentiert werden. Ca. 8.000 Tempelpriester gab es zur Zeit Jesu in Jerusalem.[420] Schon zehn von ihnen dürften im Rahmen der Urgemeinde als ´eine große Menge der Priester´ erscheinen. Diese zehn Priester stellten dabei nicht einmal zwei Promille der Gesamtzahl sadduzäischer Priester dar. Zwei Promille ´theologische Abweichler´ müßten auch für diese Gruppe denkbar sein.[421] Außerdem: Der Vers 6, 7 darf nicht isoliert betrachtet werden. M. E. ist er auf dem Hintergrund von Apg 4, 1 f. zu verstehen. Petrus redet auf dem Tempelplatz. "Während die aber reden zum Volk, hintraten zu ihnen die Priester und der Befehlshaber des Heiligtums und die Saddukaier, aufgebracht, weil, sie das Volk lehren und verkünden in Jesus die Auferstehung aus Toten [...]." Wer in Apg 6, 7 Essener sieht, muß sie auch in Apg 4, 1 f. erkennen. Dagegen spricht aber das einmütige Auftreten zusammen mit den Sadduzäern. Zwischen Apg 4, 1 und 6, 7 wird ein weiter Bogen gespannt. Petrus und Johannes werden festgenommen, freigelassen, wieder festgenommen, wundersam befreit, erneut vor den Hohen Rat geführt. Darin eingeschaltet finden sich Hinweise zur ´Organisation´ der Urgemeinde.[422] Wenn nun zuerst (Apg 4, 1 f.) eine ´geschlossene Front´ aus Priestern, Tempelhauptmann, Sadduzäer den ersten Christen entgegentritt, dann zeigt sich im Laufe der Kapitel 4 – 6 eine immer größer werdende Unsicherheit dieser Gegener. Das Eingreifen des Pharisäers Gamaliel (Apg 5, 34 – 39) führt schließlich zur Freilassung der Apostel. Die harte Front ist im Innern erweicht. Die Folgen zeigen sich in Apg 6, 7: Nun Wechseln sogar einige der Priester die Seite. Diese Bekehrung ist ein Resultat der Vorgänge von Apg 4, 1 bis Apg 6, 7, die von den Priestern miterlebt wurden. Wer hier nur an essenische Priester zu denken vermag, schließt die Möglichkeit von Bekehrungen aus, bezweifelt damit

---

[419]   Vgl. Maier, J.: Die Qumran Essener III. S. 47 f.

[420]   Vgl. Haenchen, E.: Die Apostelgeschichte. S: 257 f.; Mußner, F.: Apostelge- schichte. S. 42; Schille, G.: Die Apostelgeschichte. S. 174; Schneider, G.: Die Apostelgeschichte. S. 430.

[421]   So auch die Position fast aller Kommentare, für die stellvertretend Weiser, A.: Die Apostelgeschichte. S 167 zitiert werden soll: „Daß auch jüdische Priester sich der Christengemeinde anschlossen, scheint nicht unmöglich, wenn man bedenkt, daß es sehr viele Priester gab und daß zwischen ihnen und den höheren Priesterklassen mancherlei Spannungen bestanden. Für die Annahme, es habe sich um Priester aus Qumran gehandelt, gibt es keine überzeugenden Argumente.". Ähnlich auch Haenchen, E.: Die Apostelgeschichte. S. 262; Mußner, F.: Apostelgeschichte. S. 42; Schille, G.: Die Apostelgeschichte. S. 174. Nicht näher gehen die Kommenta- re von Schmithals, W.: Die Apostelgeschichte. S. 67, sowie Lüdemann, G.: Das frühe Christentum. S. 83 auf die Frage nach der Identität der Priester ein.

[422]   Auch wenn – vor allem die Hananias und Saphira Perikope wird hier oft genannt – für die Hinweise zur sozialen Organisation der Urgemeinde immer wieder esse- nischer Hintergrund behauptet wird, zeigt Stegemann, H.: Die Essener. S. 355 – 357, daß diese Erklärung eben nur eine Möglichkeit ist, noch dazu eine sehr un- wahrscheinliche, da es eben auch deutliche Unterschiede zu den Verhältnissen gibt, die aus den Qumran-Texten deutlich werden.

letztlich, daß die Botschaft von der Auferstehung Jesu für die Zeitgenossen glaubhaft war.[423]

Immer wieder wird auch der in der Höhle 7Q gefundene Tonkrug mit der hebräischen Aufschrift "רומא" von den Befürwortern der ntl. Identifizierung als Argument angeführt. Seit J. A. Fitzmyer 1972 vorschlug, statt eines Personennamens könne damit auch die Stadt Rom gemeint sein,[424] wird das als weiteres Indiz für die ntl. Identifizierung gebraucht. Sicher, es ist ein verlockender Gedanke: Ein Markus-Evangelium, in Rom geschrieben, in Qumran schließlich in einem Krug verpackt, mit der Aufschrift 'Rom' versehen. Aber schon H. U. Rosenbaum hat die entscheidenden Bedenken vorgetragen:[425] In Qumran gibt es keine weiteren Krugaufschriften, die sich als Ortsbezeichnungen deuten lassen.[426] Ein Blick auf Keramikfunde aus Masada zeigt: Auch hier gibt es bein-

---

[423] Es sei hier nebenbei noch auf eine andere Möglichkeit der Erklärung gewisser 'qumranischer Gedanken' im NT hingewiesen: M. Broshi hat darauf aufmerksam gemacht, daß sich im Talmud Spuren anti-qumranischer Polemik finden. Er schließt daraus: „If we are right in our surmise and Qumranic beliefs and practices were still in circulation all through the first millenium CE, far reaching consequences must follow. The most important of which would be a new interpretation of the relation between the Karaites and Qumran. The prevalent explanation of the multitude of common traits between the two is that the Karaites, in quite a developed stage in their history came upon the discovery of manuscripts near Qumran (ca. 800 CE) and derived therein many of their teachings. It seems to us more likely that an underground movement, spiritual descendants of Qumran, existed for many centuries and they parented Karaism." (Broshi, M.: Anti-Qumranic Polemics. S. 599 f.). Zuerst ist zu bemerken, daß es keinen Widerspruch zwischen der Neuentdeckung der Schriften in einer Höhle und einem Fortbestehen einer qumranischen Bewegung gibt. Der antike Bericht über den Schriftenfund in einer Höhle läßt sich durchaus dahingehend deuten, daß es kontinuierliches Wissen über die Umstände der Aufgabe Qumrans und das Verbergen der Handschriften gegeben hat; vgl. dazu Segert, S.: Ein alter Bericht. S. 268 f. Wenn sich die These eines langen Nachwirkens qumranischer Elemente erhärten läßt, dann können 'essenische' Einflüsse das Christentum auch noch viel später erreicht haben. Einen direkten Kontakt mit Qumran anzunehmen, ist dann nicht mehr nötig. Nach dem ersten jüdischen Aufstand ist sicherlich auch für die Qumran-Gruppe mit einer 'Diaspora-Situation' zu rechnen. Aber solche Gedanken bleiben derzeit noch Spekulationen.

[424] Vgl. Fitzmyer, J. A.: A Qumran Fragment of Mark? S. 649.

[425] Vgl. Rosenbaum, H. U.: Cave 7Q5. S. 203.

[426] Aus diesem Grund ist auch der Hinweis C. P. Thiedes belanglos, daß es andernorts in Palästina Krugaufschriften gegeben habe, die Ortsbezeichnungen enthalten (vgl. ders.: Die älteste Evangelien-Handschrift? S. 83). Vergleichspunkt ist in erster Linie Qumran. Bei genauer Betrachtung zeigt sich weiterhin, wie wertlos die Hinweise C. P. Thiedes auf diese Kruginschriften sind. Einmal verweist er auf einen beinschrifteten Krug aus Gibeon. Auf dem Henkel findet sich die Aufschrift 'Gibeon' (Abb. in: *Das Große Bibellexikon I.* S. 463). Leider wird in dem von C. P. Thiede angeführten Lexikon-Artikel nichts über die Zeitstellung dieser Kera-

schriftete Keramik. So fanden sich 23 Krüge und Krug-Fragmente, auf die der Personenname Ζήνων geschrieben war.[427]
Die Machart des Kruges aus Höhle 7Q ist typisch für Qumran; weitergehende Folgerungen, bis dahin, der Krug sei aus Rom zugesandt worden, sind schon deshalb abzulehnen. Auch ist der behauptete Zusammenhang von Papyri und Krug alles andere als erwiesen. Die Tatsache, daß in anderen Höhlen Schriftrollen in Krügen gefunden wurden, bedeutet ja nicht, daß dieser Befund auch für alle anderen Höhlen anzunehmen ist.[428] Zuletzt verweist H. U. Rosenbaum noch darauf, "daß der oder die Besitzer bzw. Benutzer griechisch geschriebener Handschriften, wenn sie denn schon ihre Handschriften in einem Krug aufbewahrten, den Vermerk über die Besitzverhältnisse auch in Griechisch angebracht hätten (ein Argument, das natürlich auch dann gilt, wenn die hebräische Krugaufschrift eine Person meint)."[429]
Immer wieder klingt in den oben vorgestellten Szenarien auch eine Verbindung zwischen den Texten aus der Höhle 7Q und der Flucht der Urgemeinde nach Pella an. Über diese Flucht ist bei Eusebius zu lesen: "[...] als endlich die Kirchengemeinde in Jerusalem in einer Offenbarung, die ihren Führern geworden war, die Weisung erhalten hatte, noch vor dem Krieg die Stadt zu verlassen

---

mik ausgesagt. Die Keramikfunde stammen aus dem berühmten Brunnenschacht von Gibeon, der bereits in der Eisenzeit abgeteuft worden ist. *Das Große Bibellexikon I.* S. 464: „Der Schutt im Schacht enthielt viele Henkel von Vorratskrügen, die mit Königs-Stempeln gesiegelt oder mit dem Namen des Besitzers des Ortes G. [= Gibeon] beschriftet waren." Das und die weiteren Funde und Befunde der Umgebung deuten darauf hin, daß die Aufschrift in die Königszeit, vielleicht in das siebte Jahrhundert v. Chr. zu datieren ist. Das ist kein brauchbares Vergleichsstück für Qumran-Funde aus den beiden Jahrhunderten um die Zeitenwende. Weiterhin handelt es sich um einen Krughenkel aus Gibeon, auf dem Gibeon steht, auch das kann mit der Inschrift aus 7Q schlecht verglichen werden. Nebenbei: Es handelt sich um eine *Einritzung* auf dem Krughenkel, nicht um eine *Beschriftung* des Korpus. Das zweite Beispiel, das C. P. Thiede anführt, ist ein in Lachisch gefundener Krughenkel mit der Aufschrift ́schwkh ́ (= Socho), Abb. in: *Das Große Bibellexikon III.* S. 1455. Jedoch ist auch das nicht mit Qumran zu vergleichen. Die Zeitstellung ist zu unterschiedlich, der Henkel aus Lachisch gehört in das siebte Jahrhundert v. Chr.! Weiterhin ist dieser Henkel auch nicht beschriftet, sondern der Ortsname findet sich innerhalb eines königlichen Stempels, ist also vor dem Brennen der Keramik eingedrückt worden.

427 Vgl. Masada II. S. 184 – 190, sowie Taf. 33 – 35. Ebd. S. 184: „Twenty-three jars and fragments of jars all contain the name Ζήνων, undoubtedly that of the owner."

428 Gerade in der Archäologie muß mit solchen Kombinationen äußerst vorsichtig umgegangen werden, jeder Fundplatz ist zuerst ohne schnelles Kombinieren mit anderen Plätzen zu erschließen.

429 Rosenbaum, H. U.: Cave 7Q5. S. 203. Dieses Argument wird durch die Behauptungen Thiedes die ́Mehrsprachigkeit ́ der Qumraner betreffend eher noch stärker.

und sich in einer Stadt Peräas, namens Pella, niederzulassen, und als sodann die
Christgläubigen von Jerusalem weggezogen waren [...]."[430] Da es wahrscheinlich
ist, daß hinter dieser Tradition historische Vorgänge stehen,[431] ist der Hinweis zu
prüfen, ob auf der Flucht christliche Dokumente in Qumran deponiert werden
konnten.

Zuerst wird in der Pella-Notiz bei Eusebius deutlich, daß es sich keineswegs um
eine überstürzte Flucht handelt. Deutlich vor dem Krieg, vor dem Nahen der
römischen Truppen, verlassen die Christen Jerusalem. Bei diesem Unternehmen
wären Schriften sicherlich mitgenommen worden, Zeit genug war da, den
Transport zu organisieren. Wenn aber – schwer vorstellbar – die Schriften bei
der Flucht über alle Maßen hinderlich waren, warum sollte man sie erst in
Qumran deponiert haben? Ist es nicht viel wahrscheinlicher, daß die 'überzähl-
ligen Gepäckstücke' gleich in Jerusalem zurückgelassen wurden? Warum sollte
man die Schriften erst mehr als 20 km weit durch die Wüste nach Qumran
tragen? Warum überhaupt eine Höhle in größtmöglicher Nähe zur Siedlung
Qumran, wo es doch auch zahlreiche andere Höhlen in der Umgebung gibt, die
sich als Versteck ebenso anboten?

Da gerade die Höhle 7Q besonders nah an der Siedlung Qumran liegt, ist
anzunehmen, daß Bewohner dieser Siedlung die Texte in der Höhle unterge-
bracht haben. Oben wurde bereits darauf hingewiesen, daß Anweisungen in den
Qumran-Texten eine eindeutige Sprache gegen die Aufnahme christlicher Texte
in Einrichtungen des eigenen Verbandes sprechen. Dennoch gehen H. Burgmann
und E. Ruckstuhl hier geradezu von freundschaftliche Verbindungen zwischen
den Qumranern und den Christen aus Jerusalem aus, bis hin zu einer
'Doppelmitgliedschaft', als christlicher Qumraner.[432] Es genügt eine einzige
Passage aus der 'Sektenregel', 1QS I, 16 – 18, um zu zeigen, wie wenig diese
Annahmen mit der Qumran-Gruppe zu tun haben, die uns aus den Qumran-
Texten entgegentritt: "Und alle, die eintreten in die Ordnung der Einung,
begehen einen Bundesschluß vor Gott, um zu handeln gemäß allem, was Er
befohlen, und nicht von Ihm abzufallen aus irgendeiner Furcht, Schreknis und
Läuterung [...] in der Herrschaft Belials."

Weiterhin ist zu bedenken, daß neutestamentliche Handschriften auch im Bereich
der Höhle 7Q aus dem Rahmen fallen würden. Die schon in der Erstedition
identifizierten Fragmente 7Q1 und 7Q2 enthalten Texte des AT, weitere
Fragmente aus der Höhle 7Q werden mit Texten des Henoch-Buches identifi-

---

430   Eusebius: Kirchengeschichte 3, 5, 3.
431   Vgl. dazu Wehnert, J.: Die Auswanderung der Jerusalemer Christen nach Pella. Er
        kommt zu folgendem Ergebnis: „Es existieren sowohl zwingende Gründe, daß
        Euseb in HE 3, 5, 3a auf eine Überlieferung zurückgreift, als auch gewichtige In-
        dizien dafür, daß diese Überlieferung [...] eine historische Grundlage besitzt [...]."
        (Ebd., S. 254).
432   Vgl. Ruckstuhl, E.: Zur Essenergemeinde. S. 137; ähnliche Thesen schon vorher
        in ders.: Der Jünger, den Jesus liebte.

ziert.[433] Diese Zuordnung, schon 1988 erstmals vorgetragen,[434] ist mittlerweile in der Fachwelt akzeptiert.[435] Nichts deutet darauf hin, daß es sich bei der Höhle 7Q um eine "frühchristliche Papyrussammlung in griechischer Sprache, die aus Rom gekommen war"[436] handelt.

An dieser Stelle soll jedoch abgebrochen werden. Es wird deutlich: Keineswegs kann das Vorkommen christlicher Schriften in Qumran problemlos und schnell erklärt werden. Es ist in hohem Maße unwahrscheinlich, daß es Kontakte zwischen Qumran und den ersten Christen gegeben hat, die so weit gingen, daß es schließlich zum Austausch von Schriften gekommen ist. Mehr kann an dieser Stelle nicht geleistet werden, mehr ist auch durch gründlichere Untersuchung nicht zu erreichen.

Ein wirkliches Argument ist das selbstverständlich nicht. Wenn tatsächlich eindeutig identifizierte christliche Texte in Qumran gefunden würden, müßte noch einmal ganz neu nachgedacht werden. Da die Identifizierungsthese 7Q5 = Mk 6, 52 – 53 sich aber bis hierhin bereits als kaum begründet erwiesen hat, darf darauf verwiesen werden, daß die Identifizierung aus diesem weiteren Grund unwahrscheinlich ist.

Fazit:
Es ist in hohem Maße unwahrscheinlich, daß es christliche Schriften in Qumran gegeben hat. Es kann nicht erklärt werden, warum christliche Texte nach Qumran gekommen sein sollten, außerdem sprechen die Bestimmungen in den Qumran-Texten gegen die Möglichkeit solcher Vorgänge.

6.2   Neutestamentliche Handschriften auf einer Schriftrolle sind unwahrscheinlich

Sollte sich die These 7Q5 = Mk 6, 52 – 53 bewähren, dann käme dem Fragment 7Q5 nicht nur die Ehre zu, der älteste Textfund des Neuen Testaments zu sein, das Fragment wäre auch das einzige eindeutige Beispiel für einen ntl. Text aus einer Schriftrolle. Alle bisherigen Textfunde des NT sind beidseitig beschriftet, entstammen also *Kodizes*. Die wenigen Ausnahmen von dieser Regel erscheinen nach genauer Betrachtung in anderem Licht.[437]

---

433   Puech, É.: Notes sur les fragments grecs; ders.: Sept fragments grecs; daneben die interessanten Studien des Autodidakten E. A. Muro; ders.: Prologue; ders.: The greek fragments; ders.: 7Q Enoch.

434   Vgl. Nebe, G. W.: 7Q4.

435   Vgl. z. B. Flint, P. W.: „Apokrypha", S. 41 - 45

436   Thiede, C. P.: Ein Fisch. S. 318.

437   Es gibt allerdings Ausnahmen von der Regel der beidseitigen Beschriftung mit ntl. Text. Aland/Aland: Der Text. S. 111 führen vier Ausnahmen an: $\mathfrak{P}^{12}$, $\mathfrak{P}^{13}$, $\mathfrak{P}^{18}$, $\mathfrak{P}^{22}$. In keinem der vier Fälle handelt es sich jedoch um eine Rolle, die in der übli-

chen Weise allein einseitig mit einem ntl. Text beschrieben war, alle vier Papyri stellen Ausnahmefälle dar. Im einzelnen gibt Aland, K.: Studien zur Überlieferung. folgende Beschreibungen: „$\mathfrak{P}^{12}$: Fragment einer Rolle (20,8 x 23) in voller Höhe erhalten, mit Teilen eines (christlichen) Briefes in drei Kolumnen (Kolumne 1 unteres Viertel zu einem Drittel, Kol. 2 fast ganz, Kol. 3 zu vier Fünftel über die ganze Höhe erhalten). Am oberen Rand der 2. Kolumne steht in 3 Zeilen zu 21 – 23 Buchstaben der ntl. Text (Hebr. 1, 1) von anderer Hand (Schreibübung o. ä.), auf dem ursprünglich leeren v^0 des Fragmentes auf der oberen Hälfte des mittleren Drittels von etwas späterer Hand in einer Spalte mit 16 Zeilen Genesis 1, 1-5 (LXX), daneben in Parallelspalte Gen. 1, 1-5 (Aquila), restliche Fläche leer. Ende III. Jhdt." Ebd.: „$\mathfrak{P}^{13}$: Fragmente, z. T. in voller Höhe (26,3 cm), von einer Rolle mit den Livius-Epitomai (Lateinisch), der ntl. Text als Opistograph (also auf v^0) in gezählten Kolumnen mit 23 – 27 Zeilen zu durchschnittlich 34 – 36 Buchstaben (Maße der Kolumne 19 – 20 x 14 – 17,5), erhalten sind in unterschiedlicher Vollständigkeit die Kolumnen 47 – 50, 61 – 65, 67 – 69 (Teile von 64 u. 62 in Florenz, der Rest in London). Der Zählung nach müßten dem Text des Hebr.-Briefes noch eine (andere) (ntl.) Schrift(en) vorangegangen sein. Erhaltener Text: Hebr. 2, 14-5, 5; 10, 8-22 (teilweise in Florenz); 10,29-11, 13; 11,28-12,17. III/IV. Jhdt." Ebd. S. 112 f.: „Fragment (15, 1 X 9, 8) vom Ende einer Rolle mit Exodus 40, 26 – 32 (LXX); als Opistograph der ntl. Text (gegenläufig zum r^0 geschrieben, d. h. auf der Rolle von hinten nach vorn). [...] Erhaltener Text: Apok. 1, 4 – 7. III./IV. Jhdt." Ein besonderes Problem stellt allein der $\mathfrak{P}^{22}$ dar. Ebd, S. 114: „Zwei Fragmente (5 X 3,5 und 18,5 X 5) von aufeinanderfolgenden Kolumnen einer Rolle, Text auf v^0, r^0 leer (Opistograph auf unbeschriebenen Schutzblättern vom Anfang oder Ende einer Rolle?); das kleinere Fragment mit Resten von den oberen 8 Zeilen, das größere mit z.T. stark abgesplitterten Resten von den oberen 29 Zeilen je einer Kolumne, bei beiden Fragmenten Reste des oberen Randes erhalten. Von beiden Kolumnen fehlen die Seitenteile (zusammen etwa das Doppelte bis Dreifache der erhaltenen Reste), die Interkolumnien und die unteren Teile; zwischen der letzten Zeile des kleinen Fragments und der ersten des großen fehlen etwa 39 – 40 Zeilen. Die Kolumne hatte demnach 47 – 48 Zeilen und maß etwa 25 – 26 x 10, die Rolle hatte ursprünglich wohl eine Höhe von knapp 30 cm. (Wenn die Kolumnen gleichmäßig geschrieben waren, würde das Joh.-Evangelium etwa 50 Kolumnen dieses Umfanges umfaßt haben, unsere Kolumnen wären dann etwa die 37. und 38.). Daß das r^0 der Rolle unbeschrieben ist, könnte dann – mit aller Vorsicht natürlich – wie folgt erklärt werden: Auf einer Rolle von etwa 20 Blatt des Folio-Formates (Blattgröße 30 x 25) war in aufwendiger Weise (mehrere Schutzblätter vorn und/oder hinten) ein anderes (klassisches?) Werk geschrieben. Später wurde auf dieser Rolle als Opistograph das Joh.-Ev. geschrieben, das aber die vorhandene Rollenlänge trotz der kleinen und engen Schrift übertraf. Der Schreiber gelangte mit dem erhaltenen Text bereits in den Bereich der unbeschriebenen Schutzblätter und brach ab, um auf einer anderen Rolle fortzufahren oder klebte Teile einer anderen Rolle an - er benötigte noch etwa 6 Blatt eines derartigen Rollenformats. Voraussetzung für diese Hypothese ist, daß etwa 2 Kolumnen des Joh.-Ev. sich ungefähr mit der Blattbreite decken würden, bis Kap. 16 sind knapp 20 Blatt mit 37 – 40 Kolumnen nötig. Erhaltener Text: Joh. 15, 25 – 16, 2.21 – 32. III. Jhdt." Unabhängig von allen Erklärungen wird deutlich, daß es sich um einen Ausnahmefall handelt. Die Tatsache, daß der Bogen nur auf dem

K. Aland erwähnt die Tatsache der absoluten Vorherrschaft des christlichen Kodex, möchte dennoch nicht damit argumentieren, da es ja immerhin denkbar ist, daß ein so frühes Fragment, wie es im Falle von 7Q5 angenommen werden müßte, zu einem Zeitpunkt geschrieben wurde, zu dem der Wechsel von Rolle zu Kodex noch nicht vollzogen war.[438] Dennoch darf auf die Tatsache hingewiesen werden, daß bis heute kein unbestrittenes ntl. Fragment von einer Rolle vorliegt. Dieser Befund kann legitim dahingehend interpretiert werden, daß im frühen Christentum das Schrifttum eben "von Anfang an in Kodex-Form gehalten"[439] war. Nur diese These verfügt über einen gewissen materialen Anhalt. Die Gegenthese, daß anfangs auf Rollen geschrieben wurde, verlangt die Hilfs-Hypothese, daß es einen Wechsel dieser Schreibgewohnheit gegeben hat. Dieser Wechsel muß so früh und so durchgreifend stattgefunden haben, daß sich keinerlei materiale Reste von ntl. Schriftrollen erhalten haben.

Für den ungefähren Zeitpunkt und den Anlaß dieses Wechsels werden nun von verschiedenen Autoren ganz unterschiedliche Hypothesen aufgebracht.[440] C. H. Roberts schlug 1954 folgende These vor: Der Evangelist Markus habe sein Evangelium in die ihm aus Rom vertrauten Pergament-Notizbücher geschrieben, für deren Existenz es einen literarischen Beleg aus den 80´er Jahren des ersten nachchristlichen Jahrhunderts gibt.[441] Dieser ´Notizbuch-Markus´ gelangte nach Ägypten und wurde dort übertragen, nicht mehr in die gewohnte Rolle, sondern – inspiriert von der Form der Vorlage – in den ersten Papyrus-Kodex; "and the

---

	Verso beschrieben ist, darf als sicherer Hinweis auf eine ´Rückseitenbeschriftung´ (*Opistograph*) gewertet werden, auch wenn die ´Vorderseite´ - das bei der Rolle bevorzugt beschriebene *Recto* – gerade an dieser Stelle unbeschrieben ist. Noch dazu ist das vergleichsweise späte Datum der Rolle zu bedenken, alle früheren Papyri entstammen eindeutig einem Kodex.
438	Vgl. Aland, K.: Neue Neutestamentliche Papyri III. S. 361 f.
439	Aland/Aland: Der Text. S. 111. Das bedeutet selbstverständlich nicht, daß es keine christlichen Texte in Rollenform gibt. Hier sei als Beispiel nur das sog. ´Fayûm-Evangelium´, P. Vindob. G. 2325 aus dem 3. Jahrhundert genannt; vgl. dazu kurz Hennecke/Schneemelcher: Neutestamentliche Apokryphen I. S. 87. Gerade angesichts dieses späten Rollenexemplars eines außerbiblischen christlichen Textes wird die Besonderheit der ntl. Texte allein im Kodex deutlich.
440	Vgl. zusammenfassend zur Frage nach dem Ursprung der Kodex-Form van Haelst, J.: Les Origines du Codex.
441	Der römische Dichter Martial preist im Einleitungsgedicht einer seiner Bücher die handlichen Pergament-Kodex-Ausgaben eines Buchhändlers namens Secundus: „Wenn du meine Gedichte begehrst stets bei dir zu haben / und für längeren Weg sie als Begleiter dir suchst, / dann kauf diese! Sie zwängt Pergament auf winzige Blättchen; / große, die berge der Schrein, mich umfaßt jedoch schon die Hand. / Doch damit du auch weißt, wo ich käuflich, und nicht durch die Stadt erst / irrend streifen brauchst, führ ich dich sicher den Weg. / Such vom gelehrten Lucensis den Freigelaßnen Secundus / gleich nach Minervas Markt und nach dem Tempel der Pax." (zitiert nach Blanck, H.: Das Buch in der Antike. S. 97).

papyrus codex might thus have been created."[442] Jedoch bringen C. H. Roberts
und T. C. Skeat selbst in einer späteren Auflage wichtige Gegenargumente bei,
die sie schließlich weitgehend von dieser These abrücken lassen.[443] Statt dessen
gehen sie nun von einer anderen Situation aus: Nach der Steinigung des
Stephanus fliehen viele hellenistische Judenchristen nach Antiochien. Dort – in
einem Zentrum der Griechischen Kultur – begegnet ihnen der Kodex in der Form
verschiedener 'tablets', u. a. auch solcher aus Papyrus.[444] Diese 'tablets' wurden
von den Juden zum Notieren der 'mündlichen Überlieferung' der Mischna
benutzt. Das übertrugen die frühen Christen nun auf ihre Situation und notierten
die mündlichen Traditionen über Jesus, aus denen sich so langsam umfangreichere Sammlungen formten. Nach dem Jüdischen Krieg wurde die Position
der Stadt Antiochien noch einmal gestärkt, so daß sie genügend Autorität besaß,
um eine Schriftform als verbindlich festzulegen. "If the first work to be written
on a papyrus codex was a Gospel, it is easy to understand that the codex rapidly
became the sole format for the Christian scriptures, given the authority that a
Gospel would carry."[445]
G. Cavallo hat diese These abgelehnt, da er im Wechsel von der Rolle zum
Kodex ein allgemeineres soziologisches Phänomen erblickte.[446] Die gesell-
schaftliche Elite hätte die Rolle vorgezogen, während die unteren Schichten – z.
B. aus finanziellen Gründen – den aufkommenden Kodex von Anfang an bevor-
zugt hätten. Aus diesem Grunde – so G. Cavallo – fänden sich in den frühen
(nichtchristlichen) Kodizes durchweg Schriften niedrigen literarischen Niveaus.
Die frühen Christen hätten sich für den Kodex, die Buchform des einfachen
Volkes, entschieden, um sich bewußt von der gesellschaftlichen Elite abzuset-
zen. Der Sieg des Kodex über die Rolle ist dadurch zu erklären, daß die unteren
Schichten sich sozial emanzipierten und mit ihnen ihre bevorzugte Schriftform,
der Kodex. Die Anfragen H. Blancks an diese Deutung zeigen, auf welch
wackligen Füßen die Interpretation G. Cavallos steht. Sicherlich kann der Kodex
mehr Text fassen, den Text gleich mehrerer Schriftrollen, woraus T. C. Skeat
eine Kostenersparnis von 26% bei der Benutzung des Kodex anstelle der Rolle

---

[442]   Roberts/Skeat: The Birth of the Codex. S. 55.
[443]   Vgl. Roberts/Skeat: The Birth of the Codex. S. 55 – 57. Einmal fragen sie, warum
        ein Markus-Evangelium im Pergament-Notizbuch in Ägypten in den erst zu erfin-
        denden Papyrus-Kodex übertragen worden sei, ob der Übertrag in eine Rolle nicht
        die einfachste Lösung gewesen sei. Weiterhin halten sie es für unwahrscheinlich,
        daß gerade die ägyptische Kirche eine so weitreichende Neuerung – eben die Ko-
        dex-Form – gegen alle anderen bedeutenden Gemeinden durchsetzen konnte. Au-
        ßerdem erscheint es den Autoren fraglich, daß es gerade das in der frühen Kirche
        eher vernachlässigte Markus-Evangelium gewesen sein sollte, das diesen Wechsel
        initiierte und auch durchsetzte.
[444]   Vgl. dazu Sirat, C.: Le Livre Hébreu.
[445]   Roberts/Skeat: The Birth of the Codex. S. 60.
[446]   Vgl. Cavallo, G.: Rez.: Roberts/Skeat: The Birth of the Codex. S. 120 f; Blanck,
        H.: Das Buch in der Antike. S. 100 f.

errechnet hat.[447] Jedoch ist bei solchen Berechnungen der Einbandpreis des Kodex nicht mitberechnet. Außerdem ist nicht einzusehen, "warum die sozial niedrigeren Schichten die Ressentiments der Oberschicht gegenüber dem Kodex nicht teilten."[448] Weiterhin ist zu bemerken, daß die Vorstellung des frühen Christentums als einer 'Religion der Unterschicht' in dieser Einfachheit nicht zutreffend ist. Das frühe Christentum war sicherlich zahlenmäßig von der Unterschicht dominiert, das aber deshalb, weil es die Gesamtgesellschaft abbildete. In jeder Gesellschaft gibt es eben eine breite Unterschicht und eine zahlenmäßig kleinere Oberschicht. Über den sozialen Einfluß innerhalb des frühen Christentums sagen die bloßen Zahlen nichts aus.[449] Noch überzeugender ist jedoch die Argumentation von C. H. Roberts und T. C. Skeat. Sie zeigen auf, daß gerade populäre Schriften niedrigen literarischen Niveaus in den ersten drei nachchristlichen Jahrhunderten überhaupt nicht im Kodex erscheinen, daß es z. B. von den "so called Acts of the Pagan Martyrs or Acta Alexandrinorum"[450] 28 Funde gibt, alle jedoch sind Schriftrollen. So kommen die Autoren zu folgendem Schluß: "It will be seen, then, that the attempt to link readers of popular literature with a preference for the codex is not supported by the evidence, at any rate so far as Egypt is concerned, and we have no reason to think that Egypt was untypical in this respect."[451]
T. C. Skeat legte 1994 einen neuen Erklärungsversuch vor. Zuerst gesteht er ein, daß die vorher von C. H. Roberts und ihm vorgelegten Thesen keine allgemeine Akzeptanz gefunden haben.[452] Bei seiner neuen Deutung geht er von der Publikation des Johannes-Evangeliums als Anlaß zur Einführung des Kodex aus. Dieses Evangelium sei das letzte von der ganzen Kirche akzeptierte Evangelium gewesen. So habe man sich entschlossen, die vier Evangelien in einen Kodex zu schreiben, die vorher einzeln auf Rolle kursierenden Evangelien durch diesen verbindlichen Vier-Evangelien-Kodex zu ersetzen.[453]
1996 versuchte sich C. P. Thiede an einer eigenen These über die genauen Umstände, die schließlich zum Wechsel von der Schriftrolle zum Kodex führten. Durch seine nicht gerechtfertigte Frühdatierung des ntl. $\mathfrak{P}^{64}$ in die 60′er Jahre steht er vor einem Problem. Das Fragment 7Q5 kann spätestens 68 n. Chr. geschrieben worden sein, es sind also durchaus Überschneidungen innerhalb der Datierung dieser beiden Fragmente möglich. C. P. Thiede datiert deshalb den Papyrus 7Q5 in die 50′er Jahre und den $\mathfrak{P}^{64}$ um das Jahr 66 n. Chr. Zwischen diesen beiden angeblichen Fixpunkten braucht C. P. Thiede nun einen Anlaß, der zum Wechsel von Rolle zu Kodex geführt haben könnte. Er findet dieses Datum

---

447   Vgl. Skeat, T. C.: The Length of the Standard Papyrus Roll. S. 175.
448   Blanck, H.: Das Buch in der Antike. S. 100.
449   Vgl. auch Roberts/Skeat: The Birth of the Codex. S. 68.
450   Roberts/Skeat: The Birth of the Codex. S. 69.
451   Roberts/Skeat: The Birth of the Codex. S. 70.
452   Vgl. Skeat, T. C.: The Origin of the Christian Codex. S. 263.
453   Skeat, T. C.: The Origin of the Christian Codex. S. 266 f. Dieser Gedanke wird von Elliott, J. K.: Manuscripts weitergeführt.

in der Steinigung des Herrenbruders Jakobus, die bei Josephus – Ant. 20, 200 – überliefert ist. Diese führte bei den Christen zur Einsicht, daß eine Judenmission nicht mehr möglich oder sinnvoll sei, im Folgenden dann auch zur Abkehr von der – Juden und Christen verbindenden – Form der Schriftrolle.[454]
Diese These vermag nicht zu überzeugen. Es wird deutlich, daß sie aus der Not heraus entstanden ist, die vorher festgelegte Datierung des $\mathfrak{P}^{64}$ nicht in Gefahr zu bringen. Denn wenn es in den 50´er Jahren ein Markus-Evangelium auf der Schriftrolle gegeben hat, dann wird es eng für ein Matthäus-Evangelium um 66 im Kodex. Vor allem ist jedoch fraglich, ob der Tod des Herrenbruders Jakobus eine so weitreichende 'gesamtkirchliche' Bedeutung hatte, daß letztlich dieser Vorgang den Wechsel von der Schriftrolle zum Kodex bewirkt haben sollte. Ist es denkbar, daß sein Tod zum Auslöser eines solchen (buchtechnischen) Einschnittes wurde? Zu berücksichtigen ist dabei, daß weit vorher schon Stephanus gesteinigt wurde (Apg 7) und die Tötung des Paulus durch eine aufgebrachte Menge im Tempel laut Apg 21 nur durch römisches Eingreifen verhindert wurde. Von der Umwelt wurde der Unterschied zwischen Juden und Christen offensichtlich bereits vorher registriert, anders könnte die Bezeichnung Χριστιανούς in Apg 11, 26 kaum sinnvoll erklärt werden. In den 60´er Jahren gab es längst bedeutende christliche Zentren neben Jerusalem: Antiochien, Rom, Ephesus. Es gibt keinerlei Anhaltspunkt dafür, daß die Tötung des Jakobus irgendeine wichtige Auswirkung auf die gesamte frühe Christenheit gehabt haben könnte.[455]
An dieser Stelle sucht C. P. Thiede Untersützung in der frühchristlichen Unterhaltungsliteratur, in den Petrusakten: "Petrus besucht das Haus des römischen Senators Marcellus. In einem eigenen Raum des Hauses findet ein Gottesdienst statt - ein Szenario, das archäologische Funde bestätigen: Sie ergaben, daß die Versammlungsorte der Christen in den ersten drei Jahrhunderten vorwiegend Räume in Privathäusern waren; gesonderte Gebäude waren nicht erlaubt. Der Apostel öffnet die Tür und stellt fest, daß das Evangelium verlesen wird *(videt evangelium legi)*. Er betritt den Raum, nimmt dem Vorleser die

---

[454]   Vgl. Thiede, C. P.: Der Jesus Papyrus. S. 76 – 84.

[455]   M. E. ist dieses Theorie-Gebäude unfreiwillig durch Roberts/Skeat: *The Birth of the Codex* angeregt worden. Diese stellen nämlich heraus, daß Antiochien eine besonders wichtige Stellung innerhalb der frühen Christenheit eingenommen habe, seitdem die hellenistischen Judenchristen nach der Steinigung des Stephanus in eben diese Stadt geflohen seien. In Antiochien, so die Autoren, könne es deshalb zur Durchsetzung zweier wichtiger buchtechnischer Neuerungen gekommen sein: zum Wechsel von Rolle zu Kodex und damit verbunden auch zur Abkürzung der 'Heiligen Namen' (nomina sacra) in den biblischen Handschriften der Christen. C. P. Thiedes Theorie ist nun gewissermaßen parallel konstruiert, auch bei ihm wird eine Steinigung zum Ausgangspunkt einer differenzierenden Bewegung, die schließlich zum Wechsel von der Rolle zum Kodex führt. Zu den *nomina sacra* vgl. jetzt Hurtado, L. W.: The Origin of the *Nomina Sacra*.

Schriftrolle (!)[456] aus der Hand, rollt sie zusammen und beginnt zu predigen *(involvens eum dixit...)*. Der versammelten Gemeinde erklärt er, wie »die Heilige Schrift unseres Herrn« zu verkünden sei *(qualiter debeat Sancta Scriptura Domini nostri pronuntiari)*. Und - ein interessantes Detail - er spricht im Plural von der Autorität, die hinter dieser Schrift steht: »Was wir durch Seine Gnade begannen, haben wir aufgeschrieben« *(quae gratia ipsius quod coepimus scripsimus)*. Ausdrücklich befaßt er sich mit der Textstelle, die bei seinem Eintreten verlesen wurde: mit der Geschichte der Verklärung Jesu (Markus 9, 2 – 43; 2. Petrus 1, 16 – 19). Die historischen Details in dieser Passage sind folgende: Petrus war in Rom; die mündliche Überlieferung hatte Vorrang gegenüber der schriftlichen, sofern Gelegenheit dazu bestand, aber die schriftliche Tradition – ein vollständiges Evangelium – existierte bereits zu Petri Lebzeiten; sie existierte in Form einer Schriftrolle (sogar im Jahr 180, als der Kodex längst die Schriftrolle ersetzt hatte, war das Wissen von ihrer Existenz offensichtlich immer noch Allgemeingut, wie in den ungefähr aus derselben Zeit stammenden Wandmalereien der Katakombe der Flavia Domitilla zu sehen ist); der Apostel war die Autorität, auf die das Markus-Evangelium sich beruft (»Wir...«). Und wir finden sogar die Spur eines indirekten Verweises auf den zweiten Brief des Petrus: Der Plural »wir« (»denn wir sind nicht irgendwelchen ... Geschichten gefolgt«) könnte als Anspielung auf den einen Vorfall verstanden werden, der sowohl im Evangelium als auch in diesem Brief erwähnt wird: Jesu Verklärung."[457]

Entscheidend ist in dem hier fraglichen Zusammenhang allein, daß C. P. Thiede aus den Petrusakten die historische Essenz gewinnt, es habe eine Schriftrolle mit dem Markus-Evangelium in Rom zu Lebzeiten des Petrus gegeben. Er gibt selbst als Abfassungszeit für die Petrusakten die Jahre um 180 n. Chr. an,[458] was eine Entfernung von weit mehr als 100 Jahren von den geschilderten Ereignissen bedeutet. In einer früheren Veröffentlichung hatte C. P. Thiede allein Kleinasien als möglichen Abfassungsort der Petrusakten genannt.[459] Da es jedoch unwahrscheinlich ist, daß eine Schrift, die über 100 Jahre und mehr als 1200 km von den geschilderten Ereignissen entfernt entstanden ist, zuverlässige Details – und um solche handelt es sich hier – überliefert, übergeht C. P. Thiede in der aktuelleren Veröffentlichung die Ergebnisse der kritischen Forschung.[460] Statt dessen gibt er

---

456   Dazu ist zu bemerken, daß im Text kein Wort für ´Schriftrolle´ vorkommt, es ist allein vom „Evangelium" die Rede. Das hervorhebende Ausrufezeichen ist auf keinen Fall gerechtfertigt.

457   Thiede, C. P.: Der Jesus Papyrus. S. 217 f.

458   Vgl. Thiede, C. P.: Der Jesus Papyrus. S. 216.

459   Vgl. Thiede, C. P.: Die älteste Evangelien-Handschrift? S. 9.

460   Gegen Rom sprechen sich sowohl Hennecke/Schneemelcher: Ntl. Apokryphen. S. 255, als auch - aktueller - Lampe, P.: Die stadtrömischen Christen. S. 99 aus. Schöllgen, G.: Probleme der frühchristlichen Sozialgeschichte. S. 31 geht in seiner Auseinandersetzung mit P. Lampe noch einmal kurz auf den Quellenwert der Petrusakten ein: „Tatsächlich bieten sie ungewöhnlich breite und detaillierte Angaben über die soziale Schichtung der römischen Gemeinde zur Zeit des Apostels

– etwas zweideutig – an, es handle sich um einen unbekannten Autor, "der wahrscheinlich in Rom lebte".[461]

Was ist nun konkret zu C. P. Thiedes Ansicht zu sagen, aus Petrusakten 20 könne die Existenz einer Markus-Schriftrolle in Rom zu Lebzeiten des Petrus herausgelesen werden? Zuerst fällt bei der genaueren Betrachtung des Textes der bewußt gestaltete 'biblische Stil' auf. Die gesamte Szene ist in enger Anlehnung an Lk 4, 16 – 30 gestaltet. Aus dieser Anlehnung erklärt sich das Vorkommen der Schriftrolle in einem Stück populärer christlicher Literatur des späten zweiten Jahrhunderts. Hier eventuell 'historische Details' aufspüren zu wollen, zeigt einen Umgang mit den Quellen an, der bestenfalls als willkürlich zu bezeichnen ist: was in das vorher konstruierte Bild paßt, ist 'glaubwürdig', was nicht in dieses Bild paßt oder dafür nicht von Belang ist, wird eben für 'phantastische Ausschmückung' erklärt, die beiseite zu räumen ist, um den Blick auf die historischen Fakten freizugeben.[462] Kurz: Der Versuch, die wenig überzeugende These vom Rolle-Kodex-Wechsel um 62 durch den Verweis auf die Petrusakten zu stützen, ist gescheitert.

Es hat sich bei diesem Überblick über die verschiedenen Thesen gezeigt, daß alle Versuche, einen Wechsel der Buchform von der Schriftrolle zum Kodex wahrscheinlich zu machen, mit erheblichen Schwierigkeiten behaftet sind, nicht ohne Hilfs-Hypothesen auskommen. Bei diesem Forschungsstand ist es wohl legitim, der Gegenthese ihr Recht zu belassen: Die christlichen Schriften – zumindest die Evangelien – erschienen von Anfang ihrer Überlieferung an in Kodizes und eben nicht in Schriftrollen.

Auch für diese These lassen sich durchaus Argumente beibringen. Ein wichtiges Argument ist die Tatsache, daß es im 1. Jahrhundert n. Chr. Kodizes gegeben hat. Zwar gibt es bisher keine Funde christlicher Kodizes vor dem 2. Jahrhundert,[463] jedoch gibt es durchaus Hinweise aus dem nichtchristlichen Bereich. Einmal ist es das schon erwähnte Gedicht des römischen Dichters Martial, der die kleinen Kodex-Ausgaben seiner Gedichte preist.[464] Schon vorher, im 1. Jahrhundert v. Chr. gab es offensichtlich Notizbücher in Kodex-

---

Petrus [...]. Nur hatte man sie bisher der volkstümlichen Unterhaltungsliteratur des späten 2. Jh. zugerechnet, die als Produkte erbaulicher Phantasie – wohl in Kleinasien entstanden – keinerlei vertrauenswürdige Information über die römische Gemeinde zu geben in der Lage seien." G. Schöllgen geht es um den Quellenwert der Petrusakten bezüglich der soziologischen Struktur der römischen Gemeinde. Wie weit geringer muß man dann erst den Quellenwert dieser Schrift bezüglich der von C. P. Thiede behaupteten geschichtlichen Essenz ansetzen!

[461]   Vgl. Thiede, C. P.: Der Jesus Papyrus. S. 216. Bei dieser Formulierung ist ja nicht völlig ausgeschlossen, daß der Autor die Schrift zu einem späteren Zeitpunkt in Kleinasien verfaßt hat.

[462]   Vgl. Thiede, C. P.: Der Jesus Papyrus. S. 218 f.

[463]   Die Rückdatierungen C. P. Thiedes bleiben hier unberücksichtigt.

[464]   Vgl. Roberts/Skeat: The Birth of the Kodex. S. 24 – 29; Blanck, H.: Das Buch in der Antike. S. 97 f.

Form, die aus Pergament gefertigt waren.[465] Daß diese Kodizes im 1. Jahrhundert
n. Chr. nicht nur zu Notiz-Zwecken benutzt wurden, zeigt neben dem Gedicht
Martials auch der Fund eines lateinischen Kodex-Fragmentes in Ägypten, das
mit einem anonymen Geschichtswerk (Krieg der Römer gegen die Makedonen?)
beschrieben ist (P. Oxy. I. 30).[466]
Aber auch aus dem christlichen Bereich gibt es einen Hinweis auf den Gebrauch
von Pergament-Kodizes im 1. Jahrhundert. In 2 Tim 4, 13 ist davon zu lesen:
"τὸν φαιλόνην ὅν ἀπέλιπον ἐν Τρῳάδι παρὰ Κάρπῳ ἐρχόμενος φέρε,
καὶ τὰ βιβλία μάλιστα τὰς μεμβράνας." – 'Den Mantel, den ich zurückließ
in Troas bei Karpos, kommend bring, und die Bücher, besonders die Pergamente.'
Die oben angegebene geläufige Übersetzung 'besonders die Pergamente' läßt
nicht erkennen, worum es an dieser Stelle geht. Auf den ersten Blick scheint nur
das Beschreib-Material angesprochen zu sein. Aber offensichtlich gibt es einen
Unterschied zwischen 'Büchern' und 'Pergamenten'. Bauer/Aland deutet an, daß
es sich dabei entweder um Rollen oder um Kodizes handeln könnte.[467] Das
EWNT geht eher von 'Pergamentrollen' aus,[468] wobei H. Balz folgende interessante Vermutung über βιβλίον und μεμβράνα anstellt: "2Tim 4, 13 wohl von
Buchrollen (aus Papyrus, für urchristl. Schriften?) neben »Pergamentrollen«
bzw. »-blättern« (μεμβράναι für atl. Schriften?), die kostbarer und dauerhafter
waren als Papyrus [...]."[469] Hier könnten 'Bücher' und 'Pergamente' also als
Bezeichnungen für ntl. und atl. Schriften stehen. H. Balz nimmt dabei an, daß es
sich bei den μεμβράναι um die atl. Schriften gehandelt habe, da eben nur atl.
Schriften auf dem 'kostbaren Pergament' denkbar waren, die ersten ntl. Schriften
dagegen mit dem billigeren Papyrus auszukommen hatten. An dieser Stelle muß
die Kritik ansetzen: Es gibt keinen Hinweis darauf, daß Pergament wirklich
teurer war als Papyrus.[470] Dann darf gefragt werden, ob es nicht genau anders
gewesen sein kann: Die 'Bücher' meinen Papyrusrollen mit atl. Texten, die
'Pergamente' dagegen die oben erwähnten kleinen Pergament-Kodizes, die im 1.
Jahrhundert langsam Verbreitung fanden. Deshalb benutzt der Schreiber des 2
Tim das aus dem Lateinischen stammende Lehnwort μεμβράνα.[471] In diesen

---

[465]   Vgl. Roberts/Skeat: The Birth of the Kodex. S. 15 – 23.
[466]   Vgl. Roberts/Skeat: The Birth of the Codex. S. 28.
[467]   Vgl. Bauer/Aland: Wörterbuch. Sp. 1017.
[468]   EWNT II. Sp. 999.
[469]   Balz, H.: Art. „βιβλίον" in EWNT I. Sp. 522.
[470]   Vgl. Roberts/Skeat: The Birth of the Codex. S. 7. Zur Frage, ob Papyrus als teuer
         oder billig angesehen wurde, vgl. Skeat, T. C.: Was Papyrus regarded.
[471]   Diese Ansicht vertreten – mit guten Gründen – Roberts/Skeat: The Birth of the
         Codex. S. 22: „The fact that Paul had recourse to a Latin word indicates that he
         was referring to something which had no recognised Greek designation, and this
         rules out parchment rolls, for which διφθέραι was readily available. We can thus
         conclude that Paul's μεμβράναι were of the same nature as the contemporary

wären dann am ehesten ntl. Texte zu erwarten. Das ergibt ein stimmiges Bild: 'Paulus' bittet um die Zustellung von atl. Papyrus-Schriftrollen – daß es solche gegeben hat, zeigen nicht zuletzt die Papyrus-Rollen aus Qumran –, außerdem um – wie auch immer geartete – ntl. Schriften in kleinen Kodizes, Notizbüchern. Diese Buchform würde zweifellos auch gut zu den ersten christlichen Schriften passen. Schon Abschriften der authentischen Paulusbriefe könnte man sich sehr gut in dieser Form vorstellen, für Sammlungen von Jesus-Worten oder kurzen erzählenden Stücken bietet sich die Form des 'Pergament-Notizbuches' geradezu an. Als später daraus umfangreichere Schriften komponiert wurden, hatte sich die Form 'Kodex' schon bewährt und wurde beibehalten, zumal der Kodex unbezweifelbar praktische Vorteile bot.[472]

Bei alledem darf nicht vergessen werden, daß es sich bei den sog. Pastoralbriefen um pseudepigraphische Schriften handelt, die wohl in den letzten Jahren des 1. Jahrhunderts n. Chr. verfaßt wurden.[473] Aber gerade an diesen Stellen bemühen sich die Pastoralbriefe um 'Authentizität'. Es ist kaum anzunehmen, daß der Verfasser vollkommen abwegige Details nennen würde, die gerade dieses Bemühen zunichte machen würden.[474]

M. E. kann aus diesen Gründen durchaus vertreten werden, daß neutestamentliche Schriften von Anfang an in Kodizes niedergeschrieben wurden, daß die Schriftrolle in der christlichen Schriftkultur keine wesentliche Rolle gespielt hat.[475] Da diese These keinerlei Hilfs-Hypothesen zur Stützung braucht, vor allem auf die Schwierigkeit verzichten kann, einen Grund für den Wechsel von der Rolle zum Kodex anzugeben, erscheint sie so überzeugend, daß allein eindeutige archäologische Befunde in der Lage sind, sie zu widerlegen. Bevor nicht ein wirklich allgemein akzeptiertes Stück einer christlichen Schriftrolle aus

---

Roman *membranae, i. e.* parchment note-books."; vgl. zum Lehnwort μεμβράνα auch Bauer/Aland: Wörterbuch. Sp. 1017.

[472] Eine andere Erklärung bietet Skeat, T. C.: Especially the Parchments. S. 174. Er übersetzt τὰ βιβλία μάλιστα τὰς μεμβράνας folgendermaßen: „the books – I mean the parchment notebooks". In seiner Deutung wird also nicht unterschieden, sondern gleichgesetzt.

[473] Vgl. z. B. Schnelle, U.: Einleitung. S: 346 f.; Conzelmann/Lindemann: Arbeitsbuch. S. 311; Knoch, O.: 1. und 2. Timotheusbrief. S. 13.

[474] So auch McCormick, M.: The Birth of the Codex. S. 156. Der Autor hält den 'apostolischen Lebensstil', die Wandermission, für einen besonders wichtigen Faktor bei der Umstellung von der Rolle auf den Kodex, da der Kodex für Wandermissionare Vorteile gegenüber der Rolle geboten habe.

[475] Die Tatsache, daß einige Opistographen mit ntl. Texten gefunden wurden, zeigt, daß es bis ins 3. Jahrhundert hinein durchaus vorstellbar war, christliche Texte auch außerhalb der Kodex-Norm zu schreiben. Aber gerade diese Funde zeigen die Ausnahmestellung der wenigen christlichen Schriftrollen gegenüber der Norm des Kodex.

dem 1. Jahrhundert gefunden wird, ist dieser These daher m. E. der Vorzug zu geben.[476]

Im Zusammenhang mit der Debatte um 7Q5 kann unter diesen Umständen eben doch argumentiert werden, daß bei christlichen Schriften die Kodex-Form auch schon in der Mitte des 1. Jahrhunderts zu erwarten ist. Wenn man jedoch, wie C. P. Thiede, davon überzeugt ist, das Markus-Evangelium sei in Rom verfaßt worden,[477] dann wird es noch schwieriger, sich eine Markus-Rolle vorzustellen. Denn Rom ist wohl der ´Geburtsort´ der Pergament-Notizbücher, der Vorläufer des Kodex.[478]

Fazit:

Auch hier gilt selbstverständlich, daß durch den Verweis auf die Kodex-Form als Normalfall der christlichen Schrift-Überlieferung bereits im 1. Jahrhundert, die These 7Q5 = Mk 6, 52 – 53 nicht zwingend falsifiziert werden kann. Es ist immerhin im Bereich des theoretisch Möglichen, daß es eben eine einzige Markus-Rolle gegeben hat, die dann nach Qumran gelangte. Dennoch ist festzuhalten, daß es höchst unwahrscheinlich ist, daß es ein Markus-Evangelium auf der Schriftrolle gegeben hat. Und was es nicht gegeben hat, kann in Qumran nicht gefunden werden.

---

[476]   F. Rohrhirsch, F.: Markus in Qumran? S. 91 f. reflektiert über die Schwierigkeit, die sich aus der Argumentation mit der ´Kodex-These´ ergibt: „Mit einer etablierten These [Christen benutzten von Anfang an den Kodex], gegen theoriegegenläufige Fakten zu argumentieren (die dieser These widersprechen), d. h. die eine These als Wahrheitskriterium gegen die andere einzuführen und so die Unmöglichkeit der Konkurrenzthese aufzeigen zu wollen, ist wissenschaftlich bedenklich und würde bei einer unreflektierten Anwendung zu einer Immunisierung und einseitigen Verabsolutierung der jeweils verwendeten These führen." Mir erscheint es jedoch wesentlich bedenklicher, die Identifizierung von 7Q5 mit Mk 6, 52 – 53 in den Rang eines ´theoriegegenläufigen Faktums´ zu erheben. Das Gegeneinanderstellen von Thesen und das Abwägen ihrer Wahrscheinlichkeit und ihres Erklärungswertes kann doch wohl kaum als ´wissenschaftlich bedenklich´ erachtet werden.

[477]   Vgl. Thiede, C. P.: Der Jesus Papyrus. S. 163 – 166.

[478]   Vgl. Roberts/Skeat: The Birth of the Codex. S. 54.

6.3 Die Computerversuche sprechen gegen eine Identifizierung von 7Q5 mit Mk 6, 52 – 53

Schon zu Beginn der Debatte um die Identifizierung des Fragmentes 7Q5 spielte der Computer eine wichtige Rolle. Sowohl J. O'Callaghan[479] als auch C. J. Hemer[480], also Befürworter und Gegner der mk. Identifizierung, versuchten ihre Position durch Computer-Recherchen zu unterstützen.[481] J. O'Callaghan wollte zeigen, daß es keinen anderen Text gibt, der in gleichem Maße zu den Buchstaben des Fragmentes 7Q5 paßt, wie es bei Mk 6, 52 – 53 der Fall ist. Der Erweis des Gegenteils war die Absicht C. J. Hemers. Besonders wichtig für die Wirkungsgeschichte der These J. O'Callaghans war der Computerversuch durch das *Institut für Neutestamentliche Textforschung* in Münster, den K. Aland publizierte.[482] Die Eingabe des 'sicheren Bestandes',[483] also der unumstrittenen, eindeutig lesbaren Buchstaben des Fragmentes 7Q5, ergab nur einen[484] ntl. Text: Lk 3, 19 – 20.[485] Diese Identifizierung scheiterte jedoch daran, daß die Buchstabenreste des Fragmentes 7Q5 nicht mit den durch die lk. Identifizierung geforderten Buchstaben in Übereinstimmung zu bringen waren.[486] Auffällig ist jedenfalls: der Computerversuch erbrachte zwar einen ntl. Text, nicht jedoch Mk 6, 52 – 53. Auf diese Ablehnung seiner Identifizierung antwortete J. O'Callaghan 1976 mit einem eigenen Computerversuch.[487] Dieser Versuch unterschied sich von K. Alands Test, denn statt τω - καιτ - υυη - η, ließ J. O'Callaghan die Buchstabenkombination τω - και - υη - η überprüfen.[488] Nicht unbedingt von Bedeutung ist

---

479 Vgl. O'Callaghan, J.: El ordenador, 7Q5 y Homero; ders.: El ordenador, 7Q5 y los autores griegos.

480 Vgl. Hemer, C. J.: A note on 7Q5.

481 Ein weiterer Computerversuch wurde von Michaelson/Moir/Morton: Search the Scriptures. unternommen. Vgl. allgemein zum Einsatz des Computers in der Identifizierung von Papyrus-Fragmenten Slaby, W. A.: Computer-unterstützte Fragment-Identifizierung; Brunner, T. F.: The Thesaurus Linguae Graecae.

482 Vgl. Aland, K.: Neue Neutestamentliche Papyri III; ders.: Über die Möglichkeit der Identifikation. Der letztgenannte Aufsatz behandelt das Fragment 7Q5 nur am Rande, er bleibt deshalb im folgenden unberücksichtigt.

483 Vgl. Aland, K.: Neue Neutestamentliche Papyri III. S. 364, zum 'sicheren Bestand' zählt K. Aland folgende Buchstaben: τω - καιτ - υυη - η, weiterhin wurde 'sicherheitshalber' auch die Buchstabenkombination τω - καιπ - υυη - η eingegeben, da ein π „mindestens als Möglichkeit mit in Betracht gezogen werden" konnte (ebd. S. 375).

484 Die Überprüfung der Buchstabenkombination τω - καιπ - υυη - η erbrachte einen weiteren ntl. Text: Hebr 11, 22 – 23 (vgl. Aland, K.: Neue Neutestamentliche Papyri III. S. 375). Dieser schied jedoch wegen völlig ungleichmäßiger Stichometrie aus.

485 Vgl. Aland, K.: Neue Neutestamentliche Papyri III. S. 375.

486 Vgl. Aland, K.: Neue Neutestamentliche Papyri III. S. 375.

487 Vgl. O'Callaghan, J.: The Identifications of 7Q. S. 290 – 293.

488 Vgl. O'Callaghan, J.: The Identifications of 7Q. S. 291.

die Auslassung eines ν (Zeile 4), zumal dieser Buchstabe nicht vollständig auf
dem Fragment erhalten ist. Entscheidend ist jedoch die Auslassung des τ in Zeile
3, denn dieser Buchstabe gehört zu den vollständig erhaltenen, ist niemals in
Zweifel gezogen worden.[489] Erst durch diese Auslassung wird es dem Computer
möglich, 7Q5 mit Mk 6, 52 – 53 zu identifizieren. J. O'Callaghan schreibt selbst:
"This also allowed control of the group KAIΔ supposing the change of δ > τ
required in my identification."[490] Das bedeutet: Der Buchstabenbestand wird
nicht in der Form eingegeben, in der er auf dem Fragment erscheint, sondern in
der Form, die für die mk. Identifizierung passend ist. Solche Operationen sind –
gelinde gesagt – wissenschaftlich bedenklich, denn sie 'beweisen' nur, was sie
bereits voraussetzen.[491]

Der Computerversuch K. Alands wird 1988 von F. Rohrhirsch scharf kritisiert:
"Das Bedenkenswerte am Computerversuch mit 7Q5 war die Tatsache, daß die
Mk-Stelle überhaupt nicht erschien; weder mit einer vernünftigen noch mit einer
unmöglichen Buchstabenzahl. Spätestens hier wäre Skepsis angebracht gewesen.
Es läßt sich meiner Meinung nach aufzeigen, daß der Computerversuch mit 7Q5
von vornherein ein positives Resultat nicht erwarten ließ."[492] Diese Meinung F.
Rohrhirschs ist folgendermaßen begründet: "Der Computerversuch mit 7Q5
mußte deshalb mißlingen, weil die Möglichkeit der Lautverschiebung pro-
grammtechnisch nicht berücksichtigt wurde. Und es kann nun einmal ein Computer nicht etwas herausfinden, gegen das er negativ explizit programmiert
wurde. O'Callaghans Computeridentifizierung glückte, weil seine Programmeingaben sowohl die Möglichkeit des -δ- als auch des -τ- berücksichtigten, ohne
jedoch das Versehen Alands zu bemerken."[493] Schon die Sprache ist in diesem
Aufsatz auffällig, die mk. Identifizierung wird als "gewünschte Verifikation"[494]
bezeichnet, als "positives Resultat"[495], als "gewünschte Identifizierung",[496] so
'mißlingt'[497] der Computerversuch, wenn er nicht 7Q5 mit Mk 6, 52 – 53 bestätigt, 'glückt'[498] dagegen, wenn er – wie bei J. O'Callaghan – die mk. Identifizie-

---

[489]   Abgesehen von der z. B. von K. Aland vorgetragenen Vermutung, an dieser Stelle
sei ein π nicht völlig auszuschließen.

[490]   O'Callaghan, J.. The Identifications of 7Q. S. 291.

[491]   Es ist dabei auch an die Aussagen von Michaelson/Moir/Morton: Search the
Scriptures. S. 120 zu erinnern: „The two conclusions that the authors would draw
are; first that the computer can indeed excel the human being at searching for
small fragments, i. e. those with ten to twenty letters; second, when the number of
letters is about ten then the excision of every single letter multiplies the number of
possible locations."

[492]   Rohrhirsch, F.: Das Qumranfragment 7Q5. S. 98.

[493]   Rohrhirsch, F.: Das Qumranfragment 7Q5. S. 99.

[494]   Rohrhirsch, F.: Das Qumranfragment 7Q5. S. 98.

[495]   Rohrhirsch, F.: Das Qumranfragment 7Q5. S. 98.

[496]   Rohrhirsch, F.: Das Qumranfragment 7Q5. S. 99.

[497]   Vgl. Rohrhirsch, F.: Das Qumranfragment 7Q5. S. 99.

[498]   Vgl. Rohrhirsch, F.: Das Qumranfragment 7Q5. S. 99.

rung bestätigt. Selbstverständlich hat F. Rohrhirsch Recht, der Computerversuch K. Alands konnte unmöglich Mk 6, 52 – 53 für 7Q5 herausfinden. Dafür ist jedoch kein ′Versehen Alands′ verantwortlich sondern allein die wissenschaftlichen Redlichkeit, alle sicheren Buchstaben in die Überprüfung einzubeziehen. Noch weiter geht F. Rohrhirsch in seinem Buch *Markus in Qumran?*: "Die postulierte Zuordnung muß prinzipiell dabei sein."[499] fordert der Autor gleich dreimal, jeweils im Fettdruck. Für diese Behauptung bietet er folgende Begründung: "Angenommen, wir hätten ein Fragment mit einem einzigen, eindeutig lesbaren Buchstaben. Diesen Buchstaben, nehmen wir ein α an, würden wir, allerdings sehr leichtsinnig, einer bestimmten Stelle zuordnen. [...] Als Resultat hätten wir wohl zigtausend Stellenangaben, denn überall wo ein alpha erscheint, paßt unsere ′Stelle′ dazu. *Aber unsere Stelle wäre eben auch dabei.*"[500] Deshalb, so folgert F. Rohrhirsch, muß in jedem Computerversuch mit dem Buchstabenbestand von 7Q5 auch der Text Mk 6, 52 – 53 erscheinen.[501] Diese Argumentation ist abzulehnen. Sie ist zirkelschlüssig, da sie voraussetzt (7Q5 = Mk 6, 52 – 53), was sie beweisen soll (7Q5 = Mk 6, 52 – 53). Denn es erscheint auf dem Fragment 7Q5 nun einmal ein Buchstabe, der mit dem Text von Mk 6, 52 – 53 nicht vereinbar ist, ein τ, wo für die mk. Identifizierung ein δ gefordert wäre. In der Argumentation F. Rohrhirschs: Wenn ′unser Fragment′ ein α zeigt, dann kann ich nicht erwarten, daß ein Computer mir die Vorkommen des Buchstaben β ausweist. Genau diese Erwartung äußert jedoch F. Rohrhirsch, wenn er behauptet, in jedem Computerversuch mit 7Q5 müsse Mk 6, 52 – 53 bestätigt werden.

Der Ton wird bei C. P. Thiede geradezu hämisch: "Viele waren von Alands Autorität zutiefst beeindruckt, bis ein anderer deutscher Forscher, der Neutestamentler und Wissenschaftstheoretiker Ferdinand Rohrhirsch, demonstrierte, daß der große alte Mann schwere methodische Fehler begangen und seinen Computer so programmiert hatte, daß unvermeidlicherweise etwas anderes als eine Beziehung zum Markus-Evangelium herauskommen mußte."[502] Die rhetorischen Feinheiten – besser: Grobheiten – dieses Satzes wären es wert, gesondert untersucht zu werden. Nur soviel: Der ′schwere methodische Fehler′ K. Alands bestand in der korrekten Eingabe der lesbaren Buchstaben.

Dabei muß ganz klar festgehalten werden: Wenn der sichere Buchstabenbestand des Fragmentes 7Q5 mit Computerdaten verglichen wird, die den gesamten Textbestand des NT beinhalten, erscheint der Text Mk 6, 52 – 53 nicht. Der Grund ist einfach: Der Buchstabenbestand paßt nicht zu Mk 6, 52 – 53. Diese schlichte Tatsache muß erst einmal akzeptiert werden. W. Slaby, Entwickler des *Münsteraner-Fragment-Identifizierungsprogramms* sagt das in aller Deutlich-

---

[499]   Rohrhirsch, F.: Markus in Qumran? S. 99 – 101.
[500]   Rohrhirsch, F.: Markus in Qumran? S. 99.
[501]   Vgl. Rohrhirsch, F.: Markus in Qumran? S. 104.
[502]   Thiede, C. P.: Der Jesus Papyrus. S. 71.

keit: "Ohne die Postulierung einer Lautverschiebung ist also O'Callaghans Hypothese 7Q5 = Mk 6, 52 – 53 falsifiziert."[503]

Ein Computerversuch, der eine den gegebenen Textbestand verändernde Hilfshypothese berücksichtigen muß, ist wertlos, da er – wie schon gesagt – selbstverständlich beweist, was er voraussetzte.[504] Wird die Ausgangsposition, also die einzugebenden Buchstaben und weitere Rahmenbedingungen, geschickt gewählt, dann wird es schließlich möglich, jeden Text als Ergebnis eines Computerversuchs zu erhalten.[505] Aber genau diese Komponenten sollten ja durch den Computerversuch ausgeschaltet werden.

Grundsätzlich ist die These der mk. Identifizierung damit nicht falsifiziert, da immer mit Schreibfehlern und sonst nicht belegten Varianten in einem Fragment

---

[503]   Slaby, W.: Computer-unterstützte Fragment-Identifizierung. S. 87. Im Zusammenhang heißt es dort: „Das untersuchte Fragment kann im zugrundegelegten Text überhaupt nicht lokalisiert werden bzw. die als Hypothese angenommene Textstelle befindet sich nicht unter den für das Fragment belegten Textstellen. Dies ist die einzige Situation, in der eine Aussage nicht nur mit einer gewissen Wahrscheinlichkeit, sondern mit absoluter Sicherheit getroffen werden kann, die Feststellung nämlich, daß das untersuchte Fragment im vorliegenden Text nicht oder zumindest nicht an der angenommenen Textstelle vorkommt. Damit ist eine entsprechende Identifizierungshypothese falsifiziert. Setzt man den gesicherten Bestand von 7Q5 nach Aland mit τω-καιτ-ννη-η an und läßt damit die von O'Callaghan postulierte Lautverschiebung δ → τ als Möglichkeit außer acht, so wird als einziger Beleg Lk 3, 19-21 durch das Fragment-Identifizierungsprogramm nachgewiesen. Ohne Postulierung einer Lautverschiebung ist also O'Callaghans Hypothese 7Q5 = Mk 6, 52-53 falsifiziert."

[504]   Aus diesem Grunde kann eine weitere Beschäftigung mit Detailfragen hier unterbleiben. M. E. ist z. B. die Frage der *recto-verso-Kontrolle* hier völlig ohne Belang, die in diesem Zusammenhang diskutiert wurde; vgl. Welte, M.: Der Text und die Folgen. S. 443; Rohrhirsch, F.: Zur Relevanz. S. 84 f. Es soll an dieser Stelle jedoch die Gelegenheit genutzt werden, einen Vorwurf gegen K. Aland richtigzustellen, den F. Rohrhirsch: Kleine Fragmente. S. 82 erhebt: „Daß K. Aland bei der Bewertung der Identifizierung von p[73] selbst Schwankungen unterliegt, zeigt sein Kommentar zum Fragment in 'Der Text des Neuen Testaments. [...]', der im Gegensatz zur Aufnahme des Fragments in den Appendix 'Codices Graeci et Latini' der 26. Auflage (11. Druck 1990) des Nestle-Aland, S. 688, steht. „p73 Matth 25,43; 26,2-3, VII, Cologny, Bibliotheca Bodmeriana; noch unediert (*zu wenig Text für ein sicheres Urteil*)"." K. Aland unterliegt keinesfalls 'Schwankungen bei der Bewertung der Identifizierung', die Aussage „*zu wenig Text für ein sicheres Urteil*" bezieht sich allein auf die Zuordnung zu den fünf Kategorien, mit denen die Qualität des Textes bewertet wird und nicht etwa auf die 'Bewertung der Identifizierung'; vgl. dazu Aland/Aland: Der Text. S. 116 f. Die wenigen Buchstaben des Fragmentes 𝔓[73] reichen – nachvollziehbar – nicht aus, um Aussagen über die Textqualität zu machen.

[505]   Triebe man das Vorgehen J. O'Callaghans auf die Spitze, könnte man den einzugebenden Bestand auf das και reduzieren und anschließend 9164 neutestamentliche Fundstellen präsentieren.

zu rechnen ist. Aber es bleibt dennoch festzuhalten, daß ein unvoreingenommener Computerversuch 7Q5 nicht mit Mk 6, 52 – 53 identifiziert.[506]

Fazit:
Die Computerversuche mit dem Fragment 7Q5 sprechen gegen eine Identifizierung mit Mk 6, 52 – 53. Der Computer vergleicht die Buchstaben des Fragmentes 7Q5 mit seinem Datenbestand. In diesem Bestand stimmt die Buchstabenkombination von 7Q5 nicht mit der von Mk 6, 52 – 53 überein.

6.4   Der angebliche Wegfall dreier Wörter – ἐπὶ τὴν γῆν – kann nicht plausibel erklärt werden

Eine Identifizierung von 7Q5 mit Mk 6, 52 – 53 setzt den Wegfall dreier Wörter
– ἐπὶ τὴν γῆν – aus dem Mk-Text voraus, da ansonsten die Stichometrie in zu
hohem Maße unregelmäßig würde.[507] Dieser massive Eingriff in den Text ist
notwendig, ansonsten müßte die Identifizierung aus stichometrischen Gründen
als gescheitert betrachtet werden.[508]

---

[506] Thiede, C. P.: Papyrologische Anfragen. S. 67 behauptet nun, ein Computerversuch habe das Fragment 7Q5 „eindeutig als Mk 6, 52 – 53 identifiziert". Wie das
angesichts der oben erörterten Voraussetzungen geschehen sein soll, läßt der Autor jedoch im Unklaren. Er gibt nicht an, welche Buchstaben eingegeben worden
sind, wie der Buchstabe τ in Zeile 3 einen Markus-Text ergeben konnte. Wenn
man das mit der Genauigkeit und Nachvollziehbarkeit der Computerversuche K.
Alands oder auch J. O'Callaghans vergleicht, wird erneut deutlich, mit welch
zweifelhaften Methoden C. P. Thiede arbeitet. Es ist zu bedenken: Zumindest das
Ergebnis des Computerversuchs K. Alands – Lk 3, 19 – 21 – muß ebenfalls erscheinen, wenn als Ergebnis Mk 6, 52 – 53 herauskommen soll, weiterhin 2 Sam
4, 12 – 5, 1; vgl. O'Callaghan, J.: La Biblia y los papiros. S. 425. Denn alle drei
Stellen lassen sich auffinden, wenn mit der Eingabe τω - και - ννη - η gearbeitet
wird.

[507] Die Auslassung dieser Wörter ist unbedingt notwendig, da ansonsten für die Zeile
3 eine Anzahl von 29 Buchstaben angenommen werden müßte. Bei mk. Identifizierung mit Auslassung von ἐπὶ τὴν γῆν ergibt sich für die Zeilen 1 – 5 eine Folge von 20 – 23 – 20 – 21 - 21 Buchstaben (vgl. O'Callaghan, J.: Papiros neotestamentarios? S. 97), wenn dagegen mit ἐπὶ τὴν γῆν gezählt wird, kommen folgende Zahlen heraus: 20 – 23 – 29 – 21 – 21. Da in Zeile 3 außerdem noch ein ca.
zwei Buchstaben breites Spatium zu sehen ist, müßte korrekterweise sogar von 31
Buchstaben ausgegangen werden. Diese Schwankung kann bei einem Fragment,
dessen Identifizierung auch aus anderen Gründen höchst fraglich ist, nicht akzeptiert werden.

[508] Es kann daher nicht verwundern, daß von den Kritikern der ntl. Identifizierung die
Annahme einer Textauslassung als gewichtiges Gegenargument angeführt wird;
vgl. z. B. Benoit, P.: Note sur les fragments. S. 323; Vardaman, J.: The Earliest
Fragments. S. 375 f.; Rosenbaum, H. U.: Cave 7Q! S. 204 (Allerdings schreibt H.

Diese Auslassung ist bei keinem Textzeugen dokumentiert.[509] Wer also eine
Auslassung annimmt, muß diese ´negative Konjektur´ irgendwie begründen.
Grundsätzlich werden zwei Richtungen der Begründung deutlich: Einmal wird
aufzuzeigen versucht, daß Varianten in ähnlicher Größenordnung für frühe Papyri den Normalfall darstellen, andererseits geht die Suche nach einem sinnvollen
Hintergrund, der das Fehlen der drei Wörter schlüssig erklären könnte.
J. O´Callaghan schlägt den ersten Weg ein. Er vergleicht das Fragmente 7Q5
(und einige weitere Papyri aus der Höhle 7Q) mit einem anderen frühen neutestamentlichen Papyrus - dem Papyrus Bodmer XIV / $\mathfrak{P}^{75}$ aus dem dritten Jahrhundert[510] - hinsichtlich der Variantenbildung. Dabei stellt er fest, daß es erhebliche
Unterschiede zwischen einer modernen Ausgabe des Neuen Testaments und dem
antiken Vergleichspapyrus gibt, daß der $\mathfrak{P}^{75}$ aber auch Textvarianten enthält, die
sonst an keiner anderen Stelle bezeugt sind.[511] Wenn es also Varianten, einen
kürzeren Text, gerade in solchen frühen Papyri gibt, dann muß so etwas - grundsätzlich - auch für 7Q5 gelten.[512]
Daß es Textvarianten gibt, ist bekannt, daß es im Laufe der Überlieferungsgeschichte Textzuwächse gibt, ebenso; kein Kritiker der mk. Identifizierung
würde das grundsätzlich bestreiten. Dennoch belastet eine solche Annahme die
Identifizierung. Bei einem derart kleinen Fragment, das mit weiteren Schwierigkeiten behaftet ist, kann eine schwerwiegende Textvariante nur dann akzeptiert
werden, wenn eine schlüssige Erklärung für die Auslassung geboten würde.[513]

---

[509] U. Rosenbaum fälschlich, daß die Auslassung der Wörter εἰς τὸ πέραν vorausgesetzt würde, nicht - wie es richtig wäre - die Auslassung von ἐπὶ τὴν γῆν.);
Pickering/Cook: Has a Fragment of Mark. S. 12 f.
Vgl. den kritischen Apparat zur Stelle im NTG[27]. O´Callaghan, J.: Papiros neotestamentarios? S. 97 hatte angenommen, diese Auslassung sei - wenn auch nicht
bei griechischen Zeugen - belegt: „Ahora bien, según S. C. E. Legg, esta omisión
aparece testimoniada en otros manuscritos. En su aparato crítico se lee: om. επι
την γην Cop[bo. (ed.)], om. την 69 346 543, om. γην (13[*])." Martini, C. M.: Note
sui papiri. S. 103 betont dagegen, die bohairische Übersetzung benutze „un´es-
pressione che corrisponde letteralmente a εις το περαν."

[510] Vgl. dazu kurz Aland/Aland: Der Text. S. 97 – 103; 110 f.

[511] Vgl. O´Callaghan, J.: Los papiros griegos. S. 86 – 88.

[512] Ganz ähnlich argumentiert O´Callaghan, J.: Los primeros testimonios. S. 109, um
dann aber zu inneren Kriterien überzugehen.

[513] Aus diesem Grund kann auch der bekannte Papyrus $\mathfrak{P}^{52}$ hier nicht als Vergleich
herangezogen werden, wie es z. B. Thiede, C. P.: Die älteste Evangelien-Handschrift? S. 25 f. tut. Auch Rohrhirsch, F.: Markus in Qumran? S. 73 – 75 stellt die
wahrscheinliche Auslassung der Wörter εἰς τοῦτο im $\mathfrak{P}^{52}$ ausführlich vor, muß
dann aber zugestehen, daß das „einmalige Fehlen bei anderen Handschriften [...]
natürlich kein legitimes Mittel [ist], um die Auslassung von 7Q5 zu rechtfertigen,
allenfalls eine Bescheinigung der Möglichkeit solcher Auslassungen." (S. 74 f.) Es
besteht schließlich nicht der geringste Zweifel, daß der Papyrus $\mathfrak{P}^{52}$ einen Teil des
Johannes-Evangeliums darstellt.

C. P. Thiede versucht diese Erklärung auf folgendem Weg zu bieten: "Wir können aber noch einen Schritt weitergehen, indem wir untersuchen, wie das Verb für das »Hinübergehen«, »Überschiffen«, *diaperáo*, im Neuen Testament gebraucht wird: Setzt es die Ergänzung durch eine Richtungsangabe voraus, *muß* also, vom neutestamentlichen Sprachgebrauch her, in Mk 6, 53 auf jeden Fall ein *epi ten gen* gestanden haben? Diese Fragestellung führt zu einer klärenden Antwort. Es stellt sich nämlich heraus, daß *diaperáo*, ein Wort, das im Neuen Testament nur sechsmal erscheint (Mt 9, 1; 14, 34; Mk 5, 21; 6, 53; Lk 16, 26; Apg 21, 2), durchaus ohne diese Ergänzung gebraucht werden kann. [...] Noch um einiges aufschlußreicher ist allerdings die erste der beiden Stellen im Markusevangelium, Mk 5, 21. Die bisher als älteste eingestufte Handschrift des Markusevangeliums, der p45 [...] läßt die zum *diaperáo* gehörende Richtungsangabe *eis to péran* (»hinüber auf die andere Seite«) aus."[514]

Die Argumentation ist einfach: Man kann διαπεράω ohne Richtungsangabe gebrauchen, der älteste Textzeuge des Mk bezeugt an anderer Stelle (Mk 5, 21) eben diesen Gebrauch. Also ist das auch für Mk 6, 53 anzunehmen.

Dennoch sollte genauer nachgefragt werden. Mk 5, 21 betreffend ist daran festzuhalten, daß eine Richtungsangabe, die in einem Zeugen – wenn auch dem ältesten – fehlt, ansonsten aber breit belegt ist, nicht zwingend voraussetzt, daß damit die ursprünglichere Lesart getroffen ist. Dementsprechend hält der Haupttext des NTG auch – gegen den ältesten Zeugen – an der längeren Lesart fest.

Wenn aber im ursprünglichen Text einmal bei Mk 6, 53 die Richtungsangabe gefehlt haben sollte, müßte ein Textzuwachs an eben dieser Stelle angenommen werden. Welchen Grund sollte es dafür geben? In einer seiner ersten Veröffentlichungen zum Thema hält C. P. Thiede Spekulationen darüber noch für ´müßig´[515]: „Müßig wäre auch ein Spekulieren darüber, wann und weshalb das ἐπὶ τὴν γῆν in die Passage Mk 6, 52 – 53 hineingelangt ist; denkbar ist immerhin, daß hier eine spätere Anpassung an Mt 14, 34 vorliegt."[516]

Dieser Frage lohnt es nachzugehen, also Mk 6, 53 mit Mt 14, 34 zu vergleichen. In Mt 14, 34 heißt es:

Καὶ διαπεράσαντες ἦλθον ἐπὶ τὴν γῆν εἰς Γεννησαρέτ.

Καὶ διαπεράσαντες ἐπὶ τὴν γῆν ἦλθον εἰς Γεννησαρέτ lautet die entsprechende Parallelstelle Mk 6, 53. Es liegt also eine Wortumstellung vor: bei Mt

---

[514]   Thiede, C. P.: Die älteste Evangelien-Handschrift? S. 42. Besonders ausführlich geht Rohrhirsch, F.: Markus in Qumran? S. 75 – 80 auf diesen Aspekt der Frage ein, führt die sechs ntl. Vorkommen von διαπεράω einzeln auf, kommentiert anschließend die Varianten. Offensichtlich ist er mit textkritischen Fragen bisher selten befaßt gewesen, anders läßt sich der folgende Satz kaum erklären: „Für **Mt 14, 34** ist dagegen eine Vielzahl von Korrekturen [?] angegeben. Beim *Nestle-Aland* ist schon durch ein kritisches Zeichen im Text auf die Stelle ...] επι την γην εις [... aufmerksam gemacht."

[515]   Später wird er sich diesem ´Müßiggang´ um so ausführlicher hingeben. Vgl. unten!

[516]   Thiede, C. P.: 7Q – Eine Rückkehr. S. 551

steht das ἦλθον vor ἐπὶ τὴν γῆν, bei Mk dagegen hinter dem ἐπὶ τὴν γῆν. Das ist schon ein erster wichtiger Hinweis, daß es sich nicht um eine einfache Anpassung eines ursprünglich kürzeren Mk-Textes an eine vertraute Mt-Vorlage handeln kann.[517] Bei der genauen Betrachtung der Varianten zur Stelle Mk 6, 53 fällt auf, daß es zwei Majuskeln gibt, die den oben angegebenen Text von Mt 14, 34 wörtlich und in gleicher Wortstellung übernehmen, W[518] und Θ,[519] sowie die Minuskeln 565,[520] 700[521] und ʼandereʼ.[522] In diesen wenigen Zeugen liegt fraglos eine Anpassung an den Mt-Text vor.[523]

Gegen einen Textzuwachs mit gleichzeitiger Angleichung an die Mt-Vorlage spricht also bereits die Tatsache, daß der breite Überlieferungsstrom für Mk 6, 53 eine andere Wortstellung als die Mt-Parallele bietet. Eine Anpassung hätte höchstwahrscheinlich den Mt-Text in gleicher Wortstellung übernommen.

In diesem Zusammenhang führt C. P. Thiede auch die Vulgata-Version zur Stelle als Stütze seiner Argumentation an: "Es soll noch auf die Vulgata hingewiesen sein: auch sie bietet kein Äquivalent für ein zum διαπεράσαντες gehörendes ἐπὶ τὴν γῆν: »Et cum transfretassent, (per)venerunt in terram Gennesareth, et applicuerunt.«"[524] Daraus ist einzig zu folgern, daß die Vulgata in der Wortstellung der Mt-Version den Vorzug gibt. Ansonsten ist die Behauptung C. P. Thiedes schlicht falsch. Eindeutig ist doch das *in terram* als Äquivalent zum ἐπὶ τὴν γῆν zu verstehen.

C. M. Martini deutet an, der überlieferte Text von Mk 6, 53 mache einen ʼgequältenʼ Eindruck.[525] Fraglos ist die mt. Konstruktion die einfachere: "Und

---

517   Es hat in der handschriftlichen Überlieferung tatsächlich interessante Anpassungsvorgänge gegeben, die sich bei der Betrachtung von Textvarianten beider Stellen offenbaren. Die 27. Auflage des NTG nennt leider zu Mk 6, 53 keine Varianten, diese sind nur bei Aland, K.: Synopsis. S. 211 angegeben. (Im folgenden bleiben vorhandene Varianten zum geographischen Namen Γεννησαρέτ unberücksichtigt!) Auffällig ist z. B., daß die Minuskel-Familie f^{13} (Minuskel 13 stammt aus dem 13. Jahrhundert) sowohl im Mt als auch im Mk vom oben gebotenen Text abweicht, daß aber für beide Evangelien eine parallele Form zu finden ist. In f^{13} ist also für beide Stellen zu lesen: Καὶ διαπεράσαντες ἦλθον ἐπὶ τὴν γῆν Γεννησαρέτ, das εἰς ist in beiden Stellen ausgelassen.

518   Codex Freerianus, 5. Jahrhundert, Text der Kategorie III; vgl. Aland/Aland: Der Text. S. 122.

519   Codex Coridethianus, 9. Jahrhundert, Text der Kategorie II; vgl. Aland/Aland: Der Text. S. 123.

520   9. Jahrhundert, Text der Kategorie III; vgl. Aland/Aland: Der Text. S. 145.

521   11. Jahrhundert, Text der Kategorie III; vgl. Aland/Aland: Der Text. S. 145.

522   Mit dieser Bezeichnung ist eine geringe Breite der Bezeugung angegeben; vgl. Aland/Aland: Der Text. S. 245.

523   Als solche sind sie durch das *p* in Aland, K.: Synopsis. S. 211 auch eindeutig gekennzeichnet.

524   Thiede, C. P.: 7Q – Eine Rückkehr. S. 552, Anm. 37; ganz ähnlich auch ders.: Die älteste Evangelien-Handschrift? S. 75.

525   Vgl. Martini, C. M.: Note sui papiri. S. 104.

hinübergefahren kamen sie an das Land nach Gennesaret." Hier ist der Vorgang eindeutig und sofort verstehbar, sie fahren über den See, kommen an das Land, nach Gennesaret. Anders bei Markus: "Und hinübergefahren an das Land kamen sie nach Gennesaret." ʼhinübergefahren an das Landʹ ist schwierig, es ist offensichtlich so schwer verstehbar, daß die wenigen Varianten, die es zur Stelle gibt, das ἦλθον ἐπὶ τὴν γῆν aus der Mt-Parallele vorziehen. In den Varianten zu Mt 14, 34 bleibt es immer bei der gleichen Wortstellung, es findet keinerlei Kontamination durch die mk. Wortstellung statt.

Es ist aber schwer vorstellbar, daß ein sekundärer Textzuwachs einen durchaus leicht verstehbaren Text ausgerechnet verkomplizieren sollte. Wäre ἐπὶ τὴν γῆν tatsächlich später in einen kürzeren Text eingefügt worden, so wäre es sicherlich nach ἦλθον und nicht schon nach διαπεράσαντες eingesetzt worden.

C. P. Thiede wertet die Sache anders: „Wie schon beim p52 stellt sich auch hier wieder die Frage, ob die Kurzfassung die ursprünglichere ist, also der sogenannte *textus brevior potior*, der kürzere, bessere Text."[526] Gerade an dieser Stelle ist sicherlich eine Warnung K. und B. Alands zu bedenken: „Die alte Maxime: lectio brevior = lectio potior ist in vielen Fällen richtig, darf aber ebenfalls nicht mechanisch angewandt werden."[527] Die Wertung einer Auslassung als Ausweis der Ursprünglichkeit erscheint sehr mechanisch, zumal es – wie bereits dargestellt – ja keine weiteren Hinweise auf diese angebliche Auslassung gibt. C. P. Thiede muß annehmen, daß in den ursprünglich kürzeren Text ἐπὶ τὴν γῆν eingefügt wurde. Dagegen spricht aber, daß der angeblich auf diesem Weg entstandene Text eindeutig eine *lectio difficilior* darstellt, was in diesem Fall ohne Zweifel als Ausweis ihrer Ursprünglichkeit gewertet werden muß.[528]

Aus rein textkritischen Gründen gibt es also keinen Anlaß anzunehmen, im ursprünglichen Text Mk 6, 53 hätten die Wörter ἐπὶ τὴν γῆν gefehlt. Im Gegenteil – alles spricht für ihr ursprüngliches Vorhandensein.

An dieser Stelle versucht C. P. Thiede einen weiteren Grund anzuführen: "Daß zu *Gennesaret*, auch wenn es das Land und nicht den See meint, kein *ten gen* gehören muß, belegen wiederum die entsprechenden Lesarten in Mk 6, 53. [...] Bargil Pixner, Tabgha und Jerusalem, verdanke ich an Ort und Stelle die Einführung in die topographischen Gegebenheiten. Bei dem Versuch der Überfahrt von der Stätte der Speisung der 5000 (zwischen Tabgha – wohl identisch mit dem biblischen Ma-Gadan, Mt 15, 39 und Dal-Manutha, Mk 8, 10 – und Kafarnaum) nach Betsaida, wie Mk 6, 45 es berichtet, wurde das Boot der

---

[526]   Thiede, C. P.: Die älteste Evangelien-Handschrift? S. 43. Ähnlich hielt auch Martini, C. M.: Note sui papiri. S. 104 einen ursprünglichen ʼtextus breviorʹ hier für möglich.

[527]   Aland/Aland: Der Text. S. 285.

[528]   Aufgrund der obigen Darlegungen der genauen Umstände wird deutlich, daß diese Entscheidung zugunsten der *lectio difficilior* nicht „allein wegen ihres Schwierigkeitsgrades" getroffen wird. Vor einer solchen Vorgehensweise warnen Aland/Aland: Der Text. S. 285 ebenso ausführlich.

Jünger von einem starken abendlichen Gegenwind erfaßt, der als »Scharkije«
noch heute bekannt und zu beobachten ist. Beim Abnehmen des Windes (durch
das Eingreifen Jesu, Mk 6, 51) würde das Boot zwangsläufig parallel zum Ufer
nicht in Richtung Betsaida, sondern entgegengesetzt mit der Windrichtung nach
Gennesaret gelangen. Hierbei ist nun zu beachten, daß jedem Zeitgenossen, vor
allem jedem lokalkundlichen Fischer wie dem Markusinformanten Petrus, Gennesaret als eine Ortschaft am Seeufer bekannt war. Teile wurden jüngst im Bereich der sogenannten Feigenquelle von V. Fritz, Mainz, wieder ausgegraben.
Was heute bei dieser Quelle unter dem Tel Kinneret wieder ins Bewußtsein gelangt, mußte den ersten Tradenten, Petrus und Markus, so selbstverständlich
sein, daß es keiner Erwähnung bedurfte. Anders gesagt, eine erklärende Hinzu-
fügung von »*epi ten gen*« wäre für diese Phase der Überlieferung ein reiner
Pleonasmus gewesen. Erst spätere Generationen mußten hier ergänzen, um Unklarheiten oder Verwechslungen zu vermeiden. 7Q5 ohne dieses *epi ten gen*
verweist somit auch topographisch betrachtet zurück in die ursprüngliche Phase
der Überlieferung und damit zum Bestand des Urtextes des Markusevangeliums.‟ [529]
Noch dramatischer formuliert es C. P. Thiede 1995: „Ja. Der einzige Grund dafür, daß *epì tên gên* in die Ausgabe des Standardtextes Eingang fand – eines
Standardtextes, der auf Handschriften des 2. 3. und 4. Jahrhunderts beruht –,
waren die verheerenden Ereignisse des Aufstands der Juden gegen Rom, die mit
der Zerstörung von Qumran (68 n. Chr.), der Belagerung und Zerstörung des
Tempels (im Jahre 70 n. Chr.) sowie dem Massenselbstmord der Verteidiger von
Masada (73/74 n. Chr.) endete, aber auch in anderen Teilen des Heiligen Landes
zu wahren Blutbädern und Zerstörungsorgien führte. Eine dieser Stätten, die
damals von den Römern zerstört wurden, war die Stadt Gennesaret oder Kinneret, die erst in jüngster Zeit genau in der Gegend, von der Markus spricht, von
Archäologen wiederentdeckt und ausgegraben worden ist. Die drei so unschuldig
aussehenden Wörtchen »*epì tên gên ... eis Gennesaret*« [das sind fünf Wörter!]
(»an das Land ... Gennesaret«) wurden erst nach der Verwüstung des bewohnten
Landes nötig, das den gleichen Namen trug wie der See, um eine Verwechslung
zu vermeiden. Vor 70 n. Chr. dagegen wären diese drei Worte der reine Pleonasmus gewesen, zumal der Ort Gennesaret von Kapernaum aus, wo Jesus und
seine Jünger eine Zeitlang lebten und wirkten, in Sichtweite entfernt war.‟[530]
Aber was soll die langatmige Erklärung? Welcher Verwechslungsgefahr wäre
denn durch die Einfügung von ἐπὶ τὴν γῆν vorgebeugt worden? Offensichtlich
setzt C. P. Thiede also voraus, es sei möglich, den *See Gennesaret* mit einer

---

[529]   Thiede, C. P.: Die älteste Evangelien-Handschrift? S. 75 f., Anm. 44. Nebenbei
        muß gefragt werden, worin in Mk 6, 51 „das Eingreifen Jesu" zur Stillung des
        Sturmes liegen soll. Jesus steigt ins Boot der Jünger, dann läßt der Wind nach.
        Von einem direkten Eingreifen Jesu – wie in Mt 8, 26 par. – kann hier keinesfalls
        gesprochen werden.

[530]   Thiede, C. P.: Der Jesus Papyrus. S. 61 f.

Stadt oder *Landschaft Gennesaret* zu verwechseln. Tatsächlich schreibt er einmal: „Only after AD 70 [...] would there have been any necessity to add these words to differentiate between lake and land."[531] Es ist aber fraglos und ohne jede weitere Erläuterung klar, daß mit *Gennesaret* eine Stadt oder Landschaft gemeint ist. Eine Verwechslung mit dem *See Gennesaret* ist vollkommen unmöglich. C. P. Thiede müßte annehmen, den Lesern des Mk wäre folgendes Verständnis des Verses 6, 53 zuzutrauen: 'Und auf dem See Gennesaret hinübergefahren kamen sie nach See Gennesaret'. Hier kann nichts verwechselt werden, noch weniger kann irgendeiner Verwechslung durch das Einsetzen von ἐπὶ τὴν γῆν vorgebeugt werden.

Weiterhin: C. P. Thiede nimmt an, daß in der sehr ähnlichen Stelle Mk 5, 21 die Richtungsangabe ursprünglich fehlt, das εἰς τὸ πέραν dort ebenfalls später nachgetragen worden ist.[532] Wenn aber nun in 6, 53 das Nachtragen der Richtungsangabe eine Verwechslung von See und Stadt Gennesaret vermeiden sollte, zu welchem Zweck erfolgte sie dann in Mk 5, 21, wo diese angebliche Verwechslungsgefahr nicht gegeben ist?

C. P. Thiede ist dennoch von seiner Argumentation überzeugt: „Man sollte daher die Dinge genau andersherum sehen: Daß die bewußten drei Wörter in einem Papyrus fehlen, der vor dem Jahre 70 n. Chr. entstand, sollten wir sogar erwarten, denn die Tatsache, daß es sie dort *nicht* gibt, paßt genau zu dem »soziotopographischen« Rahmen des Berichts in Markus 6, 53. Hätte man sie dagegen in dem Qumran-Fragment 7Q5 gefunden, hätte man erklären müssen, *warum* es sie dort *gab*, nicht umgekehrt."[533] Daß diese Behauptung unsinnig und zirkelschlüssig ist, bedarf eigentlich keines weiteren Kommentars: Weil 7Q5 – als Fragment des Markus-Evangeliums – so alt ist, fehlt die Richtungsangabe; weil die Richtungsangabe fehlt, muß 7Q5 ein altes Fragment des Markus-Evangeliums sein. Dennoch muß noch einmal betont werden: Es gibt keinen vernünftigen Grund, für Mk 6, 53 eine ursprünglich kürzere Fassung anzunehmen. Und deshalb bleibt die für eine Identifizierung von 7Q5 mit Mk 6, 52 – 53 geforderte Auslassung

---

531   Thiede, C. P.: Jesus: Life or Legend. S. 101.

532   Vgl. Thiede, C. P.: 7Q – Eine Rückkehr. S. 551; ders.: Die älteste Evangelien-Handschrift? S. 42.

533   Thiede, C. P.: Der Jesus Papyrus. S. 62. Interessant ist der Kommentar von Rohrhirsch, F.: Markus in Qumran. S. 79 f. zu dieser Angelegenheit: „Ich möchte zwar nicht mit dem Fehlen der Auslassung gerade für die Echtheit der Identifizierung sprechen, doch kann mit Bestimmtheit gegen die These angetreten werden, daß dieser Ausfall des επι την γην endgültig gegen eine Identifizierung sprechen würde." Die lange Erklärung C. P. Thiedes zur angeblichen Verwechslungsgefahr findet F. Rohrhirsch „interessant", sie leuchte jedoch nur ein, „wenn Petrus bzw. ein Kundiger des Gebietes maßgeblich an der Entstehung dieses Teiles des Evangeliums beteiligt war." (Ebd. Anm. 180) M. E. leuchtet die Erklärung unter keinen Umständen ein, da sie keine ist.

dreier sicher bezeugter Worte ein reales Problem, und C. P. Thiede ist zurück-
zuweisen, wenn er behauptet „the problem is apparent rather than real."[534]
F. Rohrhirsch kommt zu einem anderen Ergebnis: „Trotzdem halte ich die These
O'Callaghans weiterhin für vertretbar, weil sich zumindest gezeigt hat, daß ein
Ausfall des Zusatzes zu διαπεραω nicht gänzlich unmöglich ist."[535] Grundsätzlich hat F. Rohrhirsch selbstverständlich recht, in Papyri ist nichts 'gänzlich
unmöglich'. Es reicht ja ein Versehen des Schreibers, um diese und jede beliebige Unstimmigkeit aus dem Weg zu interpretieren. Dann ist es eben auch nicht
'gänzlich unmöglich', daß 7Q5 jeder beliebige andere Text ist, dem Schreiber
müßten wir nur noch ein wenig mehr Zerstreutheit zubilligen.

Fazit:
Aus stichometrischen Gründen scheitert die Identifizierung von 7Q5 mit Mk 6,
52 – 53, denn der Text von Mk 6, 53 ist zu lang. Stimmig wird die Stichometrie
nur durch einen massiven Texteingriff, die Streichung der ansonsten stets bezeugten Wörter ἐπὶ τὴν γῆν. Diese angebliche Streichung kann nicht wirklich
plausibel erklärt werden. Alle Versuche, die diesen Wegfall erklären wollen,
haben eine geringere logische Plausibilität als die Annahme, ἐπὶ τὴν γῆν habe
immer an dieser Stelle gestanden. Da in Papyri eine Auslassung nicht 'gänzlich
unmöglich' ist, kann die Identifizierungshypothese nicht 'falsifiziert' werden.
Es kann aber gesagt werden: Es ist höchst unwahrscheinlich, daß der ursprüngliche Text um die drei Wörter ἐπὶ τὴν γῆν kürzer war, deshalb ist es höchst unwahrscheinlich, daß 7Q5 mit Mk 6, 52 – 53 identifiziert werden kann.

6.5 Der angebliche Lautwechsel von Δ zu T kann nicht plausibel erklärt werden

Bei der Frage nach dem 'sicheren Buchstaben-Bestand' und bei der Behandlung
der Computerversuche hat sich gezeigt, daß die Identifizierung des Fragmentes
7Q5 mit Mk 6, 52 – 53 bereits dadurch problematisch ist, daß einer der wenigen
unstrittig gelesenen Buchstaben nicht zum Markus-Text paßt. In Zeile 3 müßte
auf das καί ein δ folgen, da im mk. Text διαπεράσαντες steht. Statt dessen ist
auf dem Fragment 7Q5 ein τ zu erkennen, das allgemein anerkannt wird.[536]
Eigentlich könnte die Diskussion um die ntl. Identifizierung an dieser Stelle
abgebrochen werden, da ein eindeutiger Verstoß gegen eine papyrologische

---

[534] Thiede, C. P.: The Earliest Gospel Manuscript? S. 29.
[535] Rohrhirsch, F.: Markus in Qumran? S. 79.
[536] Aland, K.: Neue neutestamentliche Papyri III. S. 364 rechnet das τ zum 'sicheren
Bestand', läßt dennoch beim Computerversuch „sicherheitshalber" auch eine
Buchstabenkombination eingeben, bei der statt τ ein immerhin nicht völlig auszu-
schließendes π angenommen wird; ebd. S. 375.

Grundregel – die sog. *Lex Youtie*[537] – vorliegt: "Wenn ein Papyrus (oder eine Inschrift) verstümmelt ist, dann darf man neben der fragmentierten Stelle die überlieferten und lesbaren Buchstaben nicht abändern; iuxta lacunam ne mutaveris."[538]

Dieses Problem sieht selbstverständlich auch J. O'Callaghan. Interessanterweise geht er im Haupttext seines ersten Beitrages von 1972 gar nicht auf diese Schwierigkeit ein. Statt dessen verbannt er dieses offensichtliche Hindernis seiner Identifizierung in eine Fußnote. Dort wird das Hindernis aus dem Weg 'interpretiert': "Pero ciertamente dicho cambio fonético no ofrece especial dificultad a la interpretación."[539] Er beruft sich dabei auf zwei Grammatiken, die beide betonen, daß Vertauschungen der Buchstaben δ und τ in Ägypten häufig, in Kleinasien weniger häufig vorkommen. Dabei zitiert er einen Satz aus E. Maysers *Grammatik*,[540] der ihn zur Vorsicht hätte mahnen sollen: „Die Erscheinung ist auch auf dem Boden Kleinasiens (infolge einheimischer Aussprache) nachgewiesen, fehlt aber in den [sic!] übrigen κοινή, z. B. auf dem voll. hercul. ganz."[541]

Damit ist für J. O'Callaghan das Problem offensichtlich aus der Welt, denn wenn es solche Lautvertauschungen gegeben hat, dann kann nicht von einer Textänderung vor der Lücke gesprochen werden. Dennoch wird er sich zu dieser Frage immer wieder äußern,[542] bis hin zur Vorlage zahlreicher Beispiele für die Vertauschung von δ und τ in biblischen Papyri.[543]

Auch C. P. Thiede handelt anfangs das Problem des falschen Buchstabens mit wenigen Zeilen ab, erachtet es nicht für notwendig, über den von J. O'Callaghan vorgelegten Forschungsstand hinaus weitere Argumente beizubringen.[544] In

---

[537] Diese Bezeichnung wurde von Merkelbach, R.: Lex Youtie. S. 294 vorgeschlagen: „Herbert Youtie, unser väterlicher Freund, ist gestorben. [...] Heute schlagen wir vor, eine Regel, welche er immer wieder einschärfte, verkürzt mit dem Namen »Lex Youtie« zu bezeichnen."

[538] Merkelbach, R.: Lex Youtie. S. 294. Ganz ähnlich auch Pestman, P. W.: The New Papyrological Primer. S. 14: "seven maxims" "(4) [ ]: if the editor has to accept a mistake in a lacuna, there is almost certainly something wrong." Vor einem zu mechanischen Gebrauch der 'Lex Youtie' warnt M. Fassino: Sulla cosiddetta 'Lex Youtie'.

[539] O'Callaghan, J.: Papiros neotestamentarios. S. 95, Anm. 1.

[540] Mayser, E.: Grammatik I, 1. S. 175.

[541] O'Callaghan, J.: Papiros neotestamentarios. S. 95, Anm. 1.

[542] Vgl. O'Callaghan, J.: Notas sobre 7Q. S. 529; ausführlich ders.: Los papiros griegos. S. 51 – 53; hier auch erstmals die Jerusalemer Tempelschranke als Beleg für eine Verwechslung von δ und τ in Jerusalem und Umgebung, ein Argument, das J. O'Callaghan Vardaman, J.: The Earliest Fragments of the New Testament. S. 375 von 1972 verdankt.

[543] Vgl. O'Callaghan, J.: El cambio. S. 416.

[544] Vgl. Thiede, C. P.: 7Q – Eine Rückkehr. S. 550; weiterhin ders.: Neutestamentliche Papyrologie. S. 17: „Hier konnte allerdings mühelos nachgewiesen werden, daß die Lautverschiebung von d zu t keineswegs ungewöhnlich ist."

seinem Buch zum Thema geht C. P. Thiede ebenfalls nur kurz auf diese Frage ein: "Dies ist allerdings ebenso wenig ein Grund zur Verwunderung, wie es die Itazismen im p52 sind [...]."[545] Neu ist jedoch die Aufnahme der Tempelschranke in die Reihe der Belege für eine Lautvertauschung.[546]

Es ist an dieser Stelle geboten, kurz auf die fehlerhafte Terminologie zu verweisen, die in dieser Frage häufig benutzt wird. Vor allem C. P. Thiede und F. Rohrhirsch sprechen im Zusammenhang mit der angeblichen Verwechslung von δ und τ immer wieder von einer "Lautverschiebung".[547] Eine solche liegt aber hier nicht vor. Die qualifizierteren Teilnehmer an der Diskussion wissen das. So findet sich dieser Terminus z. B. weder bei H. Hunger[548] noch bei H. U. Rosenbaum.[549] Von einer "Lautverschiebung" darf hier nicht gesprochen werden.

Die Indogermanistik benutzt den Terminus ´Lautverschiebung´ nur für die 1. und 2. Lautverschiebung.[550] Die erste sondert das Germanische aus dem Indogermanischen, die zweite sondert das Althochdeutsche aus dem Germanischen aus. Alles Andere, selbst wenn es sich um regelhafte Veränderungen im System handelt, wird nicht so genannt. ´Lautverschiebung´ wird nur für die Entstehung des Germanischen und des Althochdeutschen benutz, der Terminus ist im engsten Sinne gebunden an die evolutionäre Entstehung neuer Sprachen mit einem neuen, nur für sie charakteristischen Lautsystem. Daraus wird deutlich,

---

[545]   Thiede, C. P.: Die älteste Evangelien-Handschrift? S. 40.

[546]   Vgl. Thiede, C. P.: Die älteste Evangelien-Handschrift? S. 41; es sei zumindest vermerkt, daß C. P. Thiede nicht nachweist, woher er dieses Argument übernimmt, es also durchaus als eigene Leistung erscheint. Angesichts der Reihe J. Vardaman – J. O´Callaghan – C. P. Thiede ist das schon ein Versäumnis, das auf eine etwas ´eigene´ Auffassung von wissenschaftlicher Arbeit bei C. P. Thiede hindeutet. Jedoch wird sich J. O´Callaghan 1995 revanchieren, indem er diese Passage von C. P. Thiede abschreibt, nun ebenfalls ohne Quellenangabe; vgl. O´Callaghan, J.: Los primeros testimonios. S. 108 f.

[547]   Vgl. z. B. Thiede, C. P.: Die älteste Evangelien-Handschrift, S. 40f.; ders.: Neutestamentliche Papyrologie. S. 17; Rohrhirsch, F.: Das Qumranfragment 7Q5. S. 99; ders.: Markus in Qumran? S. 80 ff. (hier sogar in der Kapitel-Überschrift).

[548]   Hunger, H.: 7Q5: Markus 6, 52 – 53 – oder? S. 38 f.; ders. Rez. Thiede: Il più antico manoscritto dei Vangeli. S. 279 spricht statt dessen von „Wechsel" oder „Lautwechsel".

[549]   Rosenbaum, H. U.: Cave 7Q5! S. 198 – 203 ist noch zurückhaltender, spricht von „Verschreibung", „Verwechslung" oder „Vertauschung".

[550]   Ausdrücklich heißt es zum Stichwort „Lautverschiebung" im Metzler Lexikon Sprache, S. 356: „Bez. für die Veränderungen im Konsonantensystem des Germ. [= Germanischen], die zur Differenzierung des Ahd. [= Althochdeutschen] von allen anderen germ. Sprachen führte." Vgl. zum Hintergrund weiterhin Abraham, W.: Terminologie zur neueren Linguistik 1. S. 426 f.; Braune, W.: Althochdeutsche Grammatik. S. 81 – 91; Braune, W.: Gotische Grammatik. S. 42 f.; Krahe, H.: Germanische Sprachwissenschaft. S: 81 f.; Lewandowski, T.: Linguistisches Wörterbuch 2. S. 616 f.

daß die Verwendung des Fachbegriffs 'Lautverschiebung' durch die genannten Personen völlig verfehlt ist. Wieder einmal stellt sich die Frage nach der Motivation, die hinter dieser Verwendung steht.[551]

Wie sich die tatsächlich beobachtbaren Verschreibungen von δ und τ erklären lassen, wird noch aufgezeigt werden.

C. P. Thiede hat anfangs nur wenig zur Verbreiterung der Argumentationsbasis beigetragen, ist lange auf dem von J. O'Callaghan vorgelegten Stand verblieben.[552] 1991/92 hat er ihn schließlich erweitert, indem er ein 1976 erschienenes Buch[553] zur Kenntnis genommen hat, in dem weitere Belege für eine Lautvertauschung von δ zu τ angeführt werden.[554]

Das also sind die Argumente, die von Befürwortern der mk. Identifizierung angeführt werden, um den für die Identifizierung geforderten 'Lautwechsel' plausibel zu machen: einmal kommen solche Verschreibungen in verschiedenen Papyri vor, weiterhin gibt es durch die Tempelschranke aus Jerusalem eine archäologische Stützung der Lautwechsel-These.

Die ausführlichste Kritik an der These vom 'Lautwechsel' legte 1987 H. U. Rosenbaum vor.[555] Zuerst untersucht er die von J. O'Callaghan angeführten Belege von Verschreibungen in biblischen Papyri. Es sei J. O'Callaghan gelungen, in lediglich 1,5 % aller zur Zeit bekannten biblischen Papyri Belege für einen solchen 'Lautwechsel' zu finden.[556] An dieser Stelle ist die Kritik F. Rohrhirschs ansatzweise berechtigt, wenn er bemängelt, es spiele keine Rolle, wie oft eine Eigenheit feststellbar sei, allein die Tatsache der Feststellbarkeit zähle.[557] Dennoch muß festgehalten werden: Wenn eine Eigenheit besonders selten vorkommt, ist es eben höchst unwahrscheinlich, daß ausgerechnet diese Eigenheit im Fragment 7Q5 – neben einer Lücke im Papyrus – vorkommen sollte.[558] Durch eine Verbreiterung der Vergleichsbasis ließe sich leicht jede gewünschte Eigenheit als irgendwo-schon-einmal-vorgekommen 'nachweisen', das würde schließ-

---

[551] Wichtige Hinweise in dieser Frage verdanke ich Prof. P. Derks.

[552] So in ders.: Neues zum Markusfragment 7Q5. S. 19; ders.: The earliest Gospel Manuscript. S. 28 f.

[553] Gignac, F. T.: Grammar.

[554] C. P. Thiede verweist darauf in ders.: Papyrologische Anfragen. S. 70; ders. 7Q5 – Facts or Fiction? S. 472; ders. Der Jesus Papyrus. S. 67. Diesen Literaturhinweis dürfte C. P. Thiede wohl Rosenbaum, H. U.: Cave 7Q5. S. 199, Anm. 25 entnommen haben, bei dem er sich dafür in der Folge mit heftiger Polemik bedankt.

[555] Vgl. Rosenbaum, H. U.: Cave 7Q5; selbstverständlich haben vorher bereits andere Kritiker der ntl. Identifizierung hier angesetzt, z. B. Roberts, C. H.: On some presumed Papyrus Fragments. S. 446, Anm. 4; Garnet, P.: O'Callaghans Fragments. S. 10; Hemer, C. J.: A note on 7Q5. S. 156; Focant, C.: Un fragment du second évangile. S. 448; H. U. Rosenbaums Behandlung des Themas unterscheidet sich von seinen Vorgängern durch ihre Ausführlichkeit und die bis in kleinste Verästelungen des Themas reichende Sachkompetenz.

[556] Vgl. Rosenbaum, H. U.: Cave 7Q5. S. 198 f.

[557] Vgl. Rohrhirsch, F.: Markus in Qumran? S. 81, Anm. 187.

[558] Ähnlich Garnet, P.: O'Callaghans Fragments. S. 10 schon 1973.

lich zu völliger Beliebigkeit führen.[559] Es ist eben doch nicht völlig belanglos, ob
"nun 30 Prozent, 1,5 Prozent oder 0,5 Prozent der Handschriften eine
Verschiebung beinhalten [...]."[560] Weiterhin betont H. U. Rosenbaum, daß selbst
aus der von J. O´Callaghan angeführten und zitierten Literatur zweifelsfrei her-
vorgeht, daß die Verwechslung von δ und τ ein Phänomen ist, das – bis auf
wenige Ausnahmen – auf Ägypten beschränkt geblieben ist, also für Palästina
keinesfalls angenommen werden darf.[561] Auf diesen Punkt, der nicht zu
entkräften ist, gehen in der Folge weder J. O´Callaghan noch C. P. Thiede ein.[562]
Zum Schluß äußert sich H. U. Rosenbaum noch ausführlich zum angeblichen
archäologischen Beleg, der Jerusalemer Tempelschranke. Auch diese kann, so ist
sich H. U. Rosenbaum sicher, die Beweislast nicht tragen, die ihr vor allem C. P.
Thiede aufbürden möchte.[563]

C. P. Thiedes Reaktion auf diesen Artikel war und ist polemisch, auf die stich-
haltigen Gegenargumente H. U. Rosenbaums ist er bis heute kaum eingegangen.[564]

---

[559]   Es ist dabei zu bedenken, daß mittlerweile eine sehr große Zahl verschiedenster
         Papyri in gedruckten Editionen vorliegt. Immer wieder finden sich in diesen
         Schriftstücken Abweichungen von der ´Norm´ - die es ja im strengen heutigen
         Sinn zur Zeit der antiken Schreiber noch gar nicht gab. Der Bildungsstand und die
         Schreibfertigkeit der verschiedenen Schreiber sind dabei höchst unterschiedlich.
         Es finden sich z. B. auch Schreibübungen aus dem antiken Schulbetrieb – ein Bei-
         spiel bei Turner/Parsons: Greek Manuscripts. S. 32 f., Nr. 5. Das Vorkommen von
         Fehlern und Besonderheiten in irgendeinem Papyrus darf deshalb noch lange nicht
         dazu benutzt werden, um einen anderen Papyrus zu erklären. Das ist nur dann
         möglich, wenn sich aus verschiedenen Beispielen auf eine allgemeinsprachliche
         Entwicklung schließen läßt. Dazu bedarf es aber einer größeren Anzahl von Papy-
         ri, die eben diese eine Besonderheit belegen können.
[560]   Rohrhirsch, F.: Markus in Qumran? S. 81, Anm. 187.
[561]   Vgl. Rosenbaum, H. U.: Cave 7Q5. S. 199 f.
[562]   Rohrhirsch, F.: Markus in Qumran. S. 81 f. hat wohl verstanden, daß hier ein
         stichhaltiges Argument gegen die mk. Identifizierung vorliegt. Indem er jedoch
         ebd. S. 82 schreibt „Rosenbaum schließt daraus", daß die ´Lautverschiebung´ in
         Palästina nicht vorkomme, wird eine klare Aussage der einschlägigen Fachlitera-
         tur zu einer Privatmeinung H. U. Rosenbaums herabgestuft.
[563]   Vgl. Rosenbaum, H. U.: Cave 7Q5. S. 200 - 202.
[564]   Thiede, C. P.: Der Jesus Papyrus. S. 266, Anm. 22: „Typisch für Rosenbaums
         Artikel sind schlichte Irrtümer, ein bis zur Beleidigung gehender polemischer Ton
         und Mangel an Sachkenntnis." Auch an anderen Orten äußert sich Thiede ganz
         ähnlich; ders.: Die älteste Evangelien-Handschrift? (4. Aufl.), S. 82: „Rosenbaum
         unternahm dagegen den Versuch einer Polemik *ad hominem*, die sich erfreuli-
         cherweise weder im Stil seines Vorgehens noch inhaltlich durchsetzen konnte.
         Falsche bzw. unvollständige und mißverständliche Angaben zu terminologischen
         Details mögen schlichte Flüchtigkeitsfehler sein [...]."; ders.: Neues zum Markus-
         fragment 7Q5. S. 19: „Rosenbaum brachte als erster in der neuen Debatte nach
         1984 den Ton persönlicher Polemik in die Diskussion ein; dabei unterliefen ihm
         Ungenauigkeiten und Fehler, die davon ablenkten, daß er letztendlich indirekt auf

eine wichtige Aufgabe hinwies: die Konsequenzen der Identifizierung von 7Q5 als Fragment des Markusevangeliums sind so groß, daß auch terminologisch mit größter Genauigkeit gearbeitet werden muß, um Zweifel an der Zuverlässigkeit der Untersuchung(en) vor allem in der Verantwortung vor einer breiteren, bibellesenden Öffentlichkeit auszuschließen. Rosenbaum selbst unternimmt dabei den Versuch, dem »Gegner« diese Genauigkeit abzusprechen, in dem er [indem?] er – allerdings nachprüfbar ungenau – über den Gebrauch von Termini wie »Diairesis« »Paragraphus«, und »Parataxe« [Zeichensetzung so im Original!] handelt und die selbst schon am Infrarot-Foto des Fragments als unhaltbar zu erkennende These eines »Interkolumniums« aufstellt, [...]. Fehler unterlaufen ihm auch bei der Behandlung des Lautwechsels Delta/Tau. [...] Die Grundthese war, daß die Veränderung des Buchstabens Delta zum Tau, in Aussprache und Schreibung, für das Umfeld Jerusalems, in dem sich der Evangelist Markus, vorsichtig formuliert, lange aufhielt, vor allem durch den griechischen Tempelstein aus dem von Herodes d. Gr. erbauten Tempel von Jerusalem belegt sei, in dem just dieser Lautwechsel an prominenter Stelle erscheint. Im Rahmen seiner Polemik gegen diesen Beleg verweist Rosenbaum nun darauf, daß dieser Stein aller Wahrscheinlichkeit nach von den Römern aufgestellt worden ist." Da aber das Mk in Rom verfaßt sei – bei C. P. Thiede wird aus einer Möglichkeit, den Abfassungsort des Mk zu bestimmen gleich eine „einmütige[ ] Auffassung der heutigen Forschung" –, könne man dann auch in Rom von diesem 'Lautwechsel' ausgehen. Wenn man bedenkt, daß H. U. Rosenbaum völlig zu Recht die fehlerhafte Terminologie C. P. Thiedes gerügt hat, mit der Konsequenz, daß C. P. Thiede beim Gebrauch von papyrologischen Fachtermini tatsächlich vorsichtiger und sorgfältiger geworden ist, dann sind die Aussagen C. P. Thiedes über H. U. Rosenbaum ungehörig. Denn nirgendwo hat C. P. Thiede bis heute aufgezeigt, worin die 'nachprüfbare Ungenauigkeit' H. U. Rosenbaums in terminologischen Fragen liegen soll. Weiterhin greift Thiede nie die wirklichen Gegenargumente H. U. Rosenbaums an, stets erscheinen nur Nebensachen. H. U. Rosenbaum trägt seiner Interkolumnium-Vermutung sehr vorsichtig vor, im Text schon äußerlich durch die kleinere Drucktype deutlich gemacht (ders.: Cave 7Q5. S. 195). Auch was die Aufstellung der Tempelschranke durch die Römer angeht, bleibt H. U. Rosenbaum sehr distanziert (ebd. S. 202). Einen wirklichen Sachfehler H. U. Rosenbaums hat C. P. Thiede sogar bis heute übersehen: Rosenbaum, H. U.: Cave 7Q5. S. 204 gibt an, bei mk. Identifizierung des Fragmentes 7Q5 müßte „die Auslassung der drei Wörter εἰς τὸ πέραν" angenommen werden. Tatsächlich setzt der mk. Text an dieser Stelle die Wörter ἐπὶ τὴν γῆν voraus. Die Wendung εἰς τὸ πέραν erscheint im Zusammenhang mit der Überfahrt über den See in Mk 5,21 – also ein erklärbarer Fehler H. U. Rosenbaums, aber zweifellos ein Fehler. Wo über allem jedoch die 'persönliche Polemik' bei H. U. Rosenbaum zu finden sein soll, bleibt völlig offen. Der begründete Verweis auf mangelnde methodische Kompetenz mag C. P. Thiede verletzten, 'Polemik ad hominem' liegt darin wohl kaum vor. Erst im Aufsatz *Papyrologische Anfragen* geht C. P. Thiede nebenbei auf die Argumente H. U. Rosenbaums ein. Er eröffnet mit hämischen Bemerkungen: S. 71: „Auch Kritiker der Identifizierungsarbeit O'Callaghans waren wohl von seinen Entgleisungen und von den eklatanten Sachfehlern so sehr abgeschreckt, daß man über einen höflichen Fußnotenhinweis kaum hinausging." Die Auseinandersetzung mit den Sachargumenten bleibt wieder dürftig, z. B. S. 71: „Im Falle des Lautwechsels *delta/tau*

Dennoch, oder gerade deshalb, soll hier noch einmal in aller gebotenen Ausführlichkeit aufgezeigt werden, daß es nicht einen einzigen Hinweis auf eine Aussprachebesonderheit von δ und τ im Umfeld Jerusalems gibt. Das wiederum bedeutet, daß es keinen Grund gibt anzunehmen, im Fragment 7Q5 sei τιαπεράσαντες für διαπεράσαντες geschrieben worden.

Die Befürworter der mk. Identifizierung verweisen darauf, daß es in Papyri zahlreiche Belege für solche Verschreibungen gibt, darunter auch Belege für den Wechsel von δ zu τ.[565] An dieser Tatsache ist nicht zu zweifeln, in den Grammatiken finden sich zahlreiche Belege dafür.[566] Diese Belege sind jedoch von höchst unterschiedlichem Wert. Zuerst einmal sind selbstverständlich solche Belege auszuscheiden, die zeitlich zu weit von der Mitte des ersten Jahrhunderts n. Chr. entfernt sind. In diesem speziellen Fall dürfen eigentlich nur die Belege ausgewertet werden, die im Anlaut δ und τ vertauschen. Aus diesem Grund fallen die meisten Belege für die Argumentation aus.

Vor allem darf nicht vergessen werden, daß es sich bei διαπεράσαντες zwar nicht um ein ′Allerwelts-Wort′ handelt, daß es jedoch mit διά gebildet ist, einem der häufigsten Wörter der griechischen Sprache. Im Neuen Testament findet sich διά an 668 Stellen, an zusätzlich 526 Stellen kommen Wörter vor, die – wie auch διαπεράσαντες – Komposita mit δια- sind. An 1194 Stellen im Neuen Testament ist also δια[-] zu lesen, Wort und Vorsilbe gehören somit zu den 12 am häufigsten vorkommenden Wörtern des NT.[567] Im Alten Testament sieht es nicht anders aus, 1203 Stellen, in denen διά in der Grundform zu finden ist, weitere ca. 1900 Stellen, in denen Komposita mit δια- vorkommen.[568] Insgesamt

---

beim τιαπεράσαντες versuchte er z. B., naive Leser rhetorisch scheinbar geschickt in die Irre zu führen. Obwohl er Gignacs »Grammar of the Greek Papyri« [...] kennt, unterschlägt er dessen Nachweis der δι > τι-Verschiebung in einer *zeitgenössischen* Handschrift (42 n. Chr.).″ Es muß unterstrichen werden, daß die Argumentation H. U. Rosenbaums in eine ganz andere Richtung zielt: unabhängig davon, wie häufig eine solche Verschreibung in ägyptischen Papyri auch vorkommt, die Phonologie Ägyptens kann und darf nicht auf die Verhältnisse Palästinas übertragen werden. So bleibt C. P. Thiede auch hier allein die Tempelschranke als ′Beleg′. Die rhetorischen Tiefschläge gegen H. U. Rosenbaum zeigen deutlich an, daß C. P. Thiede auf der Sachebene nichts entgegensetzen kann.

[565]   Vgl. z. B. O′Callaghan, J.: Papiros neotestamentarios. S. 95; Thiede, C. P.: Die älteste Evangelien-Handschrift? S. 40 f.; Rohrhirsch, F.: Markus in Qumran. S. 80 – 83; Hunger, H.: 7Q5: Markus 6, 52 – 53 – oder? S. 38 (Der hier angeführte Beleg aus P. Bodmer XXIV ist schon von O′Callaghan, J.: El cambio. S. 416 angeführt worden, was H. Hunger nicht angibt.).

[566]   Für diese Arbeit wurden eingesehen: Gignac, F. T.: A Grammar of the Greek Papyri I. S. 80; Mayser, E.: Grammatik der griechischen Papyri I, 1: S. 147; Teodorsson, S. T.: The Phonology. S. 176 f.; weiterhin die Aufstellung in O′Callaghan, J.: El cambio. S. 416.

[567]   Alle Zahlen wurden mittels *Konkordanz zum NTG* ermittelt.

[568]   Diese Zahlen wurden mittels Bible Works 4.0 ermittelt.

ist also im Alten Testament an ca. 3100 Stellen δια[-] zu lesen. Die Situation in AT und NT läßt sich zweifellos auch auf die griechische Sprache insgesamt übertragen: διά und Wörter, die mit δια- gebildet sind, gehören zu den häufigsten Wörtern im Griechischen.[569] Wer somit für διαπεράσαντες einen 'Lautwechsel' annimmt, der setzt gleichzeitig voraus, daß dieser Wechsel sehr umfassend anzunehmen ist. Wenn schon δια[-] zu τια[-] wird, dann ist diese Lautvertauschung bei vielen anderen Wörtern um so häufiger zu erwarten.

Auf diesem Hintergrund lohnt es sich, die von J. O'Callaghan vorgelegten Belege[570] für 'Lautwechsel' in biblischen Papyri näher anzusehen. Nur zwei Beispiele stammen aus neutestamentlichen Papyri: aus dem 𝔓[75] zweimal ein τε für ein δε, aus dem 𝔓[4] ein ιωβητ anstelle des ιωβηδ. Beide Belege können nicht überzeugen. Zuerst sind die Papyri wesentlich später anzusetzen, beide sind nicht vor 200 n. Chr. entstanden.[571] Weiterhin können die Beispiele aus dem 𝔓[75] nicht überzeugen, da es sich in beiden Fällen um Wörter handelt, die es in der

---

[569]   Das betont auch Wallace, D. B.: 7Q5: The earliest NT Papyrus? S. 176: „The preposition δια, however, has no semantic overlap with τια (there is, in fact, no such word) and is so common that a schoolboy would have learned its correct spelling."; vgl. auch ders.: A Review. S. 353. Aus diesem Grund stellt Wallace, D. B.: 7Q5: The earliest NT Papyrus? S. 176 fest: „Although, admirably, both O'Callaghan and Thiede provide examples of such interchange in Koine Greek due to the similar sound of the two letters (e. g., τε for δε), *none of the examples produced involves the preposition* δια, whether standing alone or in compound." C. P. Thiedes Reaktion auf diese Kritik ist sehr aufschlußreich; ders.: 7Q5 – Facts or Fiction? S. 472: „Fourth, Wallace assumes that »most damaging to O'Callaghan's identification is the *tau* in the place of *delta*.« And he goes on to claim that there are no examples for τι- instead of δι- [...]." C. P. Thiede verfälscht hier die Aussage D. B. Wallaces, damit seine Entgegnung eindrucksvoller wirkt. Nachdem er die Kritik D. B. Wallaces dergestalt 'aufbereitet' hat, kann er sie auch kontern; ebd: „Again, this is wrong. There is a clear contemporary equivalent: the case of τικης instead of δικης in a Text dated AD 42; and later, AD 132, even for τιακοσιας instead of διακοσιας." D. B. Wallace hatte ihm vorgeworfen, er könne keinen Beleg für eine Verschreibung in einer Zusammensetzung mit δια- vorbringen, C. P. Thiede antwortet auf diese Kritik, indem er zunächst ein weiteres Wort ohne δια vorlegt, den eigentlichen Punkt der Kritik also verfehlt: Das 'clear contemporary equivalent' läßt also die Klarheit vermissen, die D. B. Wallace gefordert hatte. Der zweite Beleg ist deutlich später, kann also nicht in gleichem Maße überzeugen.

[570]   Vgl. O'Callaghan, J.: El cambio. S. 416.

[571]   Vgl. Aland/Aland: Der Text. S. 106. 110f.; Aland, K.: Studien zur Überlieferung. S. 108 f. 135; unberücksichtigt bleibt dabei die von C. P. Thiede vorgenommene Frühdatierung des 𝔓[4] in die zweite Hälfte des ersten Jahrhunderts (vgl. ders.: Der Jesus Papyrus. S. 106 f.), die zwangsläufig aus seiner Datierung des 𝔓[64] „um das Jahr 66 n. Chr." folgt (vgl. ders.: Der Jesus Papyrus. S. 184). Dieser zeitliche Ansatz konnte sich in der Fachwelt nicht durchsetzen; vgl. Head, P. M.: The date of the Magdalen Papyrus.

griechischen Sprache gibt, neben einem 'Lautwechsel' ist hier also durchaus eine Verwechslung zweier Wörter denkbar.[572] Bei dem Beleg aus $\mathfrak{P}^4$ - ιωβητ - ist zu bedenken, daß der 'Lautwechsel' nicht im Anlaut, sondern im Auslaut vorkommt, was diesen Beleg wertlos macht.[573] Gleiches gilt für den Beleg von δαυειτ für δαυειδ, den J. O'Callaghan dem P. Bodmer IX entnommen hat: ein Eigenname mit Verschreibung im Auslaut. Alle übrigen 18 Belege entstam-men einem einzigen weiteren Papyrus, dem P. Bodmer XXIV. Dieser Papyrus zeichnet sich durch sehr viele Verwechslungen der Dentale δ, θ und τ aus.[574] Dabei ist zu betonen, daß Verwechslungen in alle Richtungen vorkommen, es werden also alle Dentale miteinander verwechselt, nicht nur δ mit τ. Dennoch gibt es in diesem 'verwechslungsreichen Papyrus' nicht die Verschreibung τια für διά. So bleibt von den Belegen J. O'Callaghans aus dem P. Bodmer XXIV allein einer übrig: τιεπετασαμεν statt διεπετασαμεν.[575] Bei genauer Betrachtung der Abbildung fällt jedoch ein weites Spatium auf: τι επετασαμεν. Dieses Spatium veranlaßt den Herausgeber zu folgender Vermutung: „[Zeile] **27** ει τιεπετασαμεν (l. ει τι επετασαμεν?)".[576] Auch dieser letzte Beleg J. O'Callaghans ist also in hohem Maße zweifelhaft. Da es auch eine einfache andere Erklärung für den Wechsel von δ zu τ in diesem Fall gibt, kann dieser – vielleicht nur scheinbare – Lautwechsel die Beweislast für den geforderten Wechsel im Papyrus 7Q5 jedenfalls nicht tragen. Im Gegenteil! Gerade das Fehlen eines eindeutigen Verwechselns von τια und διά in diesem an 'Dental-Konfusion' reichen Papyrus macht den angeblichen Lautwechsel in 7Q5 zunehmend unwahrscheinlich.

Sämtliche Belege J. O'Callaghans sind also wertlos, um so erstaunlicher, daß es C. P. Thiede lange Zeit nicht für nötig erachtete, die argumentative Basis der These an dieser höchst empfindlichen Stelle zu untermauern, sich mit den 20 angeblichen Belegen J. O'Callaghans zufrieden gab.[577] Bei C. P. Thiede werden jedoch aus den von J. O'Callaghan angeführten 20 Belegen aus vier verschiede-

---

[572]   Wallace, D. B.: 7Q5: The earliest NT Papyrus? S. 176: „Illustrations such as the interchange of τε for δε do not help the case, because both were real words with some semantic overlap."

[573]   In anderem Zusammenhang betont Rosenbaum, H. U.: Cave 7Q5. S. 200, Anm. 28, daß Lautwechsel im Auslaut keinen argumentativen Wert für den angeblichen Lautwechsel von διαπερασαντες zu τιαπερασαντες haben: „Wer meint, dies [Anlaut oder Auslaut] sei gleichgültig, möge im Deutschen die Aussprache von Rad und Rat einerseits vergleichen mit der Aussprache von Dusche und Tusche andererseits."

[574]   Vgl. die Zusammenstellung der verschiedenen Verwechslungen bei Kasser, R.: Papyrus Bodmer XXIV. S. 37.

[575]   Papyrus Bodmer XXIV. S. 95, Z. 27; Abb. 26.

[576]   Kasser, R.: Papyrus Bodmer XXIV. S. 95.

[577]   Vgl. Thiede, C. P.: 7Q. Eine Rückkehr. S. 550; ders.: Die älteste Evangelien-Handschrift? S. 40 f.

nen Papyri „nicht weniger als zwanzig Bibelhandschriften";[578] das als einfache
Ungenauigkeit abzutun ist m. E. unberechtigt. Immerhin werden hier gesicherte
Zahlen um 500% 'korrigiert', um die eigene These zu stützen.[579]
Im 1992 publizierten – auf einem Symposion in Eichstätt schon 1991 vorgetra-
genen – Aufsatz *Papyrologische Anfragen an 7Q5 im Umfeld antiker Hand-
schriften* bringt C. P. Thiede neue Argumente bei, indem er zwei Belege aus F.
T. Gignacs *Grammar* vorlegt: τίκης für δίκης sowie τιακοσίας [sic!][580] für
διακοσίας.[581] Ob diese Belege jedoch geeignet sind, den angeblichen Lautwechsel in 7Q5 wahrscheinlicher zu machen ist zumindest fraglich.
Zwar ist P. Ryl. 160d, ii.21,[582] der Fundort von τίκης / δίκης, auf das Jahr 42 n.
Chr. datiert, also „fast aus derselben Zeit wie das Papyrusfragment 7Q5"[583], aber
es handelt sich nicht um einen literarischen Papyrus, was die Vergleichbarkeit
grundsätzlich sehr einschränkt. Weiterhin ist auch hier wieder darauf zu verweisen, daß es sich um einen ägyptischen Papyrus – aus Faijum – handelt. Es ist
oben schon angeklungen, daß die Vertauschung der Dentale eine ägyptische
Eigenart darstellt, die nicht auf Palästina übertragen werden darf. Und so findet
sich in diesem Papyrus auch mindestens ein weiterer Beleg für ägyptische Besonderheiten in Aussprache und Schreibung, Z. 39: ἀναγέκραπται für
ἀναγέγραπται, also die Vertauschung von γ und κ. Auch bei diesem Schreiber
finden sich somit Hinweise auf seine nichtgriechische – ägyptische – Muttersprache. Als Vergleich zu 7Q5 kann dieser Papyrus deshalb nicht benutzt werden, er zeigt allein auf, daß es Besonderheiten des Griechischen in Ägypten gab,

---

578   Thiede, C. P.: Der Jesus Papyrus. S. 67; dabei handelt es sich nicht etwa um einen
       Übersetzungsfehler, denn in der englischen Ausgabe – The Jesus Papyrus. S. 63 –
       ist ebenfalls zu lesen „no fewer than twenty biblical manuscripts"!

579   Dabei ist es nicht einmal auszuschließen, daß es 20 biblische Handschriften mit
       Konsonanten-Vertauschungen dieser Art gibt, da die meisten biblischen Papyri in
       Ägypten gefunden wurden; wo die Vertauschung von δ und τ – aus Gründen, die
       noch zur Sprache kommen werden – sehr häufig zu beobachten ist. Wenn C. P.
       Thiede jedoch weitere 16 Handschriften registriert haben sollte, die eben dieses
       Phänomen aufweisen und bisher nicht in der Diskussion beachtet wurden, dann
       wäre es seine Pflicht, diese Handschriften und sämtliche Belegstellen aus ihnen
       einzeln und sorgfältig zu belegen – wie es J. O'Callaghan mit seinen vier Hand-
       schriften vorgemacht hat!

580   C. P. Thiede hat hier falsch abgeschrieben, sowohl in der Originalausgabe der
       Amherst Papyri, als auch in der von C. P. Thiede zitierten Literatur – Gignac, F.
       T.: A Grammar. S. 80 – steht τιακωσίας, was bereits zeigt, daß der Schreiber
       sehr fehlerhaft schreibt. Im Folgenden wird die korrekt abgeschriebene Form be-
       nutzt, auch da, wo Argumentationsgänge C. P. Thiedes wiedergegeben werden.

581   Vgl. Thiede, C. P.: Papyrologische Anfragen. S. 70; da C. P. Thiede keine genau-
       en Angaben bietet, seien diese hier nachgetragen; beide Belege aus Gignac, F. T.:
       Grammar. S. 80.

582   Vgl. auch Preisigke, F.: Sammelbuch I. Nr. 5110.

583   Thiede, C. P.: Der Jesus Papyrus. S. 67.

nicht mehr.[584] Weiterhin sei auch auf die korrekte Schreibung von διά in diesem Papyrus verwiesen, z. B. Zeile 39, direkt auf das deutlich ΄ägyptisierende΄ ἀναγέκραπται folgend. Der geforderte Beleg einer Verschreibung im Wort διά ist dadurch noch nicht erbracht.

Nun bietet C. P. Thiede mit τιακωσίας für διακοσίας erstmals einen Beleg für die direkte Vertauschung von δια[-] zu τια[-], was immerhin zu einer gewissen Vorsicht in der Ablehnung der Lautwechsel-These mahnen könnte. Aber auch hier wird das Argument wertlos, wenn es nur genau und kritisch betrachtet wird. Erst einmal ist die von C. P. Thiede selbst aufgeworfene ΄Gleichzeitigkeit΄ hier schon großzügig gefaßt, denn P. Amh. 111 ist auf das Jahr 132 n. Chr. datiert.[585] Daß es sich um einen Papyrus aus Ägypten handelt, muß kaum eigens betont werden. Auch sei noch einmal hervorgehoben, daß es sich um ein Dokument, eine Urkunde über die Rückzahlung eines Kredits, handelt, nicht um einen literarischen Papyrus. Das alles schwächt den argumentativen Wert bereits deutlich ab. Gänzlich wertlos wird dieser vorgebliche Beleg aber, wenn der ganze Papyrus betrachtet wird. Der Urkundentext ist von einem hauptberuflichen Schreiber geschrieben, einem Beamten in einem ΄Notariats-Büro΄ (1. Hand). Der Auftraggeber unterschreibt eigenhändig (2. Hand): "Ich, Pakusis, Sohn des Pakusis, habe die obenerwähnten 224 Silberdrachmen erhalten".[586] Zum Schluß zeichnet der Schreiber (1. Hand) gegen. Interessant ist nun, daß der Berufsschreiber διακοσίας schreibt, der Auftraggeber jedoch τιακωσίας.[587] Leider gibt es in der Edition der *Amherst Papyri* gerade von diesem Papyrus keine Abbildung. Es wäre sehr interessant, beide Handschriften zu vergleichen. Sicherlich fiele der Unterschied zwischen der geübten Handschrift des Berufsschreibers und der schwerfälligen Schrift des Pakusis auf. Der Schreiber 2. Hand, Pakusis, Sohn des Pakusis, macht in 15 Wörtern gleich zehn Fehler. Dabei findet sich eine weitere typische Eigenheit ägyptisch gefärbter Koine: Die Verwechslung von γ und κ.[588] Man geht wohl nicht fehl in der Annahme, daß es sich bei Pakusis, Sohn des Pakusis, um einen βραδέως γράφων, einen ΄Langsamschreiber΄ gehandelt hat, der nur über geringe Schreibkenntnisse verfügte.[589] Zum Vergleich: Für den Schreiber 1. Hand, den Berufsschreiber, notieren die Herausgeber nur 2 Abwei-

---

[584] Weitere interessante Überlegungen zur Schreibfertigkeit der an diesem Vertrag beteiligten Personen bei Youtie, H. C.: „Because they do not know Letters". S. 102f. und Kraus, T. J.: (Il)Literacy in non-literary Papyri.

[585] Es muß betont werden, daß es sich in beiden neu vorgelegten Belegen um im Text selbst datierte dokumentarische Papyri handelt, nicht um paläographisch datierte.

[586] Z. 24 – 26: „Πακῦσις Πακῦσιος ἀπέχο τὰς προγιμένας ἀργυρίου δραχμὰς τιακωσίας ἴκωσι τέσσαρος [...]." (So im Original, Abweichungen von der Orthographie bleiben unkorrigiert).

[587] Vgl. διακοσίας durch die 1. Hand in Z. 15; τιακωσίας durch die 2. Hand in Zeile 25.

[588] Vgl. Z. 25: προγιμένας statt προκειμένας (also auch noch eine itazistische Verschreibung zusätzlich).

[589] Vgl. zum ΄Langsamschreiber΄ kurz Blanck, H.: Das Buch in der Antike. S. 30.

chungen von der Orthographie, bei einem Text von fast 200 Wörtern. Was soll also mit diesem 'Beleg' gezeigt werden können? Ist es denkbar, daß ein Schreiber mit der mangelnden Qualifikation des Pakusis sich daranmachte, das ganze Markus-Evangelium abzuschreiben?[590] T. C. Skeat rechnet für das Mk mit einer immerhin ca. 6 m langen Schriftrolle![591] Welcher 'Schreibanfänger' traute sich diese Arbeit zu?

Das angeführte Beispiel zeigt nur eines: Es fehlt weiterhin ein Beleg für die Vertauschung von δια[-] zu τια[-], denn Pakusis, Sohn des Pakusis, kann unmöglich als Kronzeuge für die Verschreibung von διαπεράσαντες in τιαπεράσαντες herhalten.

Nun gibt es aber einen Beleg für die Verschreibung τια für δια, der den Befürwortern der mk. Identifizierung bisher nicht aufgefallen ist. Dieses Beispiel ist bei S. T. Teodorsson: *The Phonology.* S. 177 angeführt: P. Oxy. XII 1453, Z. 33. In diesem dokumentarischen Papyrus von 29/30 v. Chr. ist zu lesen: ἀξιωθεὶς τιὰ τὸ. Das ist allerdings sehr auffällig, da es in diesem Papyrus ansonsten keine typisch ägyptischen Verschreibungen gibt.[592] Dieses τ kann nur als gewöhnlicher Schreibfehler gewertet werden, vielleicht durch die Dental-Häufung ἀξιωθεὶς τιὰ τὸ verursacht. Besonders wichtig ist in diesem Zusammenhang jedoch die Zeile 39 dieses Dokuments. Dort ist die gleiche Formulierung noch einmal – nun aber mit korrektem διά! – zu lesen.[593] Auch der Schreibfehler in diesem Papyrus kann nicht zur argumentativen Absicherung einer ansonsten nicht belegten Aussprachebesonderheit im Raum Jerusalem herangezogen werden.

Der Blick auf die bisher vorgelegten Beispiele einer Verwechslung von δ und τ war sehr wichtig. Es hat sich gezeigt, daß es dieses Phänomen gibt, daß es um so deutlicher auftritt, je geringer die Schreib-Qualifikation des Schreibers ist. Worin liegt diese Lautvertauschung begründet? Der entscheidende Hinweis findet sich ja bereits in Literatur, die J. O'Callaghan selbst zitiert hat, in der ersten Auflage von E. Maysers *Grammatik der griechischen Papyri aus der Ptolemäerzeit*: "Das Schwanken zwischen den dentalen Lauten [...] galt von altersher für eine beson-

---

[590]   Es ist zu bedenken, daß Hunger, H.: 7Q5: Markus 6, 52 – 53 – oder? S. 34 – 36 im Schreiber des 7Q5 einen βραδέως γράφων erkennt!

[591]   Vgl. Skeat, T. C.: The origin. S. 263.

[592]   Die itazistische Verschreibung – ein einziges Beispiel auch in diesem Papyrus, Z. 6 – ist zwar auch in Ägypten häufig, aber eben ein weit verbreitetes Phänomen.

[593]   Ein Problem gibt es: Das δ des διὰ ist mit einem Punkt versehen, also auf dem Original nicht vollständig erhalten. Leider ist die untere Hälfte des Papyrus im Tafelteil nicht abgebildet. Nun ist es aber unwahrscheinlich, daß Reste eines δ mit Resten eines τ verwechselt werden können. Die Herausgeber notieren ein δ, deshalb darf wohl von Resten ausgegangen werden, die auf eben diesen Buchstaben schließen lassen. Denn immerhin waren die Herausgeber ja durch das τιὰ wenige Zeilen zuvor 'vorgewarnt'.

dere Eigentümlichkeit der ägyptisch-griechischen Mundart [...]."[594] In der zweiten, überarbeiteten Auflage dieses wichtigen Standard-Werkes, die – da bereits 1970 erschienen – sowohl von J. O´Callaghan als auch von C. P. Thiede hätte zur Kenntnis genommen werden können, wird der Bearbeiter noch deutlicher: "In den ägyptischen Papyri finden sich seit dem III. Jh. v. Chr. zahlreiche Beispiele für die Verwechslung von Tenues, Mediae und Aspiratae, besonders häufig von δ und τ. Dieselbe Erscheinung begegnet auch in Kleinasien, fehlt aber sonst sowohl in der Koine wie im Neugriechischen. Mit Recht wird sie daher für Ägypten auf den Einfluß des Koptischen zurückgeführt."[595] Schon J. O´Callaghan[596] verweist auf F. T. Gignac, der sich zu dieser Frage immer wieder geäußert hat. Gerade dieser Autor betont jedoch, daß sich die Verwechslungen von δ und τ aus "bilingual interference" ergeben: "These stops were originally distinct, and their corresponding reflexes are distinct in Modern Greek today, even though the classical voiced stops shifted to fricatives. If, then, this confusion of voiced and voiceless stops does not fit into the general pattern of development of the Greek language, it is quite possible that its presence in Egypt may be explained in terms of interference from the Egyptian language."[597] "This analysis of the Egyptian phonemic system contrasted with that of Greek illustrated by spelling variants in the papyri indicates in terms of bilingual interference that Egyptian speakers who did not have voiced stop phonemes in their native language seem to have failed in many instances to perceive and produce the Greek voiced-voiceless opposition in velar and dental stops."[598] Auch in seiner ausführlichen Grammatik vertritt der Autor diese Erklärung: "The frequent unconditioned interchange of γ and δ with κ and τ respectively indicates the identification of the voiced and voiceless phonemes originally represented by these symbols in a single velar /k/ and dental /t/ phoneme in the speech of many writers. This was the result of bilingual interference from the Egyptian language in which there were only voiceless stop phonemes."[599] Auch in der jüngsten Veröffentlichung heißt es ganz ähnlich: "These anomalies cannot be explained from the viewpoint of historical Greek grammar alone. But an analysis of the Coptic phonemic system indicates that these anomalies are the result of bilingual interference. For there was no phonemic distinction between voiced and voiceless stops in any dialect of Coptic."[600] Die koptischen Dialekte kennen in der Aussprache keine Unterscheidung zwischen *d* und *t*, wie J. Vergote mehrfach betont hat.[601]

---

[594]   Mayser, E.: Grammatik. 1. Aufl. S. 175.
[595]   Mayser, E.: Grammatik. 2. Aufl. S. 143.
[596]   O´Callaghan, J.: El cambio. S. 415, Anm. 3.
[597]   Gignac, F. T.: The Pronunciation of Greek Stops. S. 193 f.
[598]   Gignac, F. T.: The Pronunciation of Greek Stops. S. 195.
[599]   Gignac, F. T.: A Grammar. S. 63.
[600]   Gignac, F. T.: The Papyri and the Greek Language. S. 157.
[601]   Vgl. Vergote, J.: Phonétique historique de l´Égyptien. S. 24; ders. Grammaire Copte Ia. S. 18. Vgl. vorher schon maßgeblich Worrell, W. H.: Coptic Sounds. S. 25; 52; 84 f.; S. 131. W. H. Worrell betont mehrfach, daß vor allem in der Wie-

Das bedeutet: Es kann nicht verwundern, daß es in den ägyptischen Papyri häufig zu Verwechslungen der Buchstaben δ und τ kommt, da es in der Muttersprache der meisten Schreiber keinen Unterschied in der Aussprache von *d* und *t* gegeben hat. Was in der Aussprache nicht deutlich wird, wird daher in der Schreibung leicht verwechselt.[602]

Und genau darin zeigt sich die Wertlosigkeit solcher Argumente für die angebliche Schreibung von τιαπεράσαντες statt διαπεράσαντες in 7Q5, denn es darf wohl bezweifelt werden, daß der Schreiber des Papyrus-Fragments 7Q5 ausgerechnet einen ägyptischen Dialekt als Muttersprache benutzte. Nur unter dieser Voraussetzung jedoch könnten die ägyptischen Papyri als Belege gewertet werden.[603]

Trotz dieser eindeutigen Sachlage beharrt C. P. Thiede darauf, es habe im Raum Jerusalem eine 'Lautverschiebung' von δ und τ gegeben, denn nur diese Annahme kann die mk. Identifizierung des Fragmentes 7Q5 'retten'. Er behauptet, „daß die besondere Schreibweise, die wir aus papyrologischen Gründen für das Fragment 7Q5 annehmen müssen [...], keineswegs überrascht und die Zuweisung des Fragments an Markus 6, 53 somit in gar keiner Weise ausschließt. Vielmehr ist diese Schreibweise geradewegs zu erwarten und bestätigt daher abermals die von uns vorgenommene Zuweisung und das frühe Datum des Papyrus."[604] Oben hatte sich bereits gezeigt, daß es keine 'papyrologischen Gründe' gibt, eine Schreibung τιαπεράσαντες im Fragment 7Q5 – außerhalb Ägyptens – anzunehmen. Die Behauptung, die Form τιαπεράσαντες sei hier zu erwarten, entbehrt jeder sachlichen Grundlage. An dieser Stelle soll die Archäologie den entscheidenden Hinweis geliefert haben.

---

dergabe von Lehnwörtern δ und τ austauschbar seien; ders.: Coptic Sounds. S. 52: „New Egyptian **t** represents Canaanitish ת (t) at all times; but also ד (**d**), and that chiefly in the Eighteenth Dynasty. With the Nineteenth Dynasty they begin to use **d** to represent ד. This confusion of the sounds **t** and **d** is not Canaanitish, but rather Upper Egyptian (Sahidic)."; ebd. S. 131: „T and Δ are interchangeable." Ein weiteres Beispiel für die Verwechslung von Dentalen bietet auch v. Lemm, O.: Koptische Miscellen CI. S. 930.

[602] Diese Erklärung der verschiedenen Konsonantenvertauschungen in ägyptischen Papyri zeigt noch einmal, wie verfehlt die Verwendung des klar anders definierten Begriffs „Lautverschiebung" bei C. P. Thiede und F. Rohrhirsch ist. 'Bilingual interferences' sind damit nicht vergleichbar, da hier nur die phonologische Struktur der Muttersprache auf eine Fremdsprache übertragen wird, sich die phonologische Struktur beider Sprachen aber nicht ändert. Niemand käme auf die Idee, die meist fehlerhafte Aussprache des englischen 'th' durch deutsche Sprecher als „Lautverschiebung" zu bezeichnen – Vergleichbares wird jedoch von den oben genannten Vertretern der ntl. Identifizierung ständig getan.

[603] Auf eine Anfrage bestätigte F. T. Gignac brieflich ausdrücklich, daß das Phänomen der 'bilingual interferences' in Ägypten nicht auf Israel übertragen werden darf, daß das τια- in 7Q5 nicht als Variante von δια- verstanden werden darf.

[604] Thiede, C. P.: Der Jesus Papyrus. S. 68.

1872 publizierte C. Clermont-Ganneau den Text einer Inschrift, die Nichtjuden vor dem Betreten des inneren Tempelbezirkes in Jerusalem warnte: Μηθένα ἀλλογενῆ εἰσπο|ρεύεσθαι ἐντὸς τοῦ πε|ρὶ τὸ ἱερὸν τρυφάκτου καὶ | περιβόλου ὃς δ` ἂν λη|φθῇ ἑαυτῶι αἴτιος ἔσ|ται διὰ τὸ ἐξακολου|θεῖν θάνατον.[605] 'Kein Ausländer darf in den von einer Abschrankung umgebenen Bereich und Vorhof eintreten. Wer gefaßt wird, trägt selbst die Schuld an seinem sofortigen Tod'. In dieser Inschrift ist τρύφακτου zu lesen, obwohl eigentlich δρύφακτου zu erwarten wäre. C. Clermont-Ganneau schließt daraus, daß es 'bei den Juden' eine Tendenz zur Verwechslung von δ und τ gegeben habe.[606] Weitere Belege für diese angebliche Tendenz kann er nicht beibringen. Schon das macht solch weitreichende Schlußfolgerungen mehr als fraglich.

[Exkurs: Wie aussagekräftig ist das δρύφακτον-τρύφακτον-Argument?

An dieser Stelle ist eine ausführlichere Auseinandersetzung mit der Jerusalemer Tempelschranke nötig, da sie von den Befürwortern der mk. Identifizierung – J. O'Callaghan, C. P. Thiede, F. Rohrhirsch – bis heute als wichtigster Beleg für die angebliche 'Lautverschiebung' von δ zu τ im "Gesichtskreis der Urgemeinde"[607] angeführt wird. Vor allem C. P. Thiede betont mit C. Clermont-Ganneau, daß es sich bei τρύφακτον um die "für Jerusalems Bewohner zur Zeit des Zweiten Tempels charakteristische Art und Weise, das »d« auszusprechen" handelt.[608] Ausdrücklich lehnt er die von W. Dittenberger vorgeschlagene Erklärung ab, es sei auf zwei Arten möglich gewesen, das Wort für 'Absperrung, Tempelschranke' richtig zu schreiben, eben τρύφακτον und δρύφακτον, die die unbelegte Hilfsannahme einer Aussprachebesonderheit für den Raum Jerusalem nicht nötig hat.[609] Was C. P. Thiede dabei übersieht: W. Dittenbergers Inschriftensammlung erschien 1905. Zwischen der Publikation der Tempelschranke durch C. Clermont-Ganneau 1872 und der Wiedervorlage durch W. Dittenberger liegen somit mehr als 30 Jahre. In dieser Zeit waren die Archäologen und Epigraphiker

---

[605]   Die Transkription ist Dittenberger, W.: OGIS II. Nr. 598 entnommen, da hier die Zeilenumbrüche der Inschrift berücksichtigt sind. Abbildung der Inschrift bei Deissmann, A.: Licht vom Osten. 4. Aufl. S. 63; Edition mit weiteren Literaturangaben bei Thomsen, P.: Die lateinischen und griechischen Inschriften der Stadt Jerusalem. Nr. 11; vgl. auch Gawantka, W.: Aktualisierende Konkordanzen. S. 301 mit einem Nachtrag neuerer Editionen; weiterhin ausführlich Boffo, L.: Iscrizione greche. Nr. 32.

[606]   Clermont-Ganneau, C.: Une stèle du temple de Jérusalem. S. 222: „[...] elle ne paraissait indiquer chez les Juifs une tendance organique à substituer le son *t* au son *d*."

[607]   Thiede, C. P.: Papyrologische Anfragen. S. 72.

[608]   Thiede, C. P.: Der Jesus Papyrus. S. 65.

[609]   Dittenberger, W.: OGIS II. Nr. 598, Anm. 2; abgelehnt von Thiede, C. P.: Der Jesus Papyrus. S. 66 f.

nicht untätig. Schon Dittenberger nennt drei weitere Inschriften mit der Schreibung τρύφακτον, aus Delos (1890),[610] Oropos (1889)[611] und Mylasa (1896),[612] also weit entfernt von Jerusalem. Es ist ausgeschlossen, daß in allen drei Fällen und in Jerusalem eine ʻlokalspezifischeʻ Aussprache für die Form τρύφακτον verantwortlich ist. Aus eben diesem Grund konnte sich W. Dittenberger nicht mehr mit der Erklärung C. Clermont-Ganneaus begnügen, da sich diese durch die Neufunde als unhaltbar herausgestellt hatte.[613] Aus Delos wurden in der Folge weitere Inschriften mit der Schreibweise τρύφακτον bekannt.[614] Dort ist diese Form offensichtlich die Norm. M.-C. Hellmann führt rund 20 Inschriften aus Delos auf, in denen die Form τρύφακτος vorkommt.[615] Eine weitere Inschrift mit der Form τρύφακτον wurde 1963 publiziert, sie stammt aus Kyrene.[616]

Wie kann die merkwürdige Form τρύφακτον aber erklärt werden? Bis heute ist die unterschiedliche Schreibweise δρύφακτον / τρύφακτον ein nicht völlig geklärtes Problem. Dennoch kann eines sicher gesagt werden: Mit einer lokalspezifischen Aussprache hat die abweichende Schreibung nichts zu tun. H. Frisk schlägt zwei Erklärungen vor: „τρύφακτοι [...] durch regressive Assimilation (vgl. Schwyzer 257), wenn nicht volksetymologisch an τρυφή usw. angeschlossen.“[617] Für solche regressive Assimilationen bietet E. Schwyzer eine Reihe von Beispielen, die er „in der Hauptsache der ungepflegten Umgangssprache“[618] zuordnet. Auch R. Kühner verzeichnet ein „Schwanken zw. δ u. τ“[619] und führt dabei auch τρύφακτον an. Eine andere Erklärung bietet E. Mayser. Er nimmt

---

610 Vgl. IG XI 2, 161 A, l. 95; zuerst publiziert in Bulletin de Correspondance Hellenique 14 (1890), S. 397.

611 Vgl. IG VII, 3498, l. 4 f.; zuerst publiziert in Αμφιαρειου Επιγραφαι 3 (1889), S. 3, Z. 4 f.

612 Vgl. Patton/Myres: Karian Sites and Inscriptions. S. 231, Z. 3. Jetzt auch in Blümel, W.: Die Inschriften von Mylasa. S. 190, Nr. 502. Dort auch der Verweis auf eine weitere Inschrift aus Kleinasien – aus Labraunda – mit der Form τρύφακτος.

613 Weitere Angaben und genaue Nachweise der Inschriften mit der Form τρύφακτος und eines Fundes mit der Form δρύφακτος bei Salviat, F.: Dédicace d´un ΤΡΥΦΑΚΤΟΣ, bes. S. 260.

614 Vgl. IG XI 2, 165, l. 18-19. 38. 41; 199 A, l. 24. 30. 73; 287 A, l. 56. 101.

615 Vgl. Hellmann, M.-C.: Recherches. S. 210 f. Neben genauen Nachweisen der Inschriften findet sich dort auch eine ausführliche Darstellung der architektonischen Bedeutung des Bauelementes τρύφακτον.

616 Oliverio/Pugliese Carratelli/Morelli: Supplemento. Nr. 120.

617 Frisk, H.: Griechisches Etymologisches Wörterbuch I. S. 422.

618 Schwyzer, E.: Griechische Grammatik I. S. 256 f.

619 Kühner, R.: Ausführliche Grammatik. S. 148; § 31 Dabei geht es jedoch um ein anderes Phänomen als die durch bilinguale Interferenz verursachten Vertauschungen in Ägypten, hier handelt es sich um Eigenheiten der verschiedenen Dialekte des klassischen Griechisch.

an, τρύφακτον sei die gegenüber δρύφακτον ursprüngliche Form.[620] Unabhängig davon, welche der drei genannten Erklärungen zutrifft – keine paßt in das Muster 'lokalspezifische Aussprache/Schreibung in Jerusalem'. Und erst recht kann von Schreibvarianten bei einem seltenen Wort wie τρύφακτον nicht auf eine 'Lautverschiebung' und eine Schreibvariante beim äußerst häufigen Wort διά[-] geschlossen werden.

Zweifellos hat der Grammatiker Herodianus Technicus im späten zweiten Jahrhundert den etymologischen Zusammenhang richtig erkannt, wenn er schreibt: „τρύφακτον· ἔνιοι διὰ τοῦ δ· δρῦς γὰρ τὸ ξύλον."[621] Die Schreibung mit τ wäre demnach auf das allmähliche Schwinden des Wissens um eben diesen etymologischen Zusammenhang mit δρῦς zurückzuführen.[622]

An dieser Stelle wieder zurück zur Auseinandersetzung C. P. Thiedes mit H. U. Rosenbaum: „Doch was will Rosenbaum damit sagen? Daß bei Herodianus der Lautwechsel nichts mit lokaler Aussprache, sondern alles mit Etymologie zu tun hat? Das sei ihm zugestanden. Für das rund zwei Jahrhunderte ältere Jerusalemer Tempelstein-Beispiel trägt das nichts bei – die Lesart *dort* verschwindet jedenfalls nicht, wenn man ein bißchen mit dem erheblich späteren Herodianus Technicus operiert. Die schon von Clermont-Ganneau vorgeschlagene Erklärung, jene Jerusalemer Lesart könne auf eine lokalspezifische Aussprache des Griechischen zurückgehen, ist zwar Hypothese, aber Rosenbaum widerlegt sie keineswegs. Sein Herodianus ist dafür der untaugliche Gewährsmann."[623] Es geht nicht darum, die Lesart der Inschrift in Jerusalem 'verschwinden zu lassen', sie muß aber in ihren Kontext gestellt werden. Ch. Clermont-Ganneau kannte diesen Kontext noch nicht, er stand vor einem singulären Beispiel, das er sich nicht anders erklären konnte. Heute, fast 130 Jahre später, zeigen die Funde, daß es sich bei τρύφακτον um eine im ganzen östlichen Mittelmeerrau verbreitete Schreibung handelt. Die Hypothese Ch. Clermont-Ganneaus von der lokalspezifischen Aussprache scheitert daran, daß es sich eben um keine lokalspezifische, sondern im Gegenteil, um eine weit verbreitete Aussprache handelt. Bis heute fehlen ja auch weitere Belege für Verwechslungen von δ und τ im Raum Jerusalem. Auch die Behauptung, der spätere Herodianus könne nichts zur Klärung der Frage beitragen ist falsch. Die Erklärung des Herodianus trifft 'immer' zu. Es ist keinesfalls so, daß er ein Phänomen beschreibt, daß sich gerade in seinen Tagen vollzieht. Dabei ist zu bedenken, daß die Erklärung des Herodianus mehrere Jahrhunderte später auch bei Hesychios wiederkehrt. 300 bis 400 Jahre nach Herodianus war seine Erklärung immer noch 'gültig'. Weiterhin ist zu beachten, daß einige der τρύφακτον-Inschriften bereits vor der Zeitenwende angefertigt worden sind, so die aus Oropos, Eretria und einige der Beispiele aus Delos. Damit wird die Kritik

---

[620]   Vgl. Mayser, E.: Grammatik. S. 155.

[621]   Herodiani Technici Reliquiae. S. 595.

[622]   Im Hintergrund steht die indogermanische Wurzel *deru-; vgl. Pokorny, J.: Indogermanisches etymologisches Wörterbuch I. S. 214 – 217.

[623]   Thiede, C. P.: Papyrologische Anfragen. S. 71 f.

C. P. Thiedes hinfällig, H. U. Rosenbaum ´operiere´ „ein bißchen mit dem erheblich späteren Herodianus Technicus".[624]
Auffällig ist, daß sich weder bei J. O´Callaghan, noch bei C. P. Thiede, noch bei F. Rohrhirsch ein Hinweis darauf findet, daß die beiden Formen δρύφακτον / τρύφακτον die Altphilologen schon lange und auch ausführlich beschäftigt haben. Die Verfechter der mk. Identifizierung umgehen die Fachliteratur zum Thema, denn es würde zu deutlich, daß ein ´Beleg´, der in diesem Maße Fragen und Diskussionen aufwirft, zu unsicher ist, um damit eine These zu stützen, die an sich schon auf wackligen Füßen steht. Statt dessen ergeht sich C. P. Thiede in übler Polemik gegen H. U. Rosenbaum, der erstmals auf die Fragwürdigkeit der Argumentation mit der τρύφακτον-Inschrift hingewiesen hat: „Ein deutscher Autor [H. U. Rosenbaum, in Anm. genannt] ging sogar so weit, Dittenbergers Ansichten wieder aufzugreifen, und er fand auch gar nichts dabei, ganz naiv zu behaupten, die Entdeckung des Inschriftensteins sei ein »Zufallsfund« gewesen. Man kann sich gar keine seltsamere Methode vorstellen, will man sich um die Auseinandersetzung mit unwillkommenen archäologischen (und papyrologischen) Entdeckungen drücken. Man braucht sie nur als »zufällig« abzutun (und dabei ganz außer acht zu lassen, daß wir eine beträchtliche Anzahl bedeutender Bereicherungen unseres Wissens derartigen »Zufällen« verdanken), und sie verschwinden von der Bildfläche, als ob sie nie existiert hätten. Zum Glück hat dies aber nichts mit wirklicher Wissenschaft zu tun."[625] In der Anmerkung zur Stelle geht C. P. Thiede noch weiter: „Typisch für Rosenbaums Artikel sind schlichte Irrtümer, ein bis zur Beleidigung gehender polemischer Ton und Mangel an Sachkenntnis."[626] Wenn man bedenkt, daß C. P. Thiede die wissenschaftliche Diskussion um die Inschrift offensichtlich nicht kennt, seine Literatur – C. Clermont-Ganneau – veraltet ist, er mit keinem Wort auf die inhaltliche Kritik eingeht, H. U. Rosenbaum aus der ´Zufälligkeit´ des Inschriftenfundes keinerlei argumentative Folgerungen zieht, dann dürfte schon ansatzweise deutlich werden, wessen Arbeit ´nichts mit wirklicher Wissenschaft zu tun´ hat.
C. P. Thiede führt eine Stelle aus Flavius Josephus: *Jüdische Altertümer* an, um die Tempelschranke vorzustellen.[627] Was der Autor verschweigt: Bei Josephus wird nicht τρύφακτον sondern δρύφακτον geschrieben, der kritische Apparat zur Stelle verzeichnet davon keine Abweichungen. Josephus ist in Jerusalem geboren worden, hat also den Stein, den er beschreibt, sicherlich selbst gesehen. Gemäß der Argumentation C. P. Thiedes müßte Josephus ´τρύφακτον´ schreiben, da schließlich diese Form auf dem Stein zu finden ist und er als Jerusale-

---

[624] Thiede, C. P.: Papyrologische Anfragen. S. 71
[625] Thiede, C. P.: Der Jesus Papyrus. S. 67.
[626] Thiede, C. P.: Der Jesus Papyrus. S. 266, Anm. 22.
[627] Thiede, C. P.: Der Jesus Papyrus. S. 65: „Der jüdische Historiker Flavius Josephus erwähnt eine solche Inschrift in seinen *Jüdischen Altertümern* (15, 417) [...]". Daß diese Tempelschranke auch im *Jüdischen Krieg*, V, 2 erwähnt wird, erfährt man bei C. P. Thiede nicht.

mer, seiner angeblichen sprachlichen Eigenart folgend, so zu schreiben hätte. Da
die verschiedenen Funde und die Behandlung bei Herodianus Technicus zeigen,
daß beide Schreibungen korrekt waren, ist kaum anzunehmen, von den Ab-
schreibern sei später in beiden Werken τρύφακτον in δρύφακτον geändert
worden. Wenn also der Jerusalemer Josephus nicht τρύφακτον schreibt, obwohl
es auf dem beschriebenen Original in dieser Form zu lesen war, dann ist noch
einmal deutlich geworden, daß es sich bei der Schreibung τρύφακτον nicht um
eine spezifische Form für Jerusalem handelt.
Zumindest nebenbei sei noch bemerkt, daß sich in der Inschrift der Tempelschranke auch das Wort διά findet, also das Wort, das in 7Q5 unbedingt τια-
geschrieben werden müßte, um mit der mk. Identifizierung übereinzustimmen.
F. Rohrhirsch reicht die Tempelschranke als Beleg der angeblichen ´Lautver-
schiebung´: „Es geht der These ja nicht um den zu erklärenden Ursprung einer
Lautverschiebung, sondern um die Möglichkeit einer solchen; und diese Möglichkeit, weil sie auch faktisch ausweisbar ist, kann von Rosenbaum nicht bestritten werden."[628] Das ist viel zu kurz gedacht. Die Erklärung des Ursprungs
der Lautvertauschung diente dem Ziel zu zeigen, daß es zwischen beiden – der
tatsächlichen Möglichkeit τρύφακτον und δρύφακτον zu schreiben und der
von den Befürwortern geforderten, nirgendwo belegten Lautvertauschung von
διαπεράσαντες zu τιαπεράσαντες – keine Beziehung gibt. Wenn es aber
zwischen beiden Komplexen keine Beziehung gibt, dann sagt der eine nichts
über den anderen aus, dann kann der eine nicht zur Stützung des anderen benutzt
werden. Es liegt deshalb auch keineswegs ein ´archäologischer Nachweis´[629] für
einen ´Lautwechsel´, noch weniger für eine ´Lautverschiebung´ vor.

Fazit:

τρύφακτον und δρύφακτον sind zwei korrekte Formen für ein und dasselbe
Wort. Die Form τρύφακτον ist im ganzen östlichen Mittelmeerraum verbreitet,
mindestens seit dem 2. Jahrhundert v. Chr. Es gibt keinerlei Hinweis darauf, daß
die Schreibung τρύφακτον Rückschlüsse auf lokalspezifische Sprech- und
Schreibgewohnheiten beim allgemeinen Gebrauch der Buchstaben δ und τ zulassen könnte. Aus diesem Grunde haben die Tempelschranke und ihre Inschrift
keinerlei argumentativen Wert, wenn es darum geht, eine weitreichende Aussprachebesonderheit für Jerusalem wahrscheinlich zu machen. Und was keinen
argumentativen Wert hat, sollte in der Diskussion auch nicht weiter als Argument benutzt werden![630]   Exkurs Ende]

---

628   Rohrhirsch, F.: Markus in Qumran? S. 83.
629   Vgl. Rohrhirsch, F.: Markus in Qumran? S. 83.
630   Aus diesem Grunde nützt es auch nicht, wenn C. P. Thiede auf Segal, P.: The
       Penalty of the Warning Inscription, verweist. Dieser hat herausgestellt, daß der
       Text der Inschrift darauf schließen lasse, sie sei „formulated by the priestly admi-
       nistrators of the Temple [...]." (S. 84). Dadurch wird zwar deutlich, daß die In-

Schon H. U. Rosenbaum ist einen weiteren Schritt gegangen: "Diese Auffassung [es gibt keinen Hinweis auf eine Lautvertauschung in Jerusalem und Umgebung] wird bestätigt durch das Studium der verschiedenen Publikationsbände der Funde vom Toten Meer, die in ihren Verzeichnissen der orthographischen Besonderheiten weder bei den griechischen noch bei den nicht-griechischen Texten ein derartiges Phänomen belegen."[631] Es kann nicht verwundern, daß Befürworter der mk. Identifizierung zu dieser Aussage bisher nicht Stellung genommen haben. Auch wenn man sich nicht auf die Editionen der Funde vom Toten Meer beschränkt und die seit 1987 erschienenen Publikationen berücksichtigt: es gibt nicht die Spur eines Hinweises auf eine Verwechslung von δ und τ![632] Das ist zwar im Grunde eine Argumentation *ex silentio*, aber wie sollte hier anders argumentiert werden? Wenn jemand behauptet, im Deutschen schriebe man ʹdurchʹ mit ʹtʹ, also ʹturchʹ, dann ist doch das beste Argument, eine möglichst große Anzahl an Büchern, Zeitschriften, Briefen etc. vorzulegen, in denen eben nicht ʹturchʹ steht. Daß es möglich und denkbar ist, daß irgendjemand – aus welchen Gründen auch immer – einmal ʹturchʹ schreibt (soeben ja bereits dreimal geschehen!), ändert nichts an der Tatsache, daß es in Deutschland falsch und unüblich ist, so zu schreiben. Und auf eine ʹLautverschiebungʹ könnte aufgrund dieser Untersuchung am allerwenigsten geschlossen werden.

Wenn aber die von den Vertretern der mk. Identifizierung angenommene Lautvertauschung akzeptiert würde, was wären die Konsequenzen? Es ist bereits deutlich geworden, daß ein ʹLautwechselʹ, der auch die Präposition δια[-] betrifft, sehr umfassend sein muß, ein häufiges Verwechseln von δ und τ erwarten

---

631 schrift aus Jerusalem stammt, aber das hat keinerlei Konsequenzen für die Annahme einer Aussprachebesonderheit im Bereich dieser Stadt, wie oben dargelegt. Rosenbaum, H. U.: Cave 7Q5. S. 200.

632 Für diese Arbeit wurden folgende Editionen durchgesehen: Cotton, Hannah M.: Aramaic, Hebrew and Greek documentary Texts. (= DJD 27); dies.: The Archive of Salome Komaise; dies.: Fragments of a Declaration of Landes Property; dies.: Rent or Tax Receipt; Cotton/Geiger/Netzer: A Greek Ostracon; Lewis, N.: The Documents from the Bar Kokhba Period in the Cave of Letters (= P. Yadin); Lifshitz, B.: The Greek Documents from the Cave of Horror; ders.: The Greek Documents from Nahal Seelim; ders.: Papyrus grecs du désert de Juda; Masada II: Qumran Cave 4. (= DJD 9); Sammelbuch Griechischer Urkunden 6. Nr. 9571; Sammelbuch griechischer Urkunden 8. Nr. 9843 f.; Sammelbuch Griechischer Urkunden 12. Nr. 11043; Sammelbuch Griechischer Urkunden 14. Nr. 11850; Tov, E.: The Greek Minor Prophets Scroll. Die Zusammenstellung erfolgte nach Cotton/Cockle/Millar: The Papyrology. In keinem der veröffentlichten Papyri findet sich eine Vertauschung von δ und τ. Allein Verwechslungen von τ und θ lassen sich belegen: Tov, E.: The Greek Minor Prophets Scroll. S. 144; Micha 4, 3, Transkription: S. 39, Z. 34; Abb. V: ἀντάρη für ἀνθάρη. Lifshitz, B.: Papyrus Grecs du désert de Juda. S. 241: ἀνασθήσεται für ἀναστήσεται. Cotton, Hannah M.: Aramaic, Hebrew and Greek documentary Texts. (= DJD 27), S. 210: καθ᾽ ἔτος für κατ᾽ ἔτος. Genauso P. Yadin 16, Z. 23: καθ᾽ ἔτος für κατ᾽ ἔτος. Daraus kann aber nicht auf eine Vertauschung von δ und τ geschlossen werden.

läßt. Das hätte auch für 7Q5 denkbare Konsequenzen. Warum sollte das klare τ in Zeile 2 dann nicht auch ein ΄verschobens δ΄ sein? Immerhin ergibt sich auch unter diesen Bedingungen ein sinnvolles Wort: τῶ für δῶ, Konj. Aor. von δίδωμι. Selbst wenn man der unmöglichen Lesart C. P. Thiedes folgt, in Zeile 2 nach dem ω ein ν liest, kommt ein mehr oder weniger sinnvolles Wort heraus: τωια für δωια, die Schreibvariante eines arabischen Stammesnamens, die sich bei Diodor findet.[633] Ließe man sich also tatsächlich darauf ein, die Verschiebung von δ zu τ in 7Q5 anzunehmen, dann hätte das Fragment nur noch 8 eindeutige Buchstaben, die beiden sicheren τ ließen dann jeweils zwei Möglichkeiten zu. Eine Identifizierung mit Mk 6, 52 – 53 würde durch den Versuch, sie wahrscheinlich zu machen unwahrscheinlicher als je zuvor.

So bleibt für die Befürworter der mk. Identifizierung letztlich nur ein einziger Ausweg: Der Schreiber hat sich an dieser Stelle schlicht verschrieben. Hier erfolgt der Einspruch der *Lex Youtie*: "Es ist zwar zutreffend, dass auch die Schreiber (und Steinmetzen) Fehler gemacht haben; aber sie sind selten, und einen solchen Fehler neben einer Lücke anzunehmen, verstösst gegen die Wahrscheinlichkeit. Wenn es uns nicht gelingt zu den lesbaren Buchstaben eine plausible Ergänzung zu finden, so kann man mit 100 : 1 vermuten, dass der Fehler in der mangelnden Kombinationsfähigkeit unseres eigenen Gehirns liegt und nicht in einem Fehler des Schreibers."[634] Da es aber immer leichter ist, den Fehler vom eigenen Gehirn auf den längst verstorbenen Schreiber abzuwälzen, der sich selbst auch nicht mehr wehren kann, müßten die Befürworter der mk. Identifizierung hier den Weg wählen, den H. Youtie – nach R. Merkelbach – als ΄ungehörig΄ bezeichnete.[635] Auch hier gilt: Es ist selbstverständlich theoretisch möglich, daß eben an dieser Stelle ein Schreibfehler vorliegt. Da es aber mehr als genug andere Gründe gegen die Identifizierung von 7Q5 mit Mk 6, 52 – 53 gibt, ist eine solche Annahme auf jeden Fall abzuweisen! Konsequent weitergedacht würde daraus völlige Beliebigkeit im Umgang mit Textfragmenten folgen. Wer weiß denn, ob sich der Schreiber nicht bei den anderen lesbaren Buchstaben ebenfalls verschrieben hat? Jeder beliebige Text ist für 7Q5 annehmbar, wenn man dem Schreiber nur genügend Schreibfehler zubilligt.

Fazit:

In Zeile 2 des Fragmentes 7Q5 ist eindeutig ein τ zu erkennen. Die mk. Identifizierung erfordert an dieser Stelle zwingend ein δ. Die von den Befürwortern dieser Identifizierung vorgetragene Hilfs-Hypothese eines allgemeinen ΄Lautwechsels΄ – einer Besonderheit in der Aussprache – in der Umgebung Jerusalems

---

[633] Vgl. Thesaurus Graecae Lingua III. S. 1821; dieses Wort ist mittels Kretschmer, P.: Rückläufiges Wörterbuch, ermittelt worden. Dadurch konnte die Buchstabenkombination nur am Ende eines Wortes aufgefunden werden. Sicherlich würde ein Computerversuch diese Kombination häufiger aufzeigen.

[634] Merkelbach, R.: Lex Youtie. S. 294.

[635] Vgl. Merkelbach, R.: Lex Youtie. S. 294.

von δ nach τ konnte widerlegt werden, da sie weder durch papyrologische noch durch archäologische Fakten gestützt wird.

Nach menschlichem Ermessen und papyrologischen Konventionen ist die Hypothese 7Q5 = Mk 6, 52 – 53 an dieser Stelle widerlegt.

6.6   In Zeile 2 steht definitiv kein N

Es gibt im Fragment 7Q5 eine Reihe von Buchstaben, über deren Entzifferung in der Forschung bisher keine Einigkeit erzielt wurde.[636] In den meisten Fällen ist eine Entscheidung, bedingt durch den fragmentarischen Zustand des Papyrus, kaum noch möglich.

Anders ist die Situation jedoch in Zeile 2, beim Buchstaben, der auf das eindeutige ω folgt (vgl. Abb. 3). C. P. Thiede selbst hat die Entscheidung über diesen Buchstaben zur ʹÜberlebensfrageʹ seiner und J. O´Callaghans ntl. Identifizierung erklärt: „And it is indeed crucial in one vital sense: if this *nu* can be ruled out [...], the Markan identification is doomed, since it necessitates a *nu* at precisely this place.“[637]

In der Erstveröffentlichung des Fragmentes gibt es zu diesem Buchstaben keinerlei Unklarheiten. Er wird von P. Boismard als *iota* gelesen, ohne Unterpunkt, also eindeutig identifiziert. Ein solches *iota* legt die Vermutung nahe, daß es sich bei der Buchstabenkombination τωι um den Dativ des bestimmten Artikels ὁ handelt. Das ι wird von Boismard deshalb als *iota-adscriptum* verstanden. Es erscheint in der Transkription jedoch in der heute üblichen Schreibung als *iota-subscriptum*: τῷ.

Dieses *iota-subscriptum* hat zu großer Verwirrung geführt, denn es wurde mehrfach schlicht übersehen. Schon J. O´Callaghan scheint hier Schwierigkeiten zu haben, denn er führt das *iota-subscriptum* zwar in der Transkription an,[638] geht im Text aber nicht mehr darauf ein.[639] Schon M. Baillet macht darauf aufmerksam, daß J. O´Callaghan in dieser Frage ungenau gearbeitet hat.[640] In einem Aufsatz von C. J. Hemer erscheint anstelle des *iota-subscriptum* gar ein Punkt

---

[636]   Vgl. hierzu die recht brauchbare Lesarten-Varianten-Zusammenstellung bei Rohrhirsch, F.: Markus in Qumran? S. 57. Ein schwerwiegender Fehler ist jedoch die Angabe, in der Erstausgabe – DJD III – sei von P. Boismard in Zeile 2 hinter dem ω ein α gelesen worden: das ist falsch. Vgl. unten.

[637]   Thiede, C. P.: The earliest gospel manuscript? S. 35.

[638]   Vgl. O´Callaghan, J.: Papiros neotestamentarios. S. 93.

[639]   Vgl. O´Callaghan, J.: Papiros neotestamentarios. S. 94. Hier schreibt er statt dessen, die Erstherausgeber hätten nach dem ω ein α vorgeschlagen. Offensichtlich hat auch er also das *iota-subscriptum* der Transkription nicht als das *iota-adscriptum* des Originals erkannt.

[640]   Baillet, M.: Les manuscrits. S. 510.

unter dem ω, als sei die Lesung des ω jemals fraglich gewesen.[641] Dieser Punkt
erscheint auch bei C. P. Thiede anstelle des *iota-subscriptum*, was nicht als tech-
nischer Fehler zu entschuldigen ist. C. P. Thiede hat nicht verstanden, daß P.
Boismard das α nicht direkt hinter dem ω sondern erst nach dem ι - dem *iota-
adscriptum* – gelesen hat.[642] Auch in C. P. Thiedes Buch *Die älteste Evangelien-
Handschrift* ist dieser Fehler bis zur vierten Auflage von 1994 nicht bemerkt,
geschweige denn korrigiert worden.[643] Schon 1989 hatten S. R. Pickering und R.
E. Cook auf die Verwirrung hingewiesen, die das *iota-subscriptum / adscriptum*
gestiftet hatte und dabei den Fehler C. P. Thiedes ausdrücklich erwähnt.[644] Interessanterweise ist dieser Fehler in der englischen Ausgabe der kleinen Schrift C.
P. Thiedes schon 1992 korrigiert.[645] Auch F. Rohrhirsch erkennt die Zusammen-
hänge nicht: „Die ´editio princeps´ spricht sich ebenfalls gegen das ν und für ein
diskutierbares α aus."[646] Dabei ist ein α direkt auf das ω folgend, völlig indis-
kutabel.

Die ausführliche Klärung dieser Vorfrage war nötig, um die Zahl der möglichen
Buchstaben hinter dem ω in Zeile 2 ein wenig einzuschränken. Durch die Fehler
einiger Beteiligter ist ein Buchstabe in die Diskussion geraten, der eigentlich nie
zur Debatte gestanden hatte, ein α.[647] So bleiben nur zwei Buchstaben übrig, die
an dieser Stelle des Fragments gelesen bzw. bestritten werden: ν und ι. Ein
ν wird allein von ausgesprochenen Befürwortern der mk. Identifikation mit
zunehmender Vehemenz behauptet.[648] Diese Lesung wird von einer ganzen Rei-

---

[641]   Vgl. Hemer, C. J.: A note on 7Q5. S. 155.

[642]   Vgl. dazu Thiede, C. P.: 7Q. Eine Rückkehr. S. 545: „Nach dem einstimmig
         sicheren τω setzt O´Callaghan ein ν, wo bei Boismard ein α mit Punkt gesetzt
         worden war." Unter dem ω des τω setzt C. P. Thiede einen Punkt – das nicht
         verstandene *iota-subscriptum* P. Boismards. C. P. Thiede hätte auffallen müssen,
         daß ein ´einstimmig sicheres τω´ nicht mit einem Punkt unter dem ω geschrieben
         sein dürfte. Und tatsächlich setzt J. O´Callaghan sein ν nicht an die Stelle, an der
         von P. Boismard ein α gelesen worden war, sondern an die Stelle, wo dieser ein ι
         als sicheren Buchstaben angenommen hatte.

[643]   Thiede, C. P.: Die älteste Evangelien-Handschrift? S. 45: „Ein eigentlicher Wider-
         spruch zwischen Boismard und O´Callaghan besteht nur beim vierten Buchstaben,
         den Boismard als -a- las, während ihn O´Callaghan als -n- entzifferte. Baillet
         schlug als dritte Lesart ein -i- vor, und zwar als *iota adscriptum*." Noch einmal: P.
         Boismard entzifferte den gemeinten Buchstaben keineswegs als α sondern als ι,
         als *iota-adscriptum*, das nur in der Transkription als *iota-subscriptum* erscheint.
         Die angeblich neue dritte Lesart ist somit nicht von M. Baillet -- was dieser auch
         nie behauptet hat – sondern eben schon von P. Boismard.

[644]   Vgl. Pickering, S. R.; Cook, R. R. E.: Mark at Qumran? S. 7.

[645]   Vgl. Thiede, C. P.: 7Q5. The earliest New Testament Fragment. S. 34.

[646]   Rohrhirsch, F.: Markus in Qumran? S. 45.

[647]   Ein α bleibt nach wie vor in der Diskussion, aber nicht direkt hinter dem τω,
         sondern erst hinter dem τωι.

[648]   Vgl. O´Callaghan, J.: Papiros neotestamentarios. S. 94, der sich zu einem sicheren
         ν noch nicht durchringen kann, statt dessen einen Punkt für einen nicht sicher be-

he von Fachleuten abgelehnt, die sich statt dessen für ein ι aussprechen, ein ν oftmals in scharfer Form zurückweisen.[649] An dieser Stelle sei noch einmal darauf hingewiesen, daß die Erstausgabe des Fragments 7Q5, die ja noch völlig unbeeinflußt war von der nachfolgenden Debatte, hier ohne jeden Zweifel von einem ι ausging.

Was spricht nun für ein ι, was für ein ν? Die Situation ist günstig, da beide Alternativen im Fragment 7Q5 einmal vollständig und unumstritten vorhanden sind (vgl. Abb. 4). Im Vergleich des Längsstriches in Zeile 2 mit dem ι in Zeile 3 fallen durchaus Unterschiede auf.[650] Das vollständige ι lädt etwas weiter nach links aus. Auch der Fuß des vollständigen ι ist vom Fuß des Längsstriches in Zeile 2 scheinbar verschieden; er erscheint wesentlich weiter nach links ausgezogen, berührt den unteren rechten Rand des α. C. P. Thiede äußert sich nur sehr vorsichtig: „Ein -ι- mag auf den ersten Blick als denkbar erscheinen, obwohl das -ι- im *kai* der dritten Zeile (und das weitere, wenngleich fragmentarische -ι- am Ende der dritten Zeile) nicht völlig identisch sind."[651]

Neben den schon erwähnten Unterschieden entdeckt F. Rohrhirsch eine weitere Differenz in der Ausführung: „zum anderen gehen beide Abstriche der iotas nicht bis zum Zeilenende, sondern enden schon früher."[652]

---

stimmten Buchstaben setzt. Thiede, C. P.: 7Q. Eine Rückkehr. S. 545 ist sich schon recht sicher, „daß die Ähnlichkeit des Strichs mit jenem des ν von νυησ frappierend ist." Mit den Jahren nimmt seine Gewißheit zu, so in ders.: Die älteste Evangelien-Handschrift? S. 46: „O´Callaghans Lesart ist die einzig wahrscheinliche."; ders.: The earliest gospel manuscript? S. 34 – 38; ders.: Bericht über die kriminaltechnische Untersuchung. S. 240 behauptet, ein ι sei „nunmehr endgültig ausgeschlossen" und das „*ny* in Zeile 2 gehört nunmehr zu den ´sicheren Buchstaben´ des Fragments [...].";ders.: Greek Qumran Fragment 7Q5. S. 396: „O´Callaghan´s dot underneath the *nu* in line 2 may now be deleted; the Jerusalem analysis proved ist existence beyond the shadow of a doubt."; ders.: Der Jesus Papyrus. S. 68 – 71 läßt nach der von ihm falsch interpretierten mikroskopischen Aufnahme nur das ν gelten und polemisiert heftig gegen den ´uneinsichtigen´ G. Stanton.

[649] Vgl. Baillet, M.: Les manuscrits. S. 510; Fee, G. F.: Some dissenting notes. S. 110: „The letter following the *omega* is an *iota*, not a *nu*." Pickering, S. R.; Cook, R. R. E.: Has a fragment of the gospel of Mark. S. 11 f.; Focant, C.: 7Q5 = Mk 6, 52 – 53? S. 13 f. bezeichnet das ι als „nearly certain" (S. 14), schließt ein ν aus. Pickering, S. R.: Palaeographical Details. S. 29: „but the reading of nu is not possible. The iota must be read [...]."; Stanton, G.: Gospel Truth? S. 28 f.

[650] Zusammengestellt u. a. bei Rohrhirsch, F.: Markus in Qumran? S. 45 – 47.

[651] Thiede, C. P.: Die älteste Evangelien-Handschrift? S. 45. Dazu ist zu bemerken, daß das hier von C. P. Thiede angeführte „wenngleich fragmentarische -ι- am Ende der dritten Zeile" keineswegs zu den unumstrittenen Buchstaben gehört, daß es im Vergleich mit dem sicheren ι von Zeile 3 wesentlich weniger Übereinstimmung bietet als der in Zeile 2 umstrittene Längsstrich. Das angebliche ι ist wohl doch eher ein ω.

[652] Rohrhirsch, F.: Markus in Qumran? S. 46.

Zusammengestellt werden also folgende Unterschiede genannt:

a) unterschiedlich geformter Buchstabenkopf / Tendenz zur Verschmel-
    zung mit dem α am oberen Rand
b) unterschiedlich geformter Buchstabenfuß / Tendenz zur Verschmelzung
    mit dem α am unteren Rand
c) der Abstrich des ι endet vor dem unteren Zeilenende

Zu a) Auf keiner der bisher publizierten Abbildungen ist zu erkennen, ob sich
das ι und das α in Zeile 3 oben einmal berührt haben. Im derzeitigen Zustand des
Fragments gibt es allerdings keine Verbindung.[653] Wahrscheinlich liegt zwischen
beiden Buchstaben eine leichte Beschädigung des Papyrus vor, die eine Klärung
dieser Frage zusätzlich erschwert. Unter diesen Umständen muß hier auf ein
genaueres Resultat verzichtet werden. Der Unterschied zwischen dem ι in Zeile
3 und dem Längsstrich in Zeile 2 läßt sich jedoch problemlos damit erklären, daß
beide auf sehr unterschiedliche Buchstaben folgen. Neben einem α ist schlicht
mehr Platz, um einen nach links ausladenden Haken zu schreiben, als neben dem
ω in Zeile 2. Der Abstand zwischen dem rechten Rand des ω und dem Längsstrich in Zeile 2 ist dabei etwa gleich weit, wie der zwischen dem α und dem ι in
Zeile 3 (vgl. Abb. 5).[654] Außerdem steht das ι in Zeile 2 der Grundform dieses
Buchstabens näher, als das ι in Zeile 3.[655] Die Form des oberen Teils des Längs-
strichs in Zeile 2 spricht also keineswegs dagegen, diesen Strich als ι anzuspre-
chen. Im Gegenteil, mir scheint die Form wesentlich eher für ein ι als für ein ν

---

653 Auch die Video-Dokumentation der mikroskopischen Untersuchung in Jerusalem
     erbringt hier keinen eindeutigen Befund. Zumindest ist Tinte zwischen dem α und
     dem ι fast restlos abgeblättert. Die mögliche Ansatzstelle einer Ligatur am α ist
     völlig unklar.
654 Dabei ist der Abstand zwischen einer gedachten Senkrechten, vom rechten Fuß
     des α ausgehend, zum ι in Zeile 3 gemeint. Dieser Abstand ist etwas geringer als
     der zwischen dem ω und dem Längsstrich in Zeile 2. Das erklärt sich leicht da-
     durch, daß der Abstrich des ι neben der Spitze des α beginnt, wodurch dem
     Schreiber der Abstand zwischen den Buchstaben zwangsläufig weiter erscheint als
     zwischen dem ω und dem Längsstrich, da das ω ja am rechten Rand aus einer na-
     hezu senkrechten Linie besteht. Setzt der Schreiber also neben einem ω zu einem
     ι an, erscheint der Abstand schmaler als beim ι-Ansatz neben einem α.
655 Das ι in Zeile 3 steht fast singulär, vergleicht man die ι-Formen aller bisher ge-
     fundenen griechischen Qumran-Fragmente. Sämtliche ι in allen Fragmenten zei-
     gen oben nur geringe, oder überhaupt keine Häkchen, meist sind die Häkchen am
     unteren Ende etwas stärker ausgeprägt. Einen solchen leichten Häkchen-Ansatz
     zeigt nun zweifelsfrei auch der Längsstrich in Zeile 2. Auffällige Ausnahme sind
     allein die Fragmente pap4QParaExod gr.; Qumran Cave 4! In diesen Fragmenten
     finden sich deutliche Ähnlichkeiten mit den Buchstaben des Fragmentes 7Q5. Be-
     sonders auffällig ist dabei die Ähnlichkeit der Buchstaben τ. Aber auch die Kom-
     bination αι, wie sie sich in 7Q5 in Zeile 3 findet, läßt sich ganz ähnlich in den
     verschiedenen Fragmenten des pap4QparaExod gr. finden, in Fragm. 13, 31, 45.

zu sprechen (vgl. Abb. 6). Beim vollständigen v in Zeile 4 ist der Haken am oberen Teil des linken Abstriches wesentlich stärker ausgebildet, es besteht kaum Ähnlichkeit mit dem oberen Teil des Längsstriches in Zeile 2.[656] Der erste Einwand gegen die Deutung des Längsstriches als ι ist somit hinfällig.

Zu b)   Auch dieser Einwand läßt sich schnell entkräften. Noch einmal muß darauf verwiesen werden, daß Buchstabenverbindungen vor allem ein Produkt des Zufalls sind, in vielen Fällen keine tiefere Beziehung zur Textgliederung aufweisen (vgl. oben, 5.4). Wie schon beim ersten Einwand, wird auch hier übersehen, daß die Form des vorangehenden Buchstaben Einfluß auf die Ausführung des nachfolgenden Buchstaben haben kann. Die Verbindung von ω und ι am Buchstabenfuß ist wesentlich schwieriger als die gleiche Verbindung zwischen α und ι. Somit bleibt als Argument nur die etwas unterschiedliche Form der Buchstabenfüße bestehen. Dazu ist jedoch zu bemerken, daß der Fuß des Längsstriches in Zeile 2 offensichtlich gar nicht mehr in voller Länge erhalten ist.[657] Wenn das untere Häkchen des Längsstriches ursprünglich nur ein wenig weiter nach links gereicht hat, dann ist seine Form identisch mit dem Fuß des sicheren ι aus Zeile 3. Wenn die untere Häkchenbildung des Längsstriches von Zeile 2 und des sicheren ι aus Zeile 3 einerseits nun mit dem Häkchen des sicheren v (Zeile 4) oder auch der beiden η (Zeile 4, 5) andererseits verglichen wird (vgl. wieder Abb. 6), dann fällt auf, daß die Häkchenform des Längsstriches nur mit dem unteren Ende des ι zu vergleichen ist. In beiden Fällen sind die Häkchen leicht nach links unten geneigt, während die Häkchen sowohl des v als auch der beiden η ganz genau waagerecht gezogen sind. Auch der zweite Einwand gegen eine Entzifferung des Längsstriches in Zeile 2 als ι konnte also nicht bestehen.

Zu c)   F. Rohrhirsch hat ganz recht, wenn er feststellt, der Abstrich des ι reiche nicht bis zum Zeilenende, er ende ein wenig oberhalb.[658] Aber exakt dieser Fall liegt auch beim Längsstrich in Zeile 2 vor, wie ein Blick auf die publizierten Abbildungen nahelegt und durch die extrem vergrößerte Abbildung bei C. P. Thiede[659] nun auch erwiesen ist. Der senkrechte Abstrich endet knapp oberhalb der – freilich immer unregelmäßigen – Grundlinie. Darunter setzt dann das von links unten nach rechts oben verlaufende Häkchen an. Dabei gibt es keinerlei Unterschied zwischen dem Längsstrich in Zeile 2 und dem ι in Zeile 3. Auch dieser Einwand ist also keiner, statt dessen verweist er auf eine besonders auffällige Ähnlichkeit des Längsstriches aus Zeile 2 mit dem ι in Zeile 3.

---

[656]   Man beachte dabei, daß das v in Zeile 5 auf ein vorangehendes v folgt, also ähnlich wie in Zeile 2 zwei Längs-Abstriche nebeneinander stehen. Wenn unter so ähnlichen Bedingungen die oberen Teile beider Buchstaben derart verschieden ausfallen, dann darf das doch wohl als Argument gegen das Vorhandensein eines v in Zeile 2 gewertet werden.

[657]   Vgl. dazu wieder die vergrößerte Abbildung bei Thiede, C. P.: Bericht über die kriminaltechnische Untersuchung. S. 243.

[658]   Vgl. Rohrhirsch, F.: Markus in Qumran? S. 46.

[659]   Vgl. Thiede, C. P.: Bericht über die kriminaltechnische Untersuchung. S. 243.

Die von den Befürwortern der mk. Identifizierung vorgetragenen Argumente gegen die Lesung des Längsstriches in Zeile 2 als ι haben sich als nicht stichhaltig erwiesen. Die genauere Untersuchung brachte statt dessen deutliche Hinweise gegen das von O'Callaghan, C. P. Thiede, F. Rohrhirsch, H. Hunger u. a. gelesene ν.
Das ι ist der wahrscheinlichere Buchstabe![660]

An dieser Stelle ist es sinnvoll, einen weiteren umstrittenen Buchstabenrest des Fragmentes 7Q5 kurz zu besprechen, der in Zeile 3 auf das τ folgt. Hier ein – für die mk. Identifizierung zwingend notwendiges – ι anzunehmen, erscheint bei genauerer Betrachtung als Wunschdenken. In der bisherigen Diskussion ist von den Befürwortern eines ι allein auf die obere Verbindung der beiden Buchstaben verwiesen worden. Diese sei angeblich deutlich unterschieden von der ähnlichen Buchstabenkombination τω in Zeile 2. Außerdem sei der Abstand zwischen dem τ und dem jeweiligen Folgebuchstaben in Zeile 2 kleiner als in Zeile 3.[661] Die Angaben J. O'Callaghans werden sofort von M. Baillet korrigiert, statt 1 mm in Zeile 2 mißt er 1,5 mm, statt 2 mm in Zeile 3 ermittelt er 1,75 mm.[662] Diese Abweichung von 0,25 mm zwischen Zeile 2 und Zeile 3 muß einem Schreiber wohl zugebilligt werden. Jedoch sollte nach den Ergebnissen der letzten Seiten beim ι nicht allein der Kopf, sondern auch und vor allem der Fuß des Buchstaben beachtet werden. Und bei dieser Betrachtung fällt auf: Es fehlt jeder Hinweis auf das beim ι von links unten nach rechts oben verlaufende Häkchen.[663] Es ist nicht einsichtig, warum dieses charakteristische Kennzeichen eines ι fehlen sollte. Deshalb kann ein ι an dieser Stelle ausgeschlossen werden. Die Annahme eines ω liegt dagegen schon aus dem direkten Vergleich mit der

---

[660]   Die Behauptung bei Thiede, C. P.: Die älteste Evangelienhandschrift? S. 46: „O'Callaghans Lesart ist die einzig wahrscheinliche." erweist sich in gleichem Maße schon in diesem Stadium der Untersuchung als abwegig.

[661]   Vgl. O'Callaghan. Notas sobre 7Q tomadas. S. 522.

[662]   Vgl. Baillet, M.: Les manuscrits (B). S. 349. Rohrhirsch, F.: Markus in Qumran. S. 50, Anm. 113 meint, ein Kommentar zu dieser Korrektur erübrige sich, da „Korrekturen mit Größenordnungen, die bis in die Hundertstel eines Millimeters gehen keine sinnvollen Aussagen mehr zulassen, weil davon ausgegangen werden kann, daß die Herstellung von Papyrus und die Beschriftung desselben mit einem Schreibgerät von keinem Feinwerktechniker durchgeführt wurde." Das klingt zwar plausibel, ist es aber nicht. Zuerst einmal hat J. O'Callaghan die erste Messung vorgelegt. Wenn aber gemessen wird, dann muß auch genau gemessen werden. Die Abweichung zwischen der Messung J. O'Callaghans und der Messung M. Baillets liegt nicht im Bereich eines Hundertstel Millimeters. Die Abweichung zwischen den Breiten in Zeile 2 und 3 beträgt bei J. O'Callaghan 1 mm, bei M. Baillet 0,25 mm.

[663]   Auch in der extremen Vergrößerung der mikroskopischen Untersuchung findet sich nicht die kleinste Spur eines solchen Häkchens; vgl. *Der unbekannte Jesus*.

dann identischen Buchstabenabfolge in Zeile 2 nahe.[664] Auch diese Beobachtung spricht eindeutig gegen eine Identifizierung des Fragmentes 7Q5 mit Mk 6, 52 – 53.

H. Hunger versuchte 1991 die ntl. Identifizierungsthese papyrologisch zu stützen.[665] Auf 24 Seiten mit 23 Abbildungen verfolgt er folgenden Argumentationsgang: Gleiche Schreiber führen gleiche Buchstaben im gleichen Dokument häufig sehr unterschiedlich aus. Das ist auch im Fragment 7Q5 zu erkennen. Also kann es sehr wohl Unterschiede zwischen dem sicheren ν in Zeile 4 und dem für die mk. Identifizierung unerläßlichen ν in Zeile 2 geben, ohne daß dadurch die Lesung der Buchstabenreste in Zeile 2 als ν hinfällig würde.
H. Hunger vergleicht die beiden η in Zeile 4 und 5 und kommt zu folgendem Ergebnis: „In Zeile 5 ist *Eta* etwas breiter, hat die Häkchen deutlich vergrößert und die rechte Haste schwungvoll gebogen."[666] Auf den ersten Blick erscheint diese Aussage plausibel, aber es lohnt sich, genauer hinzusehen.
Wenn eines der beiden im Fragment 7Q5 enthaltenen η auf Folie kopiert wird, ist es möglich, beide η direkt übereinanderzulegen (vgl. Abb. 7). Zuerst fällt auf, daß die beiden senkrechten Striche beider η am Buchstabenkopf und auch noch in der Buchstabenmitte exakt gleich weit voneinander entfernt sind; erst am Buchstabenfuß entfernt sich die rechte von der linken Haste im η der Zeile 5, was beim η der Zeile 4 nicht zu beobachten ist. Die Behauptung, das η in Zeile 5 sei breiter als das in Zeile 4 ist also zumindest nur ʹhalb wahrʹ. Daß die rechte Haste des η in Zeile 5 und des wahrscheinlichen η in Zeile 3 (linker Fragmentrand) ʹschwungvoll gebogenʹ sind, ist sicherlich richtig. Der Ansatz zur Biegung ist jedoch auch beim η in Zeile 4 zu beobachten. Daß dieser Biegung der ʹSchwungʹ fehlt, dürfte sich am ehesten durch den leider nicht mehr erhaltenen

---

[664]   Thiede, C. P.: Die älteste Evangelien-Handschrift. S. 46 behauptet nun: „Schon das Normalfragment [Was ist das?], um so mehr dann die Vergrößerung zeigen, daß es kein -o- sein kann: der Strich verläuft ohne Krümmung senkrecht nach unten. Und genau dies hat er mit dem -i- weiter links in der gleichen Zeile gemeinsam." 1992 präzisiert er seine Aussagen, ders.: The earliest Gospel Manuscript. S. 39: „This illusion is caused by a minute fissure, which appears as a black line in the photographs, going upwards, to the right, and by a brown spot of damaged papyrus underneath. The fissure does *not* touch the lower part of the visible stroke. There is, thus, no curvature." Schon der Blick auf die verschiedenen Abbildungen des Fragmentes läßt diese Angaben fraglich werden, denn immer erscheint der Längsstrich neben dem τ als gebogen. Das wird besonders deutlich in der Fernseh-Dokumentation der mikroskopischen Untersuchung des Fragmentes; vgl. Thiede, C. P.: Der unbekannte Jesus. Es ist kaum vorstellbar, daß dieser Eindruck auch nur eine ʹIllusionʹ ist. Sollte die mikroskopische Untersuchung jedoch in der Lage sein, solche Illusionen zu erzeugen, dann müßte man wohl über den Sinn solcher Untersuchungen nachdenken.

[665]   Vgl. Hunger, H.: 7Q5: Markus 6, 52 – 53 – oder? S. 33 – 56.

[666]   Hunger, H.: 7Q5: Markus 6, 52 – 53 – oder? S. 36.

folgenden Buchstaben erklären lassen. Denn es fällt auf, daß sowohl in Zeile 3 als auch in Zeile 5 rechts neben dem η genügend Platz für eine 'schwungvolle' Rundung ist. Wenn diese Rundung in Zeile 4 fehlt, spricht das m. E. gegen ein auf das η folgendes σ, das die mk. Identifizierung aber zwingend voraussetzte. Wie ein η vor einem zumindest σ-ähnlich gerundeten Buchstaben[667] aussieht, ist in Zeile 5 schließlich eindeutig zu sehen. Im direkten Vergleich der beiden vollständigen η in Zeile 4 und 5 durch Übereinanderschieben von Original und Folienkopie zeigt sich jedenfalls, daß die Unterschiede zwischen beiden Buchstaben minimal und zu vernachlässigen sind.[668]

H. Hunger bietet dann ein neues Argument für die Lesung eines ν in Zeile 2. „Die `Urform´, auf die das in Zeile 2 vorliegende umstrittene Ny zurückgeht, findet sich auch bei Gumbert (Abb. 17) [[669]]. Wenn man das einmal richtig überlegt hat, wird man auch an den heute noch vorhandenen Resten des Buchstabens keinen Anstoß nehmen, sondern sie getrost als Ny deuten."[670] Für diese etwas ungewöhnliche Form des ν bietet H. Hunger einige Beispiele in Abbildungen.[671] Jedoch hat das von ihm als „Urform" vorgeführte 'rising type'[672] ν keine Ähnlichkeit mit einem aus den vorhandenen Tintenspuren des Fragmentes 7Q5 rekonstruierten ν (vgl. Abb. 8). Das ν in Zeile 4 ist außerdem zweifelsfrei ein 'falling type' ν.

Die von H. Hunger angeführten Abbildungen zeigen zwar immer wieder unterschiedlich geformte Buchstaben des gleichen Schreibers im gleichen Text, die abgebildeten ν sind aber in einem einzelnen Papyrus entweder alle 'rising type' oder 'falling type', niemals werden diese beiden Grundformen des Buchstaben ν in einem Text vermischt gebraucht. Genau das muß aber für 7Q5 angenommen werden, damit H. Hungers Hinweis argumentativen Wert erhielte. Das bemerkt offenbar auch C. P. Thiede, der dieses Argument in der Folge nicht übernimmt, statt dessen in der Buchstabenrekonstruktion gegen den Rat des Papyrologen H. Hunger bei der Grundform des 'falling type' ν bleibt.[673]

---

667   Ohne das 'Vorurteil' eines bestimmten Textes ist nicht zu entscheiden, ob es sich hier um ein σ oder ein ε handelt.

668   Erst durch den technischen Trick der Folienkopie wird auch deutlich, wodurch sich der Augenschein täuschen läßt. Z. B. ist in Zeile 4 die Schleife am rechten Ende des waagerechten Striches des η durch Papyrus-Beschädigung zerstört, war aber sicherlich einmal vorhanden. Wenn bei Thiede, C. P.: Bericht über die kriminaltechnische Untersuchung. S. 240 aus den minimalen Differenzen der beiden η jedoch „Herbert Hungers These von zum Teil wilden Unterschieden in der Schreibweise gleicher Buchstaben des gleichen Fragments" wird, dann kann zumindest derjenige nicht mehr folgen, der sich die beiden angeblich wild unterschiedlichen η einmal in Ruhe angesehen hat.

669   Gemeint ist Gumbert, J. P.: Structure and Forms.

670   Hunger, H.: 7Q5: Markus 6, 52 – 53 – oder? S. 37.

671   Vgl. Hunger, H.: 7Q5: Markus 6, 52 – 53 – oder? Abb. 19 – 21.

672   Vgl. dazu Gumbert, J. P.: Structure and Forms. S. 3.

673   Vgl. die Farbabbildung in Thiede, C. P.: Der Jesus Papyrus.

H. Hungers Argumentation ist gescheitert. Er behauptet Schreibvarianten, wo solche kaum zu verzeichnen sind – zwischen den beiden η des Fragmentes. Dann versucht er, eine neue Form für das angebliche ν in Zeile 2 plausibel zu machen, was aber eine Unterschiedlichkeit in der Buchstabenausführung voraussetzt, die sich weder im Fragment 7Q5 noch in einem Vergleichspapyrus finden läßt.

C. P. Thiede verteidigt nach wie vor die Lesung eines ν in Zeile 2: „Er [H. Hunger] und Thiede vermaßen sogar die Länge vergleichbarer Buchstaben innerhalb des Fragmentes 7Q5, und das Ergebnis war verblüffend. Denn in diesem Fragment gibt es zweimal den vollständigen Buchstaben *Eta* (langes ´e´), und zwar auf den Zeilen 4 und 5. Mißt man deren äußerste Breite (und auf die kommt es bei unserem Vergleich ja an), so stellt man fest, daß diese von 3 Millimetern (*Eta* auf Zeile 4) bis zu 3, 5 Millimeter (*Eta* auf Zeile 5) schwankt. Auch das vollständige und unbestreitbare *Ny* auf der Zeile 4 des Fragments 7Q5 mißt 3, 0 Millimeter. Und welche Breite hätte der Buchstabe auf Zeile 2, wenn man ihn zu einem *Ny* ergänzte? Es wären genau 3, 5 Millimeter."[674] Zuerst ist ein sachlicher Fehler festzustellen, denn selbstverständlich haben H. Hunger und C. P. Thiede nicht die Länge, sondern die Breite der angegebenen Buchstaben gemessen.[675] Interessant bei dieser Messung ist aber das Objekt. C. P. Thiede gibt an, die „äußerste Breite" der beiden η sowie des ν von Zeile 4 und des angeblichen ν von Zeile 2 gemessen zu haben. Wodurch aber wird diese ´äußerste Breite´ definiert? Wie oben mehrfach angesprochen, ist gerade die äußerste Breite vor allem abhängig von der Form des vorangehenden und des folgenden Buchstabens. Noch dazu gibt es in Zeile 2 keinerlei Anhaltspunkte für die ´äußerste Breite´ des angeblichen ν, denn diese würde ja durch das obere Häkchen am rechten Abstrich gebildet. Von diesem Häkchen fehlt jede Spur, es ist nichts davon zu sehen. Es kann kaum als Kennzeichen seriöser Forschung gelten, etwas zu vermessen, das nicht da ist und als Ergebnis einen Wert im Genauigkeitsbereich eines zehntel Millimeters zu präsentieren. Wie bereits oben dargestellt, weicht die Breite der beiden senkrechten Striche beider im Fragment erhaltenen η im Ansatz nicht voneinander ab. Und genau das interessiert bei der Messung: Wie setzt der Schreiber beim η und beim ν den zweiten senkrechten Abstrich an. Wie er ihn schließlich zu Ende führt, hängt dagegen vor allem mit dem folgenden Buchstaben zusammen. Unter diesen Voraussetzungen ist die Breitenabweichung zwischen den beiden η nicht meßbar, zwischen dem ν in Zeile 4 und dem angeblichen ν in Zeile 2 ist sie jedoch beträchtlich.

Auch das läßt sich am besten zeigen, wenn Abbildung und Folienkopie übereinandergelegt betrachtet werden (vgl. Abb. 7 und 9). Während die beiden η fast vollständig deckungsgleich sind, gibt es zwischen dem sicheren ν von Zeile 4

---

[674] Thiede, C. P.: Der Jesus Papyrus. S. 69.

[675] Dieser Fehler ist bereits in der englischen Ausgabe, Thiede, C. P.: The Jesus Papyrus. S. 64, zu finden. Es wäre also durchaus Zeit gewesen, ihn zu bemerken und zu korrigieren.

und den Tintenresten rechts des Längsstriches von Zeile 2 keinen Berührungs-
punkt, vielmehr nur einen ´Schnittpunkt´.[676] Es ist somit falsch zu behaupten, die
beiden v seien im gleichen Maße verschieden, wie die beiden η. Richtig ist dagegen: Die beiden η sind nahezu identisch, das erhaltene und das behauptete v
sind dagegen vollkommen verschieden.

Da die Möglichkeit eines v, wie sich zeigte, mit sehr guten Gründen von Gegnern der mk. Identifizierung vehement bestritten wurde, versuchte C. P. Thiede
durch den Einsatz modernster Technologie, diese Frage zu seinen Gunsten zu
entscheiden: „Was kann man tun, wenn gewisse Skeptiker sich weigern, sich von
einer noch so sorgfältigen [!] vergleichenden Analyse überzeugen zu lassen? Soll
man sie sich selbst überlassen und die Diskussion beenden? Nicht, wenn ein
Hochleistungsmikroskop die Angelegenheit zu einem guten Ende zu bringen
vermag. Im April 1992 brachte Carsten Peter Thiede den Papyrus zur forensi-
schen Forschungsabteilung der israelischen Staatspolizei in Jerusalem, um ihn
dort unter einem elektronischen Stereomikroskop untersuchen zu lassen. Und
hier wurden erstmals die Überreste einer diagonalen Linie sichtbar, die am oberen Ende des linken vertikalen Strichs begann (den manche für ein *Jota* gehalten
hatten) und sich nach rechts unten hinzog. Die Linie war nicht vollständig – ihre
Spuren brachen schon nach wenigen Millimetern ab, doch war sie lang und gerade genug, um zu überzeugen: Es mußte sich um den diagonalen mittleren Strich
eines *Ny* gehandelt haben. O´Callaghan, Hunger und andere hatten recht – der
umstrittene Buchstabe war und ist ein *Ny* [...]!"[677]

Auch hier sei zuerst wieder auf einen sachlichen Fehler hingewiesen: der Abstand zwischen dem oberen Ende des senkrechten Striches in Zeile 2 und den
rechts davon liegenden Tintenresten beträgt ca. 2 Millimeter. Wie also die Spuren einer Verbindungslinie zwischen diesen beiden Punkten „schon nach wenigen Millimetern" abbrechen können, gehört zu den ungelösten Rätseln des
Fragmentes 7Q5. Auch der populärwissenschaftlich-flotte Stil des zitierten Buches rechtfertigt nicht einen derartig laxen Umgang mit den Tatsachen.

In C. P. Thiedes erstem Bericht über die Untersuchung lautet die entscheidende
Passage folgendermaßen: „Die anschließende Untersuchung von Zeile 2 des
Fragmentes 7Q5 ergab im Augenblick der Vergrößerung unter dem Stereo-
Mikroskop sofort den deutlich sichtbaren Rest eines von links oben nach rechts
unten verlaufenden diagonalen Striches [...]."[678] In diesen Sätzen erscheinen
zwei Wörter, die einen entscheidenden Hinweis liefern: ´Stereo-Mikroskop´ und
´sofort´. Dankenswerterweise gibt C. P. Thiede seinem Bericht einen Computer-
ausdruck der betreffenden Stelle in extremer Vergrößerung bei – die genaue
Vergrößerung ist leider nicht angegeben, dürfte aber ca. 30 – 40-fach sein. Hier

---

[676]   Die auf einem ähnlichen Verfahren beruhende Abbildung bei Stanton, G.: Gospel
         Truth? Abb. 8 kommt – aus mir unverständlichen Gründen – noch zu einem viel
         zu positiven Eindruck.
[677]   Thiede, C. P.: Der Jesus Papyrus. S. 70.
[678]   Thiede, C. P.: Bericht über die kriminaltechnische Untersuchung. S. 240.

ist neben dem senkrechten Strich tatsächlich 'sofort' etwas Dunkles zu erkennen.[679] Da C. P. Thiede an dieser Stelle eine Diagonale erwartet, sieht er sie auch. Da sie 'sofort' erkennbar war, stellte er sie auch nicht mehr kritisch in Frage. Nun ist die Tatsache, daß mittels eines Stereo-Mikroskopes untersucht wurde, von Bedeutung für die Interpretation der Abbildung.[680] Bei der Stereo-Mikroskopie handelt es sich um ein Verfahren, das mit Auflicht arbeitet, anders als die meisten anderen Mikroskope. Dieses Licht wird – technisch bedingt – von der Seite auf das zu untersuchende Objekt gestrahlt.[681] Seitlich, flach einfallendes Licht erzeugt Schatten. In der Epigraphik kann man solches flach einfallendes 'Streiflicht' nutzen, um Inschriften zu entziffern, die bei normalem Lichteinfall nicht mehr zu lesen sind. Hier führt es jedoch zum genau gegenteiligen Effekt, es verfälscht die Lesbarkeit des Fragmentes. Rechts neben dem senkrechten Strich in Zeile 2 ist eine sehr unregelmäßige, rauhe Stelle im Papyrus deutlich zu erkennen. Die Erhebungen an dieser Stelle verursachen einen Schattenwurf, der durchaus Ähnlichkeiten mit Tintenresten suggerieren kann,[682] vor allem, wenn jemand an dieser Stelle Tintenreste zu sehen wünscht.[683]

C. P. Thiede deutet die Unebenheiten des Materials jedoch ganz anders: „Gerade beim diagonalen *ny*-Strich zeigt sich, daß der Schreiber oben links offenbar sehr energisch angesetzt hat, so daß sich hier um den oberen Teil des Strichs später sogar eine unter extremer Vergrößerung sichtbare 'Verwerfung' bilden konnte."[684] Einmal erscheint es sehr fraglich, ob mit den antiken Schreibwerkzeugen einem recht widerstandsfähigen Material wie Papyrus im normalen 'Schreibbetrieb' bei gezogenen Linien solche Veränderungen beigebracht werden konn-

---

[679] In der farbigen Fernseh-Dokumentation der mikroskopischen Untersuchung ist diese Stelle längst nicht so dunkel; vgl. Thiede, C. P.: Der unbekannte Jesus. Erst die Umsetzung der Farben in Grauwerte für die publizierte Abbildung ließ diese Stelle so dunkel erscheinen.

[680] Ein kurzer Hinweis auf die technischen Aspekte findet sich auch bei Thiede, C. P.: Die Datierung von antiken Handschriften. S. 211; S. 221, Anm. 19.

[681] Das ist auch in der Fernseh-Dokumentation der mikroskopischen Untersuchung eindeutig zu erkennen; vgl. *Der unbekannte Jesus*.

[682] Das wurde durch eigene Versuche mit einem modernen Papyrus-Bogen unter einem Stereo-Mikroskop mit ähnlicher Vergrößerung deutlich. Wäre das so erhaltene mikroskopische Bild photographiert und per Computer in einen schwarz-weiß-Ausdruck umgewandelt worden, hätten sich viele Stellen ergeben, die 'Buchstaben-schwarz' erscheinen.

[683] Zu einem ähnlichen Ergebnis kommt auch der australische Papyrologe R. G. Jenkins in Stanton, G.: Gospel Truth? S. 28 f.: „R. G. Jenkins [...] has looked carefully at the original and the new photograph. He has reached the same conclusion: he thinks the faint traces which the stereo-microscope has found may be no more than a shadow." Wenn C. P. Thiede ihm daraufhin „selektive Legasthenie" vorwirft, ist das nur noch peinlich, da schließlich C. P. Thiede selbst hier Dinge sieht, die nicht vorhanden sind (eine Neigung, für die es wesentlich unfreundlichere Wörter im polemischen Wortschatz gäbe...).

[684] Thiede, C. P.: Bericht über die kriminaltechnische Untersuchung. S. 245.

ten.[685] Weiterhin erscheinen die Veränderungen als Erhebungen, nicht – wie zu erwarten wäre – als Einprägungen. Außerdem reicht die Materialveränderung deutlich über den senkrechten Strich hinaus, mindestens bis zum Bildrand. Das kann beim besten Willen nicht durch das Schreibgerät verursacht worden sein, da durch das Schreibgerät nur die unmittelbare Umgebung des geschriebenen Buchstaben beeinflußt worden sein kann.

Die Vergrößerung dient dennoch der Klärung dieser umstrittenen Frage, denn sie ermöglicht nun die definitive Entscheidung gegen das ν in Zeile 2. Rechts vom senkrechten Strich ist deutlich ein Neuansatz des Schreibers zu erkennen. Ein Neuansatz an dieser Stelle ist jedoch auf gar keinen Fall mit einem ν zu vereinbaren.[686] Die 'kriminaltechnische' Untersuchung – die ja eigentlich nur eine mikroskopische war – hat das letzte noch fehlende Argument geliefert: In Zeile 2 kann hinter dem ω nun ein ι als sicherer Buchstabe angeführt werden. Ein ν ist dagegen definitiv ausgeschlossen.

Die Tatsache eines Neueinsatzes hinter dem nun sicheren ι läßt auch das schon mehrfach hier vermutete α wahrscheinlich werden (vgl. Abb. 10).[687]

C. P. Thiede hält trotz der eigentlich eindeutigen Argumente gegen das ν weiterhin an seiner falschen Lesung fest, um die These der mk. Identifizierung zu retten. Wie weit er dabei geht, läßt sich an der englischen Ausgabe des Buches „The Jesus Papyrus" zeigen. Im Innendeckel des Buches ist eine Buchstabenrekonstruktion abgebildet: ein rekonstruiertes ν ist hinter das ω gesetzt worden. Dieses rekonstruierte ν ist aber nicht deckungsgleich mit den Tintenspuren des Original-Fragmentes! Die Tintenspuren müßten unterhalb des Diagonal-Balkens des rekonstruierten ν sichtbar sein. Dort ist aber nur unbeschriebener Papyrus zu

---

685   Vgl. zu den antiken Schreibwerkzeugen Tait, W. J.: Rush an Reed.

686   Auf diesen Aspekt wurde in der Literatur von Riesner, R.: Essener und Urgemeinde. S. 133 f. aufmerksam gemacht. Seine Veröffentlichung ist bisher weder von Befürwortern noch von Gegnern der ntl. Identifizierung zur Kenntnis genommen worden. Auch ich habe Sie leider erst bemerkt, als der Aufsatz für die ZPE – Enste, S.: Qumran-Fragment 7Q5. – schon geschrieben war. Mittlerweile wird diese Position auch von Kraus, T. J.: 7Q5. vertreten. Daß dieser Befund nicht schon früher aufgefallen ist, muß verwundern, da er auf der Abbildung bei Thiede, C. P.: Bericht über die kriminaltechnische Untersuchung. S. 243 überdeutlich zu erkennen ist. In einem ntl. Seminar an der Theologischen Fakultät Paderborn im WS 1996/1997 war die erste Reaktion mehrerer Teilnehmer auf diese Abbildung: „Das kann doch kein ν sein, rechts fängt doch ein neuer Buchstabe an.".

687   Vgl. dagegen Thiede, C. P.: Der Jesus Papyrus. S. 69: „Doch nichts an einem *Alpha*, das in diesem Papyrus auf der Zeile 3 vorkommt, sieht diesen Strichen auch nur im entferntesten ähnlich." Diese Aussage ist schon deshalb abzulehnen, weil von dem ansonsten vollständigen α in Zeile 3 genau der Teil spurlos verschwunden ist, der beim vermuteten α in Zeile 2 erhalten ist. C. P. Thiede benutzt etwas, das gar nicht da ist, um es mit etwas anderem zu vergleichen.

sehen. C. P. Thiede – oder seinem Co-Autor, Verleger, Layouter,[688]... – ist der Vorwurf der Irreführung und Täuschung zu machen. Um seine Rekonstruktion glaubwürdiger erscheinen zu lassen, werden aus der Abbildung des Originals unzweideutige Tintenspuren entfernt. Hier werden Tatsachen verfälscht, denn nur diese Täuschung läßt das rekonstruierte ν plausibel erscheinen. In der deutschen Ausgabe verzichtet C. P. Thiede auf diesen ´Kunstgriff´, mit dem Effekt, daß die Rekonstruktion des ν längst nicht in gleichem Maße überzeugend wirkt.

Fazit:
Die genaue Untersuchung der Zeile 2 führte zu einem klaren Ergebnis. Hinter dem ω steht ein ι. Das von J. O´Callaghan, C. P. Thiede und anderen Vertretern der mk. Identifizierung geforderte ν ist dagegen definitiv ausgeschlossen. Sicherheit in dieser Frage erbrachte die von C. P. Thiede selbst angestrengte mikroskopische Untersuchung des Fragmentes 7Q5. Die mk. Identifizierung benötigt an dieser Stelle unbedingt ein ν. Da dieses nicht vorhanden ist, kann die Identifizierung des Fragmentes 7Q5 mit Mk 6, 52 – 53 spätestens an dieser Stelle definitiv abgelehnt werden.
Die These 7Q5 = Mk 6, 52 – 53 ist widerlegt.

---

[688]   Unabhängig davon, wer diese ´Urkundenfälschung´ besorgt hat, der Autor eines Buches trägt dafür die letzte Verantwortung.

7.   Ergebnis

Bis hierhin sind verschiedene Argumente für und gegen die Identifizierung von Fragment 7Q5 mit Mk 6, 52 – 53 vorgestellt und diskutiert worden. Dabei hat sich gezeigt, daß die These eines Markus-Fragmentes in Qumran nicht haltbar ist. Hier noch einmal zusammenfassend die Argumente und ihre Bewertung:

-       Es wurde behauptet, der sichere Buchstabenbestand des Fragmentes 7Q5 passe zum Text Mk 6, 52 – 53.

        Das ist nicht der Fall. Ein unumstrittener und sicherer Buchstabe, das τ in Zeile 3, paßt nicht, im Markus-Text müßte ein δ stehen.

-       Es wurde behauptet, das *Spatium* in Zeile 3 passe besonders gut zum Text Mk 6, 52 – 53, da auch in diesem Text zwischen den Versen ein gliedernder Abschnitt zu erwarten sei, weshalb es als *Paragraphos* angesprochen werden könne.

        Dieses Argument ist kein Argument. Da der linke Rand der Kolumne nicht erhalten ist, kann nicht geklärt werden, ob es sich tatsächlich um eine *Paragraphos* handelt. Ohne den – für die Behauptung einer *Paragraphos* unabdingbaren – Querstrich am Zeilenrand, ist das *Spatium* auch anders erklärbar.

-       Es wurde behauptet, die Stichometrie einer Rekonstruktion als Mk 6, 52 – 53 passe zum Fragment 7Q5.

        Das ist nicht der Fall. Bei unvoreingenommener Betrachtung, ohne den Ausfall dreier Wörter, kann keine stimmige Stichometrie rekonstruiert werden.

-       Es wurde behauptet, die Verbindungen einzelner Buchstaben, sowie die Freiräume zwischen einzelnen Buchstaben ständen in Übereinstimmung mit den Wortabgrenzungen im Text Mk 6, 52 – 53.

        Dieses Argument ist nicht überzeugend. Zwar kommt es vor, daß Verbindungen und Trennungen von Buchstaben mit den Wortabgrenzungen in Mk 6, 52 – 53 übereinstimmen, aber es gibt im Fragment 7Q5 auch gegenteilige Beispiele. Weiterhin ist nur das Wort καί auf diese Weise separiert, ein Befund der sich in zahlreichen Papyri findet.

-       Es wurde behauptet, die paläographische Datierung – um 50 n. Chr. – des Fragmentes 7Q5 käme einer Identifizierung mit Mk 6, 52 – 53 entgegen.

        Das ist so nicht aufrecht zu halten. Die einzige Datierung, die von einem erfahrenen Papyrologen und Paläographen – C. H. Roberts – vorgenommen wurde, sprach von einer Abfassung des Fragmentes vor der Zeitenwende, wollte eine spätere Entstehung nicht völlig ausschließen. Weitere Vergleichspapyri, von J. O´Callaghan selbst vorgebracht, erhärten diese Datierung. Das Fragment 7Q5 kann also durchaus vor der

Zeitenwende abgefaßt worden sein, was eine Identifizierung mit Mk 6, 52 – 53 selbstverständlich ausschließt.

- In dieser Untersuchung wurde deutlich gemacht, daß neutestamentliche Handschriften in Qumran äußerst unwahrscheinlich sind.

Von den Befürwortern der ntl. Identifizierung konnte bisher kein Szenario entwickelt werden, das schlüssig erklären könnte, wie ein Text des Markus-Evangeliums nach Qumran gelangte. Statt dessen gibt es in grundlegenden Qumran-Texten Formulierungen und Anordnungen, die ein solches Vorkommen äußerst unwahrscheinlich machen, da sie die Abgeschlossenheit und Eigenständigkeit der Qumraner betonen.

- In dieser Untersuchung wurde deutlich gemacht, daß neutestamentliche Handschriften auf einer Schriftrolle unwahrscheinlich sind.

Es liegen bisher keine ntl. Handschriften auf Schriftrolle vor. Auch wenn die Funde nicht in das 1. Jahrhundert n. Chr. reichen, kann begründet angenommen werden, daß neutestamentliche Schriften von Anfang an in Kodices niedergeschrieben wurden.

- In dieser Untersuchung wurde deutlich gemacht, daß die Computerversuche, die bisher mit dem Fragment 7Q5 unternommen worden sind, gegen eine Identifizierung mit Mk 6, 52 – 53 sprechen.

Alle bisherigen Computerversuche, die den kompletten Bestand an vollständigen Buchstaben berücksichtigten, führten zu anderen Identifizierungen als Mk 6, 52 – 53. Erst durch das Weglassen eines unumstrittenen Buchstaben bei der Eingabe wird das Resultat Mk 6, 52 – 53 möglich. Bei unvoreingenommener Betrachtung stimmt die Buchstabenkombination von 7Q5 nicht mit der von Mk 6, 52 – 53 überein.

- In dieser Untersuchung wurde deutlich gemacht, daß der angebliche Wegfall dreier Wörter – ἐπὶ τὴν γῆν - nicht plausibel gemacht werden kann.

Dieser Wegfall müßte angenommen werden, damit die Rekonstruktion des Fragmentes 7Q5 als Mk 6, 52 – 53 eine stimmige Stichometrie ergibt. Da es keinen vernünftigen Grund für die Annahme eines Textausfalls – oder eines Textzuwachses zum dann ursprünglich kürzeren Text im Laufe der Überlieferung – gibt, muß die Identifizierung als gescheitert angesehen werden.

- In dieser Untersuchung wurde deutlich gemacht, daß der für die Identifizierung von 7Q5 mit Mk 6, 52 unabdingbare 'Lautwechsel' von δ zu τ nicht belegt werden kann.

Es gibt keinerlei Hinweis für eine solche Lautvertauschung im Umfeld Jerusalems, kein antiker Text aus Palästina zeigt dieses Phänomen. Ägyptische Beispiele dürfen nicht herangezogen werden, da bei ihnen die Verschreibungen mit 'bilingualen Interferenzen' erklärt werden müssen. Weiterhin erwiesen sich selbst die ägyptischen Belege für den anzunehmenden Fall in Fragment 7Q5 als wenig überzeugend.

- In dieser Untersuchung wurde deutlich gemacht, daß die Rekonstruktion des Buchstaben ν in Zeile 2 des Fragmentes 7Q5 unmöglich ist.
  Statt dessen zeigte sich, daß die Rekonstruktion eines ι in der Erstedition nach wie vor die einzig akzeptable Lesung dieser Stelle ist. Auf dieses ι folgt wohl ein α. Damit ist die Identifizierung des Fragmentes 7Q5 mit Mk 6, 52 – 53 vollends unmöglich.

Letztlich konnten somit elf Punkte angeführt werden, die zwar unterschiedlich zu gewichten sind, die dennoch alle gegen eine Identifizierung des Fragmentes 7Q5 mit Mk 6, 52 – 53 sprechen. Vor allem die letzten beiden Punkte, die Ablehnung der Annahme einer Aussprachebesonderheit und die definitive Ablehnung der Lesung eines ν anstelle eines ι, haben Gewicht. Diese Ergebnisse können nicht wegdiskutiert, nicht durch weitere abenteuerliche Hilfshypothesen umgangen werden.

Eine alternative Identifizierung für das Fragment 7Q5 kann nicht geboten werden, was auch nicht Aufgabe dieser Untersuchung war. Dieses Vorgehen ist zwar nicht unbedingt konstruktiv, dennoch ist es notwendig. H. Hunger hielt dagegen: "Angesichts des starken Dissenses innerhalb der Experten sei an eine Forderung der Vernunft und Logik erinnert. Wer eine sinnvolle Entzifferung eines Textes und dessen Identifizierung ablehnt, sollte sich verpflichtet fühlen, eine Alternative anzubieten. [...] Ein ignoramus ist zu billig."[689] Warum das eine Forderung der Vernunft und Logik sein soll, ist nicht einsichtig. Dennoch kann diese Untersuchung auch vor dem Anspruch H. Hungers bestehen, da sie herausgestellt hat: Die Identifizierung 7Q5 = Mk 6, 52 – 53 ist nicht sinnvoll.

Die Frage, welcher Text sich hinter 7Q5 verbirgt muß offenbleiben. Das mag ein Ansporn für neugieriges Fragen und Suchen sein, mit einer Identifizierung der hier kritisierten Art ist jedoch niemandem gedient. Es ist wichtig, auf den Fundort Qumran zu schauen. Viele der dort aufgefundenen Schriften und Texte sind bisher nur aus Qumran bekannt. Da sollte es doch möglich sein, auch für das Fragment 7Q5 anzunehmen, es entstamme einem unbekannten Text. Eigentlich ist das ein sehr einfacher Schritt, der durchaus der ´Forderung der Vernunft und Logik´ entspricht: Wenn ein Fragment keinem bekannten Text zugeordnet werden kann, dann gehört es wohl einem unbekannten Textzusammenhang an.

So kann und muß nun ein Schlußstrich unter die Hypothese 7Q5 = Mk 6, 52 – 53 gezogen werden. Diese These hat sich nicht bewährt, sie konnte widerlegt werden: 7Q5 ≠ Mk 6, 52 - 53

---

[689]   Hunger, H.: 7Q5: Markus 6, 52 – 53 – oder? S. 39.

8. Schluß

Das Ergebnis dieser Untersuchung ist eindeutig: Das Fragment 7Q5 enthält keinen Text aus dem Markusevangelium.

Daß sich die Befürworter der ntl. Identifizierung davon nicht beeindrucken lassen werden, ist dem Verfasser bewußt, da er sich monatelang mit ihren Argumenten und ihrer Argumentationsstruktur auseinandergesetzt hat. Jedoch ist im Verlauf der Lektüre vielleicht deutlich geworden, daß von den Befürwortern der ntl. Identifizierung Argumente vorgetragen wurden, die sich bei genauer Prüfung als völlig unhaltbar erwiesen, daß teilweise mit einem erschreckenden Maß an Unkenntnis und Ungenauigkeit gearbeitet wurde, daß letztlich selbst vor Verfälschung und Täuschung nicht zurückgeschreckt wurde, nur um die fragwürdige Theses eines Markusevangeliums in Qumran aufrecht zu halten.

Ein Festhalten an der mk. Identifizierung scheint weniger von wissenschaftlichen Motiven als vielmehr vom Wunsch 'es möge doch so sein' motiviert zu sein. Im Hintergrund stehen dabei durchaus nachvollziehbare Anliegen. Viele erhoffen sich einen greifbaren Anhaltspunkt für die Glaubwürdigkeit der Evangelien und somit letztlich für ihren angefragten Glauben. Das Fragment 7Q5 soll zum Zement im brüchigen Glaubensgebäude werden. Endlich, so wurde und wird geglaubt, hat man etwas in der Hand gegen die 'glaubenszersetzende Exegese'.

Aber welche Hoffnungen werden da geweckt?! Soll sich Glaubensgewißheit auf ein paar Quadratzentimeter Papyrus gründen? Und was wird aus dieser Gewißheit, wenn sich die These als unhaltbar herausstellt? Wenn sich Christen jedweder Konfession und Denomination auf solche windigen Theoriegebäude verlassen, dann sind sie schließlich wirklich verlassen. Und aus diesem Grund ist es eben auch wichtig, sich in aller gebotenen Ausführlichkeit mit wissenschaftlichen und pseudowissenschaftlichen Außenseitern zu beschäftigen.

Es ist eine bisher noch viel zu wenig angegangene Aufgabe der Kirchen, die Ergebnisse einer langen (historisch-kritischen) exegetischen Forschungsgeschichte zu verbreiten und bekannt zu machen, den Horizont ihrer Mitglieder in diesem Kernbereich des Glaubens zu erweitern. Denn nur ein Grundbestand an Wissen und das von der 'kirchlichen Obrigkeit' unterstützte Gefühl, daß die wissenschaftliche Erforschung der Bibel eine unbedingte Notwendigkeit für die Kirchen ist, verhilft Gläubigen zu Gelassenheit und gesunder Skepsis gegenüber den alljährlich publizierten 'Sensationen' und 'Enthüllungen' über Jesus und die ersten Christen. Solches 'Wissen' kann dem Glauben nur nützen.

Theoriegebäude der hier kritisierten Art lullen statt dessen ein, wiegen in trügerische Sicherheit, vermitteln die Illusion, daß es mit verfeinerten Methoden irgendwann doch möglich sein wird, das 'Glauben' durch das 'Wissen' zu ersetzen. Und solches 'Wissen' kann dem Glauben nur schaden.

9. Literaturverzeichnis

Einige Hinweise vorweg: Es entspricht zwar nicht wissenschaftlicher Konvention, dennoch sind alle Abkürzungen im Literaturverzeichnis aufgelöst. Das erleichtert interessierten Leserinnen und Lesern die Recherche, zumal in dieser Untersuchung Literatur aus verschiedenen Fachbereichen verwendet wurde. Internet-Adressen wurden nie getrennt, weshalb an manchen Stellen ein ungleichmäßiger rechter Rand entsteht. Sämtliche Internet-Adressen wurden am 11. Januar 2000 letztmalig überprüft und waren zu diesem Zeitpunkt erreichbar.

9.1 Quellen

Acta Petri, Acta Pauli, Acta Petri et Pauli, Acta Pauli et Theclae, Acta Thaddaei. Ed. Ricardus Adelbertus Lipsius. Darmstadt: 1959 (= Nachdruck der Auflage von 1891)

The Amherst Papyri II. Classical Fragments and Documents of the Ptolemaic, Roman and Byzantine Periods. London: 1901

Neutestamentliche Apokryphen in deutscher Übersetzung I. Evangelien. Hg. v. Wilhelm Schneemelcher. Tübingen: [6]1990

Neutestamentliche Apokryphen in deutscher Übersetzung II. Apostolisches, Apokalypsen und Verwandtes. Hg. v. Wilhelm Schneemelcher. Tübingen: [5]1989

Baillet, Maurice; Milik, J. T.; de Vaux, R.: Les 'Petites Grottes' de Qumran. Textes. Oxford: 1962 (= Discoveries in the Judaean Desert of Jordan, III)

Baillet, Maurice; Milik, J. T.; de Vaux, R.: Les 'Petites Grottes' de Qumran. Planches. Oxford: 1962 (= Discoveries in the Judaean Desert of Jordan, III)

Benoît, P.; Milik, Joseph T.; De Vaux, Roland: Les grottes de Murabba'ât. Oxford: 1960 (= Discoveries in the Judaean Desert of Jordan, II)

Blümel, Wolfgang: Die Inschriften von Mylasa I. Inschriften der Stadt. Bonn: 1987 (= Inschriften Griechischer Städte aus Kleinasien, 34)

Catalogue of the Greek Papyri in the John Rylands Library, Manchester II. Documents of the Ptolemaic and Roman Periods. Ed. By. J. de M. Johnson, V. Martin, A. S. Hunt. Manchester: 1915

Cotton, Hannah M.: The Archive of Salome Komaise Daughter of Levi. Another Archive from the 'Cave of Letters'. In: Zeitschrift für Papyrologie und Epigraphik 105 (1995), S: 171 - 203

Cotton, Hannah M.: Fragments of a Declaration of Land Property from the Province Arabia. In: Zeitschrift für Papyrologie und Epigraphik 85 (1991), S. 263 – 267

Cotton, Hannah M.; Geiger, J.; Netzer, E.: A Greek Ostracon from Masada. In: Israel Exploration Journal 45 (1995), S. 274 – 277

Cotton, Hannah M.: Rent or Tax Receipt from Maoza. In: Zeitschrift für Papyrologie und Epigraphik 100 (1994), S. 547 - 557

Dittenberger, Wilhelm: Orientis Graeci Inscriptiones selectae II. Hildesheim: 1970 (Nachdruck der Auflage Leipzig: 1905)

Eusebius von Caesarea: Kirchengeschichte. Hg. von Heinrich Kraft. Darmstadt: 1967

Flavii Iosephi Opera I – VII. Hg. v. Benedictus Niese. Berlin: 1955

The Greek Minor Prophets Scroll from Nahal Hever (8HevXIIgr). Ed. by Emanuel Tov. Oxford: 1990 (= Discoveries in the Judaean Desert of Jordan, VII)

Gronewald, Michael: Unbekanntes Evangelium oder Evangelienharmonie. Fragment aus dem „Evangelium Egerton". In: Kölner Papyri (P. Köln) 6. Opladen: 1987 (= Abhandlungen der Rheinisch-Westfälischen Akademie der Wissenschaften. Sonderreihe Papyrologica Coloniensia, Bd. 7)

Herodiani Technici Reliquiae. Hg. v. August Lentz. Band II, 1. Hildesheim: 1979 (= Nachdruck der Auflage von 1868/70)

Inscriptiones Graecae VII. Inscriptiones Megaridis et Boeotiae. Ed. Guilelmus Dittenberger. Berlin: 1892

Inscriptiones Graecae XI 2. Inscriptiones Deli. Ed. Felix Dürrbach. Berlin: 1912

Inscriptiones Graecae XII 9. Inscriptiones Insularum Maris Aegaei praeter Delum. Ed. Ericus Ziebarth. Berlin: 1915

Irenäus von Lyon: Adversus Haereses. Gegen die Häresien III. Übersetzt und eingeleitet von Norbert Brox. Freiburg: 1995 (= Fontes Christiani, 8)

Josephus: Jewish Antiquities, Books XV – XVII with an English Translation by Ralph Marcus. Cambridge, London: 1980

Josephus: The Jewish War, Books IV – VII. With an English Translation by H. St. J. Thackeray. Cambridge, London: 1979

Kasser, Rodolphe: Papyrus Bodmer XVII. Actes des Apôtres. Epîtres de Jacques, Pierre, Jean et Jude. Cologny-Genève: 1961

Kasser, Rodolphe; Testuz, Michel: Papyrus Bodmer XXIV, Psaumes 17 – 118. Cologny-Geneve: 1967

Lewis, Naphtali (Hg.): The Documents from the Bar Kokhba Period in the Cave of Letters. Greek Papyri. Jerusalem: 1989

Lifshitz, Baruch: The Greek Documents from the Cave of Horror. In: Israel Exploration Journal 12 (1962), S. 201 - 207

Lifshitz, Baruch: The Greek Documents from Nahal Seelim and Nahal Mishmar. In: Israel Exploration Journal 11 (1961), S. 53 - 62

Masada II. The Yigael Yadin Excavations 1963 – 1965. Final Reports. The Latin and Greek Documents. Hg. v. Hannah M. Cotton und Joseph Geiger. Jerusalem: 1989

Maier, Johann: Die Qumran-Essener. Die Texte vom Toten Meer I-III. München: 1995

Novum Testamentum Graece. Hg. von Barbara und Kurt Aland, Johannes Kara-
vidopoulos, Carlo M. Martini, Bruce M. Metzger. Stuttgart: [27]1993

Novum Testamentum Latine. Hg. von Kurt und Barbara Aland. Stuttgart: [2]1992

Oliverio, G.; Pugliese Carratelli, G.; Morelli, D.: Supplemento Epigrafico Cire-
naico. In: Annuario della Scuola Archeologica di Atene. Vol. XXXIX –
XL, Nuova Serie XXIII – XXIV (1961 – 1962), S. 219 - 375

The Oxyrhynchus Papyri XII. Ed. by Bernard P. Grenfell, Arthur S. Hunt. London: 1916

The Oxyrhynchus Papyri XXXVIII. Ed. by G. Browne et al. London: 1971

Papyrus Bodmer XVII. Actes des Apôtres. Epîtres de Jacques, Pierre, Jean et
Jude. Hg. v. Rodolphe Kasser. Cologny-Genève: 1961

Papyrus Bodmer XXIV. Psaumes 17 – 118. Hg. v. Rodolphe Kasser, Michel
Testuz. Cologny-Genève: 1967

Papyrus Bodmer XXV. Ménandre: La Samienne. Hg. v. Rodolphe Kasser, Colin
Austin. Cologny-Geneve: 1969

Polotsky, H. – J.: The Greek Papyri from the Cave of Letters. In: Israel Exploration Journal 12 (1962), S. 258 – 262

Qumran Cave 4. Bd. IV. Palaeo-Hebrew and Greek Biblical Manuscripts. By
Patrick W. Skehan; Eugene Ulrich; Judith E. Sanderson. Oxford: 1992
(= Discoveries in the Judaean Desert of Jordan, IX)

Sammelbuch Griechischer Urkunden aus Ägypten. Band 1. Hg. v. Friedrich
Preisigke. Straßburg: 1915

Sammelbuch Griechischer Urkunden aus Ägypten. Band 6: Hg. v. Emil Kieß-
ling. Wiesbaden: 1963

Sammelbuch Griechischer Urkunden aus Ägypten. Band 8. Hg. v. Emil Kieß-
ling. Wiesbaden: 1967

Sammelbuch Griechischer Urkunden aus Ägypten. Band 12. Hg. v. Hans-Albert
Rupprecht. Wiesbaden: 1977

Sammelbuch Griechischer Urkunden aus Ägypten. Band 14. Hg. v. Hans-Albert
Rupprecht. Wiesbaden: 1983

Sandbach, Francis Henry: Menandri Reliquiae Selectae. Oxford: [2]1990

Septuaginta. Hg. von Alfred Rahlfs. Stuttgart: 1979

Thiede, Carsten Peter: Papyrus Bodmer L. Das neutestamentliche Papyrusfragment P[73] = Mt 25, 43 / 26, 2 - 3. In: Museum Helveticum 47/1 (1990),
S. 35 – 40

Thomsen, Peter: Die lateinischen und griechischen Inschriften der Stadt Jerusalem und ihrer nächsten Umgebung. Leipzig: 1922

Tov, Emanuel; Pfann, Stephen J.: The Dead Sea Scrolls on Microfiche. A comprehensive Facsimile Edition of the Texts from the Judaean Desert. Leiden: 1993

Turner, Eric G.: Menander, Samia 385 – 390 Austin (170 – 175 Koe.). In:
Aegyptus 47 (1967), S. 187 – 190

9.2   Hilfsmittel

Bauer, Walter: Griechisch-Deutsches Wörterbuch zu den Schriften des Neuen Testaments und der übrigen urchristlichen Literatur. Neubearbeitet und hrsg. von Kurt und Barbara Aland. Berlin: [6]1988

Das Große Bibellexikon. I – III. Hg. von Helmut Burkhardt, Fritz Grünzweig, Fritz Laubach, Gerhard Maier. Wuppertal: 1989

Checklist of Editions of Greek, Latin and Coptic Papyri, Ostraca and Tablets. Last revised October 15, 1999 John F. Oates, William H. Willis, Roger S. Bagnall, Klaas A. Worp, Joshua D. Sosin with the assistance of Sarah J. Clackson and Terry G. Wilfong.
http://scriptorium.lib.duke.edu/ papyrus/texts/clist.html

A complete Concordance to Flavius Josephus I – IV. Hg. v. Karl Heinrich Rengstorf. Leiden: 1973 – 1983

Frisk, Hjalmar: Griechisches Etymologisches Wörterbuch. Heidelberg: [2]1973

Gawantka, Wilfried: Aktualisierende Konkordanzen zu Dittenbergers Orientis Graeci Inscriptiones Selectae (OGIS) und zur dritten Auflage der von ihm begründeten Sylloge Inscriptionum Graecarum (Syll. [3]). Hildesheim: 1977

Kluge, Friedrich: Etymologisches Wörterbuch der deutschen Sprache. Bearbeitet von Elmar Seebold. Berlin: [23]1995

Kretschmer, Paul; Locker, Ernst: Rückläufiges Wörterbuch der griechischen Sprache. Göttingen: [3]1977

Lexikon der Antiken Christlichen Literatur. Hg. v. Siegmar Döpp und Wilhelm Geerlings. Freiburg: [2]1999

Lexikon für Theologie und Kirche I – VIII. Freiburg: [3]1993 – 1999

Liddell, H. G.; Scott, R.: A Greek-English Lexicon. Oxford: 1968

Pokorny, Julius: Indogermanisches Etymologisches Wörterbuch. Band I. Bern: 1959

Putzger, F. W.: Historischer Weltatlas. Hg. von Alfred Hansel; Walter Leisering. Berlin: [94]1970

Synopsis Quattuor Evangeliorum. Locis parallelis evangeliorum apocryphorum et patrum adhibitis edidit Kurt Aland. Stuttgart: [13]1990

Thesaurus Graecae Linguae ab Henrico Stephano Constructus. Graz: 1954 (= Nachdruck der Auflage von 1829)

Exegetisches Wörterbuch zum Neuen Testament I – III. Hg. von Horst Balz und Gerhard Schneider. Stuttgart: [2]1992

9.3   Sekundärliteratur

Abraham, Werner: Terminologie zur neueren Linguistik 1. 2., völlig neu bearbeitete und erweiterte Auflage. Tübingen: [2]1988

Aland, Barbara u. Kurt: Der Text des Neuen Testaments. Einführung in die wissenschaftlichen Ausgaben sowie in Theorie und Praxis der modernen Textkritik. Stuttgart: [2]1989

Aland, Kurt: Über die Möglichkeit der Identifikation kleiner Fragmente neutestamentlicher Handschriften mit Hilfe des Computers. In: Elliott, J. K. (Hg.): Studies in New Testament Language and Text. Leiden: 1976 (= Festschrift G. D. Kilpatrick), S. 14 - 38

Aland, Kurt: Neue neutestamentliche Papyri III. In: New Testament Studies 20 (1974), S. 357 – 381

Aland, Kurt: Neue neutestamentliche Papyri? Ein Nachwort zu den angeblichen Entdeckungen von Professor O'Callaghan. In: Bibel und Kirche 27 (1973), S. 19 – 20

Altheim, Franz; Stiehl, Ruth: Christentum am Roten Meer II. Berlin: 1973

Arzt, Peter: Ägyptische Papyri und das Neue Testament. Zur Frage der Vergleichbarkeit von Texten. In: Protokolle zur Bibel 6 (1997), S. 21 - 29

Backhaus, Knut: Qumran und die Urchristen. Zu einem neueren Diskussionsbeitrag. In: Theologie und Glaube 83 (1993), S. 364 – 368

Baillet, Maurice: Les manuscrits de la grotte 7 de Qumrân et le Noveau Testament. In: Biblica 53 (1972), S. 508 – 516

Baillet, Maurice: Les manuscrits de la grotte 7 de Qumrân et le Noveau Testament. In: Biblica 54 (1973), S. 340 - 350

Benoît, Pierre.: Note sur les fragments grecs de la grotte 7 de Qumran. In: Revue Biblique 79 (1972), S. 321 – 324

Bergmeier, Roland: Die Essener-Berichte des Flavius Josephus. Quellenstudien zu den Essenertexten im Werk des jüdischen Historiographen. Kampen: 1993

Betz, Otto: Kontakte zwischen Christen und Essenern. In: Christen und Christliches in Qumran? S. 157 – 175

Betz, Otto; Riesner, Rainer: Jesus, Qumran und der Vatikan. Klarstellungen. Gießen/Freiburg: 1993

Blume, Horst-Dieter: Menander. Darmstadt: 1998 (= Erträge der Forschung, 293)

Blume, Horst-Dieter: Menanders »Samia«. Darmstadt: 1974

Boffo, Laura: Iscrizioni greche e latine per lo studio della Bibbia. Brescia: 1994 (= Biblioteca di storia e storiografia die tempi biblici, 9)

Boismard, M. E.: À propos de 7Q5 et Mc 6, 52 – 53. In: Revue Biblique 102 (1995), S. 585 – 588

Braun, Herbert: Qumran und das Neue Testament I. Tübingen: 1966

Braune, Wilhelm: Althochdeutsche Grammatik. Bearb. V. Hans Eggers. Tübingen: [14]1987

Braune, Wilhelm: Gotische Grammatik mit Lesestücken und Wörterverzeichnis. Bearb. V. Ernst A. Ebbinghaus. Tübingen: [18]1973

Broshi, Magen: Anti-Qumranic Polemics in the Talmud. In: The Madrid Qumran Congress. Proceedings of the International Congress on the Dead Sea Scrolls. Madrid 18 – 21 March 1991. Ed. by Julio Trebolle Barrera, Luis Vegas Montaner. Vol. II. Leiden: 1992, S. 589 - 600

Bruce, F. F.: On Dating the New Testament. In: Eternity 23 (1972), S. 32 – 33

Brunner, Theodore F.: The Thesaurus Linguae Graecae. A unifying force. In: Proceedings of the 20th International Congress of Papyrologists, Copenhagen 1992. Copenhagen: 1994, S. 604 – 608

Burge, Gary M.: Indiana Jones and the Gospel Parchments. http://www.christianityonline.com/ct/6TC/6TC026.html

Burgmann, Hans: Die essenischen Gemeinden von Qumran und Damaskus in der Zeit der Hasmonäer und Herodier (130 ante – 68 post). Frankfurt: 1988 (= Arbeiten zum Neuen Testament und Judentum, 8)

Burgmann, Hans: Die Höhle „7" war kein Einzelfall! In: Christen und Christliches in Qumran? S. 227 – 236

Cavallo, Guglielmo: Rezension Roberts/Skeat: *The Birth of the Codex*. In: Studi italiani di filologia classica 78 (1985), S. 118 – 121

Charlesworth, James H.: Has the Name "Peter" been found among the Dead Sea Scrolls. In: Christen und Christliches in Qumran? S. 213 – 225

Charlesworth, James H.: Rezension Thiede: *Die älteste Evangelien-Handschrift?* In: Religious Studies Review 13 (1987), S. 71

Christen und Christliches in Qumran? Hg. v. Bernhard Mayer. Regenburg: 1992 (= Eichstätter Studien, N.F. 32)

Clermont-Ganneau, Charles: Une stèle du temple de Jerusalem. In: Revue Archeologique n. s. 23 (1972), S. 215 – 234

Comfort, Philip W.: Exploring the common identification of the New Testament Manuscripts P^4, P^{64}, P^{67}. In: Tyndale Bulletin 46/1 (1995), S. 43 – 54

Conte, Gian Biagio: The hidden Author. An Interpretation of Petronius′ *Satyricon*. Berkeley: 1996

Conzelmann, Hans; Lindemann, Andreas: Arbeitsbuch zum Neuen Testament. Tübingen: [11]1995

Cotton, Hannah M.: The Date and the Fall of Masada. The Evidence of the Masada Papyri. In: Zeitschrift für Papyrologie und Epigraphik 78 (1989), S. 157 – 162

Cotton, Hannah M.; Cockle, W. E. H.; Millar, F. G. B.: The Papyrology of the Roman Near Easr. A Survey. In: The Journal of Roman Studies 85 (1995), S. 214 – 235

Crisci, Edoardo: Scritture Greche Palestinesi e Mesopotamiche (III secolo A. C. – III D. C.) In: Scrittura e Civilta 15 (1991), S: 125 – 183

Crisci, Edoardo: Scrivere greco fuori d′Egitto. Ricerche sui manoscritti greco-orientali di origine non egiziana dal IV secolo a. C. all′ VII d. C. Firenze: 1996 (= Papyrologica Florentina, XXVII)

Dalla Vecchia, Flavio: Editoriale. In: Ridatare i Vangeli? Hg. v. Flavio Dalla Vecchia. Brescia: 1997, S. 5 – 9 (= Giornale di Teologia, 247)

Daris, Sergio: Rezension Thiede: *Die älteste Evangelien-Handschrift?* In: Biblica 68 (1987), S. 431 – 433

Davies, Philip R.: Rezension Rohrhirsch: *Wissenschaftstheorie und Qumran.* http://scholar.cc.emory.edu/scripts/SBL/Reviews/3525539347.html

de Vaux, Roland: Archaeology and the Dead Sea Scrolls. Oxford: 1977

Dexinger, Ferdinand: Qumran. Ein Überblick. In: Qumran. Ein Symposion. S. 29 – 62

Di Palma, Gaetano: La papirologia e il Nuovo Testamento. In: Asprenas 43 (1996), S: 526 - 530

Drobner, Hubertus R.: Lehrbuch der Patrologie. Freiburg: 1994

Elliott, J. Keith: The Jesus Papyrus. Five Years on. http://www.bowness.demon.co.uk/thiede.htm

Elliott, J. Keith: Manuscripts, the Codex and the Canon. In: Journal for the Study of the New Testament 63 (1996), S. 105 - 123

Elliott, J. Keith: Mark in Qumran? In: The Expository Times 105 (1993/94), S. 249

Elliott, J. Keith: P^{64} and all that. In: The Expository Times 107 (1995/96), S. 311

Elliott, J. Keith: Rezension Martinez: *The People of the Dead Sea Scrolls.* In: Novum Testamentum 38/4 (1996), S. 400 – 402

Elliott, J. Keith: Rezension Thiede: *The Jesus Papyrus.* In: Novum Testamentum 38/4 (1996), S. 393 – 399

Ellis, E. Earle: Entstehungszeit und Herkunft des Markus-Evangeliums. In: Christen und Christliches in Qumran? S. 195 – 212

Enste, Stefan: Qumran-Fragment 7Q5 ist nicht Markus 6, 52 – 53. In: Zeitschrift für Papyrologie und Epigraphik 126 (1999), S. 189 - 194

Estrada, David; White, William: The First New Testament. Nashville: 1978

Estrada, David: The Fragments from Cave 7. In: Eternity 23 (1972), S. 25 – 26

Fabry, Heinz-Josef: Qumran und das frühe Christentum. In: Zur Debatte. Themen der katholischen Akademie in Bayern 27/3 (1997), S. 8 – 9

Fassino, M.: Sulla cosiddetta ′lex Youtie′. In: Rivista di filologia e d′istruzione classica 126 (1998), S. 72 - 75

Fee, Gordon D.: Some dissenting Notes on 7Q5 = Mark 6, 52 – 53. In: Journal of Biblical Literature 92 (1973), S. 109 – 112

Fikhman, Itskhok Fishelevich: La Papyrologie et les collections de Papyrus en Israel. In: Proceedings of the 20th International Congress of Papyrologists, Copenhagen 1992. Copenhagen: 1994, S. 540 – 549

Fitzmyer, Joseph A.: Qumran: Die Antwort. 101 Fragen zu den Schriften vom Toten Meer. Stuttgart: 1993 (= Stuttgarter Taschenbücher, 18)

Fitzmyer, Joseph A.: A Qumran Fragment of Mark? In: America 126 (1972), S. 647 – 650

Fitzmyer, Joseph A.: The Qumran Scrolls and the New Testament after forty years. In: Revue de Qumran 13 (1988), S. 609 – 620

Fitzmyer, Joseph A.: Review J. O'Callaghan: *Los papiros griegos.* In: Journal of Biblical Literature 95 (1976), S. 459

Flint, Peter W.: „Apocrypha", other previously known writings, and „Pseudepigrapha" in the Dead Sea Scrolls. In: The Dead Sea Scrolls after fifty Years. A Comprehensive Assessment. Hg. v. Peter W. Flint, James C. Vanderkam. Leiden: 1999, S. 24 - 66

Focant, Camille: Un fragment du second évangile à Qumrân: 7Q5 = Mc 6, 52 – 53? In: Revue théologique de Louvain 16 (1985), S. 447 – 454

Focant, Camille: 7Q5 = Mk 6, 52 – 53: A questionable and questioning Identification? In: Christen und Christliches in Qumran? S. 11 – 25

Gallo, Italo: Greek and Latin Papyrology. London: 1986

Gamba, Giuseppe Giovanni: Petronio Arbitro e i Cristiani. Ipotese per una lettura contestuale del Satyricon. Roma: 1998 (= Biblioteca di scienze religiose, 141)

Gardthausen, Victor: Griechische Paläographie II. Die Schrift, Unterschriften und Chronologie im Altertum und im Byzantinischen Mittelalter. Leipzig: ²1913

Garnet, Paul: O'Callaghans Fragments. Our earliest New Testament Texts? In: The Evangelical Quarterly 45 (1973), S. 6 – 12

Ghiberti, Giuseppe: Rezension Thiede: *Die älteste Evangelien-Handschrift?* In: Aegyptus 66 (1986), S. 297 - 298

Giangrande, Giuseppe: Preliminary notes on the use of Paragraphes in greek papyri. In: Museum Philologum Londiniense 3 (1978), S. 147 – 151

Gignac, Francis Thomas: Grammar of the Greek Papyri of the Roman and Byzantine Periods I. Phonology. Mailand: 1976

Gignac, Francis Thomas: The Papyri and the Greek Language. In: Yale Classical Studies XXVIII: Papyrology. Cambridge: 1985

Gignac, Francis Thomas: The Pronunciation of the Greek Stops in Papyri. In: Transactions and Proceedings of the American Philological Association 101 (1970), S. 185 – 202

Green, E. M. B.: Der 2. Petrusbrief neu betrachtet. In: Das Petrusbild in der neueren Forschung. Hg. v. Carsten Peter Thiede. Wuppertal: 1987, S: 1 - 50

Green, Michael: The second Epistle general of Peter and the general Epistle of Jude. Leicester: ²1987

Grelot, Pierre: Note sur les propositions du Pr. Carsten Peter Thiede. In: Revue Biblique 102 (1995), S. 589 – 591

Grelot, Pierre: Rezension Thiede: *Jésus selon Matthieu.* In: Revue Biblique 105 (1998), S. 589 – 596

Gronewald, Michael: 255. Unbekanntes Evangelium oder Evangelienharmonie. Fragment aus dem „Evangelium Egerton". In: Kölner Papyri (P. Köln), 6. Opladen: 1987 (= Abhandlungen der Rheinisch-Westfälischen Akademie der Wissenschaften. Sonderreihe Papyrologica Coloniensia, 7)

Grundmann, Walter: Der Brief des Judas und der zweite Brief des Petrus. Berlin: [3]1986 (= Theologischer Handkommentar zum Neuen Testament, 15)

Gumbert, Johan P.: Structure and Forms of the Letter v in Greek Documentary Papyri. A paleographical Study. In: Papyrologica Lugduno-Batavia 14 (1965), S. 1 – 9

Gundry, Robert H.: Mark. A Commentary on his Apology for the Cross. Grand Rapids: 1993

van Haelst, Joseph: Les Origines du Codex, In: Les Débuts du Codex. Hg. v. Alain Blanchard. Turnhout: 1989, S. 12 - 35

Haenchen, Ernst: Die Apostelgeschichte. Göttingen: [7]1977 (= Kritisch-exege-tischer Kommentar über das Neue Testament, 3)

Head, Peter M.: The Date of the Magdalen Papyrus of Matthew (P. Magd. Gr. 17 = P[64]). A Response to C. P. Thiede. In: Tyndale Bulletin 46 (1995), S. 251 – 285

Hellmann, Marie-Christine: Recherches sur le Vocabulaire de l´Architecture Grecque, d´après les Inscriptions de Délos. Athen: 1992

Hemer, Colin J.: A Note on 7Q5. In: Zeitschrift für die Neutestamentliche Wis-senschaft 65 (1974), S. 155 – 157

Hemer, Colin, J.: 7Q5. A Correction. In: Studia Papyrologica 16 (1977), S. 39 – 40

Hengel, Martin: Entstehungszeit und Situation des Markusevangeliums. In: Mar-kus-Philologie. Historische, literargeschichtliche und stilistische Unter-suchungen zum zweiten Evangelium. Hg. v. Hubert Cancik. Tübingen: 1984, S. 1 – 45 (= WUNT, 33)

Horst, Guido: Geschichte statt Phantasie. In: 30 Tage in Kirche und Welt. Jg. 3 (1993/12), S. 70 - 71

Horst, Guido: Eine Revolution namens 7Q5. In: 30 Tage in Kirche und Welt 1 (1991/6), S. 8 - 10

Hunger, Herbert: Antikes und mittelalterliches Buch- und Schriftwesen. In: Ge-schichte der Textüberlieferung der antiken und mittelalterlichen Litera-tur I. Zürich: 1961, S. 25 – 147

Hunger, Herbert: 7Q5: Markus 6, 52 – 53 – oder? Die Meinung des Papyrologen. In: Christen und Christliches in Qumran? S. 33 – 56

Hunger, Herbert: Rezension Thiede: *Il più antico manoscritto die Vangeli?* In: Tyche 2 (1987), S. 278 – 280

Hurtado, Leon W.: The Origin of the *Nomina Sacra*. A Proposal. In: Journal of Biblical Literature 117 (1998), S. 655 - 673

Kahle, Paul: Zehn Jahre Entdeckungen in der Wüste Juda. In: Theologische Literaturzeitung 82 (1957), S. 641 – 650

Kahle, Paul: Die Kairoer Geniza. Berlin: 1962

Kelly, John N. D.: A Commentary on the Epistles of Peter and of Jude. London: 1969

Kirchschläger, Walter: Qumran und die frühen Christen. In: Qumran. Ein Sym-posion. S. 173 – 187

Klauck, Hans-Josef: Rezension Schulz: *Die apostolische Herkunft der Evangelien.* In: Biblische Zeitschrift N.F. 38 (1994), S: 131 – 134

Knoch, Otto: 1. und 2. Timotheusbrief. Titusbrief. Würzburg: ^{2}1990 (= Neue Echter Bibel, 14)

Koch, Klaus: Heilserwartung in Judäa. In: Zur Debatte. Theme der katholischen Akademie in Bayern 27/3 (1997), S. 7 – 8

Krahe, Hans: Germanische Sprachwissenschaft I. Einleitung und Lautlehre. Bearb. v. Wolfgang Meid. Berlin: ^{7}1969

Kraus, Thomas Jürgen: (Il)literacy in non-literary Papyri from Graeco-Roman Egypt. Further Aspects to the educational Ideal in ancient literary Sources and modern Times. In: Mnemosyne 52 (1999). (In Vorbereitung)

Kraus, Thomas Jürgen: 7Q5. Status quaestionis und grundlegende Anmerkungen zur Relativierung der Diskussion um das Papyrusfragment. In: Revue de Qumran 74 (1999), S. 239 - 258

Kraus, Thomas Jürgen: 'Slow Writers' - βραδέως γράφοντες : what, how much, and how did they write? In: Eranos 97 (1999), (in Vorbereitung)

Krüger, Julian: Oxyrhynchos in der Kaiserzeit. Studien zur Topographie und Literaturrezeption. Frankfurt: 1990

Kühner, Raphael: Ausführliche Grammatik der griechischen Sprache. Erster Teil: Elementar- und Formlehre. Neu bearbeitet von Friedrich Blass. Hannover: 1890

Kurz, Helmut: Entdeckungen in der Bibel. Tips, Informationen, Methoden. München: 1988

Lemm, Oscar v.: Koptische Miscellen. CI – CV. CI. τε und ρ-τε. In: Oscar von Lemm: Koptische Miscellen I – CXLVIII. Unveränderter Nachdruck der 1907 – 1915 im „Bulletin de l'Académie Impériale des Sciences de St. Pétersbourg" erschienenen Stücke. Hg. v. Peter Nagel u. Kurt Kümmel. Leipzig: 1972, S. 321 – 324

Lewandowski, Theodor: Linguistisches Wörterbuch 2. 4., neu bearbeitete Auflage. Heidelberg: ^{4}1985

Lifshitz, Baruch: Papyrus grecs du désert de Juda. In: Aegyptus 42 (1962), S. 240 – 256

Lindemann, Andreas: Literatur zu den Synoptischen Evangelien. 1984 – 1991. In: Theologische Rundschau 59 (1994), S. 113 – 185

Lüdemann, Gerd: Das frühe Christentum nach den Traditionen der Apostelgeschichte. Ein Kommentar. Göttingen: 1987

Lupi, Roberta Barbis: La Paragraphos. Analisi di un segno lettura. In: Proceedings of the 20th International Congress of Papyrologists, Copenhagen 1992. Copenhagen: 1994, S. 414 – 417

Luppe, Wolfgang: Neue Erkenntnisse aus verlorenen Komödien, Tragödien und Satyrspielen. In: Proceedings of the 20th International Congress of Papyrologists, Copenhagen 1992. Copenhagen: 1994, S. 106 – 110

Maier, Johann: Die Qumran-Essener. Die Texte vom Toten Meer I-III. München: 1995

Maier, Johann: Die Qumran-Gemeinde. In: Zur Debatte. Themen der Katholischen Akademie in Bayern 27/3 (1997), S. 6 – 7

Martínez, Florentino García; Barrera, Julio Trebolle: The People of the Dead Sea Scrolls. Leiden: 1995

Martini, Carlo M.: Note sui papiri della grotta 7 di Qumran. In: Biblica 53 (1972), S: 101 – 104

Massana, Ramon Puig: Acerca de una reciente publicacion de Jose O´Callaghan sobre los papiros de la cueva 7 de Qumran. In: Filologia Neotestamentaria 17 (1996), S: 51 - 59

Mayser, Edwin: Grammatik der griechischen Papyri aus der Ptolemäerzeit. Mit Einschluß der gleichzeitigen Ostraka und der in Ägypten verfaßten Inschriften I: Laut- und Wortlehre. 1. Teil: Einleitung und Lautlehre. 2. Auflage bearbeitet von Hans Schmoll. Berlin: 1970

Mc Cormick, Michael: The Birth of the Codex and the Apostolic Life-Style. In: Scriptorium 39 (1985), S. 150 – 158

Mc Kenzie González, Germán: Un papiro revolucionario: 7Q5. Entrevista al p. José O´Callaghan, S. J.
http://ekeko.rcp.net.pe/IAL/vm/texts/ocal7q5.htm

Merkelbach, Reinhold: Lex Youtie. In: Zeitschrift für Papyrologie und Epigraphik 38 (1980), S. 294

Messori, Vittorio: Gelitten unter Pontius Pilatus? Eine Untersuchung über das Leiden und Sterben Jesu. Übers. v. Gabriele Stein. Köln: 1997

Messori, Vittorio: Pati sotto Ponzio Pilato? Un indagine sulla passione e morte di Gesù. Torino: 1993

Metzger, Bruce M.: Manuscripts of the greek Bible. Oxford: 1981

Metzler Lexikon Sprache. Hg. v. Helmut Glück. Stuttgart: 1993

Moir, I. A.; Michaelson, S.; Morton, A. Q.: Scriptures. The Use of Computers for Fragment Location. In: Zeitschrift für Papyrologie und Epigraphik 17 (1975), S. 119 - 124

Montevecchi, Orsolina: La Papirologia. Milano: [2]1988

Montevecchi, Orsolina: Rez. A. Passoni Dell´Acqua: Il Testo del Nuovo Testamento. In: Aegyptus 74 (1994), S. 206 f.

Muro, Ernest A.: The greek fragments of Enoch from Qumran Cave 7 (7Q4, 7Q8 & 7Q12 = 7Qengr = Enoch 103: 3 – 4, 7 – 8). In: Revue de Qumran 18 (1997), S. 307 – 312

Muro, Ernest A.: Prologue. A steep and rugged ascent.
http://www.breadofangels.com

Muro, Ernest A.: 7Q Enoch. A Synopsis of the Identification Process.
http://www.breadofangels.com

Muro, Ernest A.: 7Q5. „Disloqué à droite". Key to the Controversy.
http://www.breadofangels.com

Muro, Ernest A.: 7Q20. What is it? Where is ist?
http://www.breadofangels.com

Muro, Ernest A.: 7Q21. What is it? Where is it?
http://www.breadofangels.com

Mußner, Franz: Apostelgeschichte. Würzburg: [2]1988 (= Neue Echter Bibel, 5)

Nebe, G. Wilhelm: 7Q4. Möglichkeiten und Grenzen einer Identifikation. In: Revue de Qumran 13 (1988), S. 629 – 633

Oberforcher, Robert: Rezension Rohrhirsch: *Wissenschaftstheorie und Qumran.* In: Zeitschrift für Katholische Theologie 119 (1997), S. 455 - 457

Oberforcher, Robert: Rezension Thiede/d'Ancona: *Der Jesus Papyrus.* In: Zeitschrift für Katholische Theologie 119 (1997), S. 220 - 222

O'Callaghan, Jose: El cambio δ > τ en los papiros biblicos. In: Biblica 54 (1973), S. 415 – 416

O'Callaghan, Jose: La identificación de papiros literarios (biblicos). In: Studia Papyrologica 12 (1973), S. 91 – 100

O'Callaghan, Jose: Sobre la identificacion de 7Q4. In: Studia Papyrologica 13 (1974), S. 45 – 55

O'Callaghan, Jose: The Identifications of 7Q. In: Aegyptus 56 (1976), S. 287 – 294

O'Callaghan, Jose: Nota sobre 7Q4 y 7Q5. In: Studia Papyrologica 13 (1974), S. 61 – 63

O'Callaghan, Jose: Notas sobre 7Q5 tomadas en el „Rockefeller Museum" de Jerusalén. In: Biblica 53 (1972), S. 517 – 533

O'Callaghan, Jose: El ordenador, 7Q5 y Homero. In: Studia Papyrologica 12 (1973), S. 73 – 79

O'Callaghan, Jose: El ordenador, 7Q5 y los autores griegos (Apolonio de Rodas, Aristoteles, Lisias). In: Studia Papyrologica 13 (1974), S. 21 – 29

O'Callaghan, Jose: Los Papiros Griegos de la Cueva 7 de Qumran. Madrid: 1974

O'Callaghan, Jose: ¿Papiros neotestamentarios en la cueva 7 de Qumran? In: Biblica 53 (1972), S. 91 – 100

O'Callaghan, Jose: Tres probables papiros neotestamentarios en la cueva 7 de Qumran. In: Studia Papyrologia 11 (1972), S. 83 – 89

O'Callaghan, Jose: Les papyrus de la grotte 7 de Qumran. In: Nouvelle Revue Theologique 95 (1973), S. 188 – 195

O'Callaghan, Jose: Los primeros testimonios del Nuevo Testamento. Papirologia neotestamentaria. Cordoba: 1995

O'Callaghan, J.: ¿El texto de 7Q5 es Tuc. I, 41, 2? In: Studia Papyrologia 13 (1974), S. 125

O'Callaghan, Jose: ¿1Tim 3, 16; 4, 1.3 en 7Q4? In: Biblica 53 (1972), S. 362 – 367

O'Callaghan, Jose: 7Q5. Nuevas consideraciones. In: Studia Papyrologia 16 (1977), S. 41 – 47

Paci, Stefano Maria: Geliebt, gehaßt, aber wenigstens bekannt. In: 30 Tage in Kirche und Welt 5/1999, S. 25 - 27

Paci, Stefano M.: Nicht später als 50. In: 30 Tage in Kirche und Welt 7/8/1994, S. 53 – 55

Parker, D. C.: Was Matthew written before 50 CE? The Magdalen Papyrus of Matthew. In: The Expository Times 107 (1995/96), S. 40 – 43

Parker, Pierson: Enthält das Papyrusfragment 5 aus der Höhle 7 von Qumran einen Markustext? In: Erbe und Auftrag 48 (1972), S. 467 – 469

Parsons, Peter J.: The Scripts and their Date. In: The Greek Minor Prophets Scroll from Nahal Hever (8HevXIIgr). Ed. by Emanuel Tov. Oxford: 1990, S. 19 – 26 (= Discoveries in the Judaean Desert of Jordan, VII)

Passoni dell´Acqua, Anna: Il testo del Nuovo Testamento. Introduzione alla critica testuale. Torino: 1994

Paton, William Roger; Myres, J. L.: Karian Sites and Inscriptions. In: The Journal of Hellenic Studies 16 (1896), S: 188 – 271

Paulsen, Henning: Der Zweite Petrusbrief und der Judasbrief. Göttingen: 1992 (= Kritisch-exegetischer Kommentar über das Neue Testament, XII / 2)

Pelaez del Rosal, Jesus: El debate sobre los papiros neotestamentarios de Qumran. 7Q5 y 7Q4a. In: Estudios Biblicos 57 (1999), S. 517 – 538

Pesch, Rudolf: Das Markusevangelium I. Einleitung und Kommentar zu Kap. 1, 1 – 8, 26. Freiburg: 1976 (= Herders Theologischer Kommentar zum Neuen Testament, 2)

Pestman, P. W.: The New Papyrological Primer. Second Edition, Revised, Leiden-New York-Koeln 1994

Pickering, Stuart R.: Palaeographical Details of the Qumran Fragment 7Q5. In: Christen und Christliches in Qumran? S. 27 – 31

Pickering, Stuart R.: P. Macquarie Inv. 360 (+ P. Mil.Vogl. Inv. 1224): Acta Apostolorum 2, 30 – 37, 2, 46 – 3,2. In: Zeitschrift für Papyrologie und Epigraphik 65 (1986), S. 76 – 78

Pickering, Stuart R.; Cook, R. R. E.: Has a Fragment of the Gospel of Mark been found at Qumran? Sydney: 1989

Pickering, Wilbur N.: The Identity of the New Testament. Nashville: ²1980

Pixner, Bargil: Archäologische Beobachtungen zum Jerusalemer Essener-Viertel und zur Urgemeinde. In: Christen und Christliches in Qumran? S. 89 – 113

Pixner, Bargil: Wege des Messias und Stätten der Urkirche. Jesus und das Judenchristentum im Licht neuer archäologischer Erkenntnisse. Hg. v. R. Riesner. Gießen: ²1994

Pöhlmann, Egert: Einführung in die Überlieferungsgeschichte und in die Textkritik der antiken Literatur. Darmstadt: 1994

Price, Randall: Secrets of the Dead Sea Scrolls. Eugene/Oregon: 1996

Puech, Émile: Des fragments grecs de la grotte 7 et le Nouveau Testament? 7Q4 et 7Q5, et le Papyrus Magdalen Grec 17 = P⁶⁴. In: Revue Biblique 102 (1995), S. 570 - 584

Puech, Émile: Sept fragments grecs de la lettre d´Hénoch (1 Hén 100, 103 et 105) dans la Grotte 7 de Qumrân (= 7QHéngr). In: Revue de Qumran 18 (1997), S. 312 – 323

Puech, Émile: Markus und Matthäus. Irrwege und falsche Datierungen? In: Welt und Umwelt der Bibel. Nr. 10, 3. Jg. (4/1998), S. 44 - 45

Puech, Émile: Notes sur les fragments grecs du manuscrit 7Q4 = 1 Hénoch 103 et 105. In: Revue Biblique 103 (1996), S. 592 – 600

Puech, Émile: Christliche Schriften in Qumran? In: Welt und Umwelt der Bibel. Nr. 9, 3. Jg. (3/1998), S. 62

Puech, Émile: Die Überzeugungen eines Gelehrten. Interview mit Farah Mébarki. In: Welt und Umwelt der Bibel. Nr. 9, 3. Jg. (3/1998), S. 55 – 61

Qumran. Ein Symposion. Hg. v. Johannes B. Bauer, Josef Fink, Hannes D. Galter. Graz: 1993 (= Grazer Theologische Studien 15)

Qumran und die Evangelien. Geschichte oder Geschichten? Hg. v. Walter Brandmüller. Aachen: 1994

Radermacher, Ludwig: Neutestamentliche Grammatik. Das Griechisch des Neuen Testaments im Zusammenhang mit der Volkssprache. Tübingen: ^{2}1925 (= Handbuch zum Neuen Testament, 1)

Ramelli, Ilaria: Petronio e i Cristiani. Allusioni al Vangelo di Marco nel *Satyricon*? In: Aevum 70 (1996), S. 75 - 80

Ricci, Tommaso: „Man spürt den Atem der Zeugen Jesu." In: 30 Tage in Kirche und Welt 1 (1991/6), S. 11 – 14

Riesenfeld, Harald: Neues Licht auf die Entstehung der Evangelien. Handschriften vom Toten Meer und andere Indizien. In: Christen und Christliches in Qumran? S. 177 – 194

Riesner, Rainer: Essener und Urgemeinde in Jerusalem. Neue Funde und Quellen. Giessen: 2. Erw. Aufl. 1998 (= Biblische Archäologie und Zeitgeschichte, 6)

Riesner, Rainer: Essener und Urkirche in Jerusalem. In: Bibel und Kirche 40/2 (1985), S. 64 – 76

Riesner, Rainer: Essener und Urkirche in Jerusalem. In: Christen und Christliches in Qumran? S. 139 – 155

Roberts, Colin H.: On some presumed Papyrus Fragments of the New Testament from Qumran. In: The Journal of Theological Studies 23 (1972), S. 446 – 447

Roberts, Colin H.: Skeat, T. C.: The Birth of the Codex. London: 1983

Rohrhirsch, Ferdinand: Kleine Fragmente im Lichte des Popperschen Fallibilismusprinzips. Ein Vergleich von 7Q5 und P^{73} unter dem Aspekt der recto-verso Beschriftung. In: Christen und Christliches in Qumran? S. 73 – 82

Rohrhirsch, Ferdinand: Markus in Qumran? Eine Auseinandersetzung mit den Argumenten für und gegen das Fragment 7Q5 mit Hilfe des methodischen Fallibilismusprinzips. Wuppertal: 1990

Rohrhirsch, Ferdinand: Das Qumran-Fragment 7Q5. In: Novum Testamentum 30/2 (1988), S. 97 – 99

Rohrhirsch, Ferdinand: Zur Relevanz wissenschaftstheoretischer Implikationen in der Diskussion um das Qumranfragment 7Q5 und zu einem neuen Identifizierungsvorschlag von 7Q5 mit Zacharias 7, 4 – 5. In: Theologie und Glaube 85 (1995), S. 80 - 95

Rohrhirsch, Ferdinand: Verschlußsache Jesus und andere Werke. Neuere Qumranliteratur in der wissenschaftlichen Kritik. In: Qumran und die Evangelien. S. 73 – 99

Rohrhirsch, Ferdinand: Wissenschaftstheorie und Qumran. Die Geltungsbegründungen von Aussagen in der Biblischen Archäologie am Beispiel von Chirbet Qumran und En Fescha. Freiburg: 1996 (= Novum Testamentum et Orbis Antiquus, 32)

Rosenbaum, Hans-Udo: Cave 7Q5! Gegen die erneute Inanspruchnahme des Qumran-Fragments 7Q5 als Bruchstück der ältesten Evangelien-Handschrift. In: Biblische Zeitschrift 51 (1987), S. 189 – 205

Ruckstuhl, Eugen: Zur Frage einer Essenergemeinde in Jerusalem und zum Fundort von 7Q5. In: Christen und Christliches in Qumran? S. 131 – 137

Ruckstuhl, Eugen: Der Jünger, den Jesus liebte. Geschichtliche Umrisse. In: Bibel und Kirche 40/2 (1985), S. 77 – 83

Rupprecht, Hans-Albert: Kleine Einführung in die Papyruskunde. Darmstadt: 1994

Sabourin, Léopold: Un papyrus de Marc à Qumrân? In: Bulletin de Theologie Biblique 3 (1972), S. 309 – 313

Sabourin, Léopold: Review J. O'Callaghan: *Los papiros griegos*. In: Biblical Theology Bulletin 6 (1976), S. 284 – 285

Saldarini, Giovanni: Mut zu neuen Gedanken. In: 30 Tage in Kirche und Welt 2 (1992/3), S. 66 - 67

Salviat, François: Dédicace d'un ΤΡΥΦΑΚΤΟΣ par les Hermaïstes Déliens. In: Bulletin de Correspondance Hellenique 87 (1963), S. 252 – 264

Schmidt, Werner H.; Thiel, Winfried; Hanhart, Robert: Altes Testament. Stuttgart: 1989

Schenke, Ludger: Die Urgemeinde. Geschichtliche und theologische Entwicklung. Stuttgart: 1990

Schille, Gottfried: Die Apostelgeschichte des Lukas. Berlin: [3]1989 (= Theologischer Handkommentar zum Neuen Testament, 5)

Schmidt, Andreas: Zwei Anmerkungen zu P.Ryl. III 457. In: Archiv für Papyrusforschung 35 (1989), S. 11 - 12

Schmithals, Walter: Die Apostelgeschichte des Lukas. Zürich: 1982. (= Zürcher Bibelkommentare NT, 3,2)

Schmithals, Walter: Johannesevangelium und Johannesbriefe. Forschungsgeschichte und Analyse. Berlin: 1992 (= Beihefte zur Zeitschrift für die neutestamentliche Wissenschaft, 64)

Schneider, Gerhard: Die Apostelgeschichte I. Einleitung, Kommentar zu Kap. 1,1 – 8, 40. Freiburg: 1980 (= Herders Theologischer Kommentar zum Neuen Testament, 5/1)

Schnelle, Udo: Einleitung in das Neue Testament. Göttingen: [3]1999

Schnelle, Udo: Das Evangelium nach Johannes. Leipzig: 1998 (= Theologischer Handkommentar zum Neuen Testament, Bd. 4)

Schöllgen, Georg: Probleme der frühchristlichen Sozialgeschichte. Einwände gegen Peter Lampes Buch über »Die stadtrömischen Christen in den ersten beiden Jahrhunderten«. In: Jahrbuch für Antike und Christentum 32 (1989), S. 23 – 40

Schubart, Wilhelm: Paläographie I. Griechische Paläographie. München: 1925 (= Handbuch der Altertumswissenschaft I, 4. Teil, 1)

Schubert, Kurt: Die Religion der Qumranleute. In: Qumran: Ein Symposion. S. 73 – 85

Schulz, Hans-Joachim: Bekenntnis statt Dogma. Kriterien der Verbindlichkeit kirchlicher Lehre. Freiburg: 1996 (= Quaestiones Disputatae, 163)

Schulz, Hans-Joachim: Zur Entstehung der Evangelien. Petrus, Paulus und das Markusevangelium. In: Qumran und die Evangelien. S. 11 – 40

Schulz, Hans-Joachim: Die apostolische Herkunft der Evangelien. Freiburg: 1993 (= Quaestiones Disputatae, 145)

Schwank, Benedikt: Gab es zur Zeit der öffentlichen Tätigkeit Jesu Qumran-Essener in Jerusalem? In: Christen und Christliches in Qumran? S. 115 – 130

Schwyzer, Eduard: Griechische Grammatik I: Allgemeiner Teil, Lautlehre, Wortbildung, Flexion. München: [4]1968 (= Handbuch der Altertumswissenschaft II, 1,1)

Scibona, Rocco: Un frammento di Marco a Qumran? Ipotesi sulla comunità cristiana di Gerico. In: Asprenas 44 (1997), S. 385 - 400

Segal, Peretz: The Penalty of the Warning Inscription from the Temple of Jerusalem. In: Israel Exploration Journal 39 (1989), S. 79 – 84

Segalla, Giuseppe: Il dibattito sui manoscritti più antichi di Marco (?) e Matteo. In: Ridatare i Vangeli? Hg. v. Flavio Dalla Vecchia. Brescia: 1997, S. 179 – 205 (= Giornale di Teologia, 247)

Segert, Stanislav: Ein alter Bericht über den Fund hebräischer Handschriften in einer Höhle. In: Archiv Orientálni 21 (1953), S. 263 - 269

Seider, Richard: Paläographie der griechischen Papyri II: Literarische Papyri. Stuttgart: 1970

Shanks, Hershel: The Battle against Junk „Scholarship". In: Biblical Archaeology Review 23/1 (1997), S. 18

Shanks, Hershel: Qumran. Four Archaeologists assess the Site. In: Biblical Archaeology Review 24/1 (1998), S. 24 – 37; 78 – 84

Shanks, Hershel (Hg.): Understanding the Dead Sea Scrolls. A Reader from the Biblical Archaeology Review. New York: 1992

Sirat, Colette: Le Livre Hébreu dans les premiers Siècles de notre Ère. Le Témoignage des Textes. In: Les Débuts du Codex. Hg. v. Alain Blanchard. Turnhout: 1989, S. 115 – 124 (= Bibliologia, 9)

Skeat, Theodore C.: The Length of the Standard Papyrus Roll and the Cost-Advantage of the Codex. In: Zeitschrift für Papyrologie und Epigraphik 45 (1982), S. 169 – 175

Skeat, Theodore C.: The Origin of the Christian Codex. In: Zeitschrift für Papyrologie und Epigraphik 102 (1994), S. 263 – 268

Skeat, Theodore C.: 'Especially the Parchments'. A Note on 2 Timothy IV. 13. In: Journal of Theological Studies 30 (1979), S. 173 – 177

Skeat, Theodore C.: Was Papyrus regarded as «cheap» or «expensive» in the ancient world? In: Aegyptus 75 (1995), S. 75 - 93

Slaby, Wolfgang A.: Computer-unterstützte Fragment-Identifizierung. In: Christen und Christliches in Qumran? S. 83 – 88

Spottorno, Vittoria: Una nueva posible identificación de 7Q5. In: Sefarad 52 (1992), S. 541 – 543

Spottorno, Vittoria: Can Methodological Limits be set in the Debate on the Identification of 7Q5? In: Dead Sea Discoveries 6 (1999), S. 66 - 77

Stanton, Graham: Gospel Truth? New Light on Jesus and the Gospels. London: 1995

Staudinger, Hugo: Jahresbericht des Instituts für wissenschaftstheoretische Grundlagenforschung 1988/89. In: IBW-Journal 27/5 (1989)

Staudinger, Hugo: Schlaglicht. Ein wichtiges Argument für die Datierung der Evangelien. In: IBW-Journal 23/4 (1985), S. 21 – 22

Staudinger, Hugo; Schlüter, Johannes: An Wunder glauben? Gottes Allmacht und moderne Welterfahrung. Freiburg: 1986

Stegemann, Hartmut: Entdeckung und Interpretation. In: Zur Debatte. Themen der katholischen Akademie in Bayern 27/3 (1997), S. 5 – 6

Stegemann, Hartmut: Die Essener, Qumran, Johannes der Täufer und Jesus. Ein Sachbuch. Freiburg: 1993

Steier, August: Art. Nardus. In: Paulys Real-Encyclopädie 16. Stuttgart: 1935, Sp. 1705 – 1714

Strecker, Georg; Labahn, Michael: Der johanneische Schriftenkreis. In: Theologische Rundschau 59 (1994), S. 101 - 107

Tait, William John: Rush and Reed. The Pens of Egyptian and Greek Scribes. In: Proceedings of the XVIII International Congress of Papyrology II. Athen: 1988, S. 477 – 481

Talmon, Shemaryahu: Fünfzig Jahre Forschung. In: Zur Debatte. Themen der Katholischen Akademie in Bayern 27/3 (1997), S. 1 – 5

Teodorsson, Sven-Tage. The Phonology of Ptolemaic Koine. Göteborg: 1977

Thiede, Carsten Peter: Papyrologische Anfragen an 7Q5 im Umfeld antiker Handschriften. In: Christen und Christliches in Qumran? S. 57 – 72

Thiede, Carsten Peter: Bericht über die kriminaltechnische Untersuchung des Fragments 7Q5 in Jerusalem. In: Christen und Christliches in Qumran? S. 239 – 245

Thiede, Carsten Peter: Bibelcode und Bibelwort. Die Suche nach verschlüsselten Botschaften in der Heiligen Schrift. Basel: 1998

Thiede, Carsten Peter: Die Datierung von antiken Handschriften als Beispiel für interdisziplinäre Zusammenarbeit in der Papyrologie. In: Wissenschaftstheorie und Wissenschaftspraxis. Reichweiten und Zukunftsperspektiven von interdisziplinärer Forschung. Hg. v. Carsten Peter Thiede und Georg Masuch. Paderborn: 1995, S. 205 - 221

Thiede, Carsten Peter: Erratum. In: Biblica 66 (1985), S. 261

Thiede, Carsten Peter: Essener wurden Christen. Leserbrief. In: Publik-Forum 4/1992, S. 19 - 22

Thiede, Carsten Peter: Die älteste Evangelien-Handschrift? Ein Qumran-Fragment wird entschlüsselt. Wuppertal: [4]1994

Thiede, Carsten Peter: Die Evangelien und ihre Handschriften. Legenden, Gerüchte und neue Perspektiven. In: *Doch glaube nicht, daß nur von alten Zeiten...*". Insel Almanach auf das Jahr 1998. Frankfurt: 1997, S. 22 – 33

Thiede, Carsten Peter: Ein Fisch für den römischen Kaiser. Juden, Griechen, Römer. Die Welt des Jesus Christus. München: 1998

Thiede, Carsten Peter: The earliest Gospel Manuscript. The Qumran Fragment 7Q5 and its Significance for New Testament Studies. Exeter: 1992

Thiede, Carsten Peter: Der unbekannte Jesus. Dokumentarfilm. Teil II. Sendetag: 6. 9. 1992, Eins Plus

Thiede, Carsten Peter: Jesus ist nicht nur eine Glaubensfrage. In: Wissenschaftsjahrbuch ´97. Natur und Wissenschaft. Geisteswissenschaften. Beiträge aus der Frankfurter Allgemeinen Zeitung. Frankfurt: 1997, S: 475 - 479

Thiede, Carsten Peter: Jesus. Life or Legend. Oxford, Batavia, Sydney: 1990

Thiede, Carsten Peter; d´Ancona, Matthew: The Jesus Papyrus. London: 1996

Thiede, Carsten Peter; d´Ancona, Matthew: Der Jesus Papyrus. Die Entdeckung einer Evangelien-Handschrift aus der Zeit der Augenzeugen. Erweiterte Taschenbuchausgabe. Reinbeck: 1997

Thiede, Carsten Peter: Leserbrief. In: Biblical Archaeology Review 23/3 (1997), S. 8 – 11

Thiede, Carsten Peter: Le lingue e la tradizione testuale del primo cristianesimo. In: Dalla Terra Alle Genti. La diffusione del Cristianesimo nei primi secoli. Hg. v. Angela Donati. Mailand: 1996, S. 133 – 142; 314 - 323

Thiede, Carsten Peter: The Magdalen Papyrus. A Reply. In: The Expository Times 107 (1995/96), S. 240 - 241

Thiede, Carsten Peter: Neues zum Markus-Fragment 7Q5. In: IBW-Journal 27/9 (1989), S. 18 - 20

Thiede, Carsten Peter: Notes on P[4] = Bibliotheque Nationale Paris, Supplementum Graece 1120/5. In: Tyndale Bulletin 46/1 (1995), S. 55 – 57

Thiede, Carsten Peter: Neutestamentliche Papyrologie. Die ersten Handschriften, ihre Datierung und Bewertung. In: IBW-Journal 23/10 (1985), S. 12 – 19

Thiede, Carsten Peter: Papyrus Magdalen Greek 17 (Gregory-Aland P[64]). A Reappraisal. In: Zeitschrift für Papyrologie und Epigraphik 105 (1995), S. 13 – 20

Thiede, Carsten Peter: Greek Qumran Fragment 7Q5. Possibilities and Impossibilities. In: Biblica 75 (1994), S. 394 – 398

Thiede, Carsten Peter: Das unbeachtete Qumran-Fragment 7Q19 und die Herkunft der Höhle 7. In: Aegyptus 74 (1994), S. 123 – 128

Thiede, Carsten Peter: Qumran. Skandale, Gerüchte, Bestseller. Die Wirklichkeit hinter den Texten vom Toten Meer. Vortrag, gehalten in der Generalversammlung 1993 der Darlehnskasse im Erzbistum Paderborn e. G. Paderborn: 1993

Thiede, Carsten Peter: Qumran und die Folgen. Zur Mehrsprachigkeit der Qumran-Essener und des Frühchristentums. In: Walter Brandmüller (Hg.): Qumran und die Evangelien. Aachen: 1994, S: 59 – 71

Thiede, Carsten Peter: Rekindling the Word. In Search of Gospel Truth. Leominster: 1995

Thiede, Carsten Peter: 7Q. Eine Rückkehr zu den neutestamentlichen Papyrusfragmenten in der siebten Höhle von Qumran. In: Biblica 65 (1984), S. 538 – 559

Thiede, Carsten Peter: 7Q5 – Facts or Fiction? In: The Westminster Theological Journal 57 (1995), S. 471 – 474

Thiede, Carsten Peter: Simon Peter – From Galilee to Rome. Exeter: 1986

Till, Walter C.: Koptische Grammatik. Saïdischer Dialekt. Mit Bibliographie, Lesestücken und Wörterverzeichnissen. Leipzig: [6]1986

Turner, Eric G.: Greek Manuscripts of the Ancient World. 2. erw. Aufl. von P. J. Parsons. London: 1987

Turner, Eric G.: The Typologie of the early Codex. Philadelphia: 1977

Ulrich, Eugene: The Greek Manuscripts of the Pentateuch from Qumran, including newly identified Fragments of Deuteronomy (4QLXX Deut). In: A. Pietersma; C. Cox (Hg.): De Septuaginta. Festschrift J. W. Wevers. Mississauga/Ontario: 1984, S. 71 – 82

Vardaman, Jerry: The earliest Fragments of the New Testament. In: The Expository Times 83 (1971), S. 374 – 376

Vazquez Allegue, Xaime: 7Q5. El manuscrito más antiguo de Marcos? In: Compostellanum 42 (1997), S: 7 - 16

Vergote, Joseph: Phonétique historique de l'egyptien I: les consonnes. Louvain: 1945

Vergote, Joseph: Grammaire copte I a. Louvain: 1973

Vernet, J. M.: Si riafferma il papiro 7Q5 come Mc 6, 52 – 53? In: Rivista Biblica 46 (1998), S. 43 – 60

Vocke, Harald: Kein Ende für die Textkritik der Evangelien. Qumran hat die modische Geringschätzung der Konjektur widerlegt. In: Internationale katholische Zeitschrift 27 (1998), S: 283 – 288

Vocke, Harald: Papyrus Magdalen 17. Weitere Argumente gegen die Frühdatierung des angeblichen Jesus-Papyrus. In: Zeitschrift für Papyrologie und Epigraphik 113 (1996), S. 153 – 157

Vögtle, Anton: Der Judasbrief / Der 2. Petrusbrief. Zürich: 1994 (Evangelischkatholischer Kommentar zum Neuen Testament, 22)

Wachtel, Klaus: P[64/67]: Fragmente des Matthäusevangeliums aus dem 1. Jahrhundert? In: Zeitschrift für Papyrologie und Epigraphik 107 (1995), S: 73 – 80

Wallace, Daniel B.: A Review of »The earliest Gospel Manuscript?« by C. P. Thiede. In: Bibliotheca Sacra 150 (1994), S. 350 – 354

Wallace, Daniel B.: 7Q5: The earliest NT Papyrus? In: The Westminster Theological Journal 56/1 (1994), S. 173 – 180

Wehnert, Jürgen: Die Auswanderung der Jerusalemer Christen nach Pella – historisches Faktum oder theologische Konstruktion? Kritische Bemerkungen zu einem neuen Buch. In: Zeitschrift für Kirchengeschichte 102 (1991), S. 231 – 255

Weiser, Alfons: Die Apostelgeschichte. Kapitel 1 – 12. Gütersloh: 1981 (= Ökumenischer Taschenbuch-Kommentar, 5/1)

Welte, Michael: Der Text und seine Folgen. Qumran, die Bibel und das Neue Testament. In: Theologie und Glaube 83 (1993), S. 437 – 445

Wenning, Robert: Essener auf dem Zion? Die Frage nach „Essenertor" und „Obergemach". In: Welt und Umwelt der Bibel. Nr. 9, 3. Jg. (1998/3), S. 78 - 79

Weippert, Helga: Rez. Rohrhirsch: Wissenschaftstheorie und Qumran. In: Theologische Literaturzeitung 123 (1998/4), Sp. 358 – 360.

Wischmeyer, Wolfgang: Zu den neuen Frühdatierungen von Carsten Peter Thiede. In: Zeitschrift für antikes Christentum 1 (1997), S. 280 - 290

Worrell, William H.: Coptic Sounds. Ann Arbor: 1934 (= University of Michigan Studies, Humanistic Series, 26)

Youtie, Herbert C.: „Because they do not know letters". In: Zeitschrift für Papyrologie und Epigraphik 19 (1975), S. 101 – 108

Zangenberg, J.: Rezension Rohrhirsch: *Wissenschaftstheorie und Qumran.* In: Revue Biblique 106 (1999), S: 115 - 125

Zeitlin, S.: The Dead Sea Scrolls. A Travesty on Scholarship. In: Jewish Quarterly Review 47 (1956/57), S. 1 – 36

10. Abbildungen

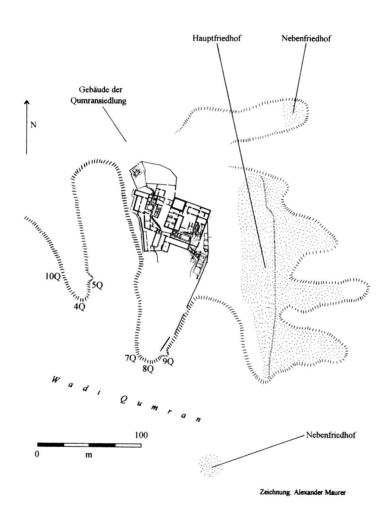

Zeichnung: Alexander Maurer

aus: H. Stegemann, Die Essener, Qumran, Johannes der Täufer und Jesus.
Ein Sachbuch (Herder Spektrum), Freiburg i. Br., Basel, Wien 1993, S. 367.

Abb. 1: Die nähere Umgebung der Siedlung Qumran

Abb. 2: Ausschnitt aus P. Bodmer XXIV (Umzeichnung)

Abb. 3: Fragment 7Q5, Ausschnitt, Z. 2 (Umzeichnung)

Abb. 4: 7Q5 ι (Z. 3)[689]; die umstrittene Stelle (Z. 2); ν (Z. 4) (Umzeichnungen)

Abb. 5: Vergleich der Abstände (Umzeichnungen)

---

[689] Der Bereich zwischen dem vorangehenden α und dem sicheren ι in Z. 3 ist auch auf den besten Abbildungen nicht eindeutig. Möglicherweise hat eine direkte Verbindung zwischen beiden Buchstaben am Kopf der Buchstaben bestanden. Da diese Stelle so unklar ist, wurde der obere Haken des ι in den Zeichnungen ´glatt abgeschnitten´.

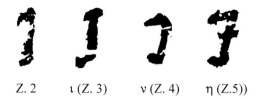

Z. 2   ι (Z. 3)   ν (Z. 4)   η (Z.5))

Abb. 6: 7Q5, Längsstriche verschiedener Buchstaben (Umzeichnung)

Abb. 7: 7Q5, links: η (Z. 4); rechts: η (Z. 5); Mitte: beide η übereinandergelegt (Umzeichnungen)

Abb. 8: links: ´rising type´ ν; rechts: die Tintenreste in Z. 2 (Umzeichnungen)

Abb. 9: 7Q5, links: Tintenreste (Z. 2); rechts: ν (Z. 4); Mitte: beide übereinadergelegt (Umzeichnungen)

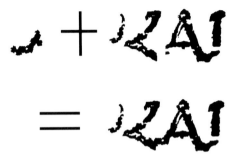

Abb. 10: 7Q5, Kombination eines Tintenrestes (Z. 2) mit dem κα ι (Z.3) (Um-zeichnungen)

Fragment 7Q5

a) DJD III, 1962, Pl. XXX, 5;
   Maurice Baillet

b) 102/4, 1995, 576, Fig. 1;
   Émile Puech.

Es gibt derzeit keine Abbildung des Fragmentes 7Q5, die es ermöglicht, alle paläographischen Fragen mit Sicherheit zu klären. Dazu ist es nötig, die verschiedenen Abbildungen, die an unterschiedlichen Orten veröffentlicht sind, nebeneinander zu benutzen. Besonders aufschlussreich ist die Video-Dokumentation der mikroskopischen Untersuchung des Fragmentes durch C. P. Thiede. Die hier vorliegende Abbildung aus der Erstpublikation durch M. Baillet und die Nachzeichnung durch É. Puech sollen dazu dienen, einen Überblick über das im Buch behandelte Fragment 7Q5 zu ermöglichen.

Zum vorliegenden Buch

Stefan Enste untersucht die These, beim Qumran-Fragment 7Q5 handle es sich um ein Bruchstück des Markusevangeliums. Diese These – 1972 vom spanischen Papyrologen J. O'Callaghan vorgetragen – erreichte in den letzten Jahren immer wieder auch eine breite Öffentlichkeit. Dabei geriet zunehmend die Frage aus dem Blick, ob diese These methodisch und sachlich fundiert ist. In den Vordergrund traten statt dessen Spekulationen über «Konsequenzen» der Identifizierung: Rückdatierung des Markus-Evangeliums in die frühen vierziger Jahre des ersten Jahrhunderts n. Chr., die Frage nach der «Glaubwürdigkeit» der Evangelien, um nur zwei Kernpunkte der daran anschliessenden Diskussion zu nennen.

In dieser Untersuchung wird die Grundlage der Spekulationen – die These 7Q5 = Mk 6, 52–53 – einer kritischen Prüfung unterzogen. Im Verlauf der Überprüfung zeigt sich: Die vorgenommene Identifizierung mit Versen aus dem Markus-Evangelium ist unhaltbar. Die für die Identifizierung vorgetragenen Argumente erweisen sich als wenig plausibel, gewichtige Gegenargumente schliessen diese Identifizierung gemäss der methodischen Regeln der Papyrologie sicher aus.

Am Ende steht ein eindeutiges Ergebnis: 7Q5 ≠ Mk 6, 52–53.

Bd. 1   MAX KÜCHLER, Schweigen, Schmuck und Schleier. Drei neutestamentliche Vorschriften zur Verdrängung der Frauen auf dem Hintergrund einer frauenfeindlichen Exegese des Alten Testaments im antiken Judentum. XXII + 542 Seiten, 1 Abb. 1986. [vergriffen]

Bd. 2   MOSHE WEINFELD, The Organizational Pattern and the Penal Code of the Qumran Sect. A Comparison with Guilds and Religious Associations of the Hellenistic-Roman Period. 104 Seiten. 1986.

Bd. 3   ROBERT WENNING, Die Nabatäer – Denkmäler und Geschichte. Eine Bestandesaufnahme des archäologischen Befundes. 364 Seiten, 50 Abb., 19 Karten. 1986. [vergriffen]

Bd. 4   RITA EGGER, Josephus Flavius und die Samaritaner. Eine terminologische Untersuchung zur Identitätsklärung der Samaritaner. 4 + 416 Seiten. 1986.

Bd. 5   EUGEN RUCKSTUHL, Die literarische Einheit des Johannesevangeliums. Der gegenwärtige Stand der einschlägigen Forschungen. Mit einem Vorwort von Martin Hengel. XXX + 334 Seiten. 1987.

Bd. 6   MAX KÜCHLER/CHRISTOPH UEHLINGER (Hrsg.), Jerusalem. Texte – Bilder – Steine. Im Namen von Mitgliedern und Freunden des Biblischen Instituts der Universität Freiburg Schweiz herausgegeben... zum 100. Geburtstag von Hildi + Othmar Keel-Leu. 240 S., 62 Abb.; 4 Taf.; 2 Farbbilder. 1987.

Bd. 7   DIETER ZELLER (Hrsg.), Menschwerdung Gottes – Vergöttlichung von Menschen. 8 + 228 Seiten, 9 Abb., 1988.

Bd. 8   GERD THEISSEN, Lokalkolorit und Zeitgeschichte in den Evangelien. Ein Beitrag zur Geschichte der synoptischen Tradition. 10 + 338 Seiten. 1989.

Bd. 9   TAKASHI ONUKI, Gnosis und Stoa. Eine Untersuchung zum Apokryphon des Johannes. X + 198 Seiten. 1989.

Bd. 10   DAVID TROBISCH, Die Entstehung der Paulusbriefsammlung. Studien zu den Anfängen christlicher Publizistik. 10 + 166 Seiten. 1989.

Bd. 11   HELMUT SCHWIER, Tempel und Tempelzerstörung. Untersuchungen zu den theologischen und ideologischen Faktoren im ersten jüdisch-römischen Krieg (66–74 n. Chr.). XII + 432 Seiten. 1989.

Bd. 12   DANIEL KOSCH, Die eschatologische Tora des Menschensohnes. Untersuchungen zur Rezeption der Stellung Jesu zur Tora in Q. 514 Seiten. 1989.

Bd. 13   JEROME MURPHY-O'CONNOR, O.P., The Ecole Biblique and the New Testament: A Century of Scholarship (1890–1990). With a Contribution by Justin Taylor, S.M. VIII + 200 Seiten. 1990.

Bd. 14   PIETER W. VAN DER HORST, Essays on the Jewish World of Early Christianity. 260 Seiten. 1990.

Bd. 15   CATHERINE HEZSER, Lohnmetaphorik und Arbeitswelt in Mt 20,1–16. Das Gleichnis von den Arbeitern im Weinberg im Rahmen rabbinischer Lohngleichnisse. 346 Seiten. 1990.

Bd. 16   IRENE TAATZ, Frühjüdische Briefe. Die paulinischen Briefe im Rahmen der offiziellen religiösen Briefe des Frühjudentums. 132 Seiten. 1991.

Bd. 17   EUGEN RUCKSTUHL/PETER DSCHULNIGG, Stilkritik und Verfasserfrage im Johannesevangelium. Die johanneischen Sprachmerkmale auf dem Hintergrund des Neuen Testaments und des zeitgenössischen hellenistischen Schrifttums. 284 Seiten. 1991.

Bd. 18   PETRA VON GEMÜNDEN, Vegetationsmetaphorik im Neuen Testament und seiner Umwelt. Eine Bildfelduntersuchung. XII + 558 Seiten. 1991.

Bd. 19   MICHAEL LATTKE, Hymnus. Materialien zu einer Geschichte der antiken Hymnologie. XIV + 510 Seiten. 1991.

Bd. 20   MAJELLA FRANZMANN, The Odes of Solomon. An Analysis of the Poetical Structure and Form. XXVIII + 460 Seiten. 1991.

Bd. 21   LARRY P. HOGAN, Healing in the Second Temple Period. 356 Seiten. 1992.

Bd. 22   KUN-CHUN WONG, Interkulturelle Theologie und multikulturelle Gemeinde im Matthäusevangelium. Zum Verhältnis von Juden- und Heidenchristen im ersten Evangelium. 236 Seiten. 1992.

Bd. 23   JOHANNES THOMAS, Der jüdische Phokylides. Formgeschichtliche Zugänge zu Pseudo-Phokylides und Vergleich mit der neutestamentlichen Paränese XVIII + 538 Seiten. 1992.

Bd. 24   EBERHARD FAUST, Pax Christi et Pax Caesaris. Religionsgeschichtliche, traditionsgeschichtliche und sozialgeschichtliche Studien zum Epheserbrief. 536 Seiten. 1993.

Bd. 25   ANDREAS FELDTKELLER, Identitätssuche des syrischen Urchristentums. Mission, Inkulturation und Pluralität im ältesten Heidenchristentum. 284 Seiten. 1993.

Bd. 26 THEA VOGT, Angst und Identität im Markusevangelium. Ein textpsychologischer und sozialgeschichtlicher Beitrag. XIV + 274 Seiten. 1993.

Bd. 27 ANDREAS KESSLER/THOMAS RICKLIN/GREGOR WURST (Hrsg.), Peregrina Curiositas. Eine Reise durch den orbis antiquus. Zu Ehren von Dirk Van Damme. X + 322 Seiten. 1994.

Bd. 28 HELMUT MÖDRITZER, Stigma und Charisma im Neuen Testament und seiner Umwelt. Zur Soziologie des Urchristentums. 344 Seiten. 1994.

Bd. 29 HANS-JOSEF KLAUCK, Alte Welt und neuer Glaube. Beiträge zur Religionsgeschichte, Forschungsgeschichte und Theologie des Neuen Testaments. 320 Seiten. 1994.

Bd. 30 JARL E. FOSSUM, The Image of the invisible God. Essays on the influence of Jewish Mysticism on Early Christology. X + 190 Seiten. 1995.

Bd. 31 DAVID TROBISCH, Die Endredaktion des Neuen Testamentes. Eine Untersuchung zur Entstehung der christlichen Bibel. IV + 192 Seiten. 1996.

Bd. 32 FERDINAND ROHRHIRSCH, Wissenschaftstheorie und Qumran. Die Geltungsbegründungen von Aussagen in der Biblischen Archäologie am Beispiel von Chirbet Qumran und En Feschcha. XII + 416 Seiten. 1996.

Bd. 33 HUBERT MEISINGER, Liebesgebot und Altruismusforschung. Ein exegetischer Beitrag zum Dialog zwischen Theologie und Naturwissenschaft. XII + 328 Seiten. 1996.

Bd. 34 GERD THEISSEN / DAGMAR WINTER, Die Kriterienfrage in der Jesusforschung. Vom Differenzkriterium zum Plausibilitätskriterium. XII + 356 Seiten. 1997.

Bd. 35 CAROLINE ARNOULD, Les arcs romains de Jérusalem. 368 pages, 36 Fig., 23 Planches. 1997.

Bd. 36 LEO MILDENBERG, Vestigia Leonis. Studien zur antiken Numismatik Israels, Palästinas und der östlichen Mittelmeerwelt. XXII + 266 Seiten, Tafelteil 144 Seiten. 1998.

Bd. 37 TAESEONG ROH, Die «familia dei» in den synoptischen Evangelien. Eine redaktions- und sozialgeschichtliche Untersuchung zu einem urchristlichen Bildfeld. ca. 272 Seiten. 1998. (in Vorbereitung)

Bd. 38 SABINE BIEBERSTEIN, Verschwiegene Jüngerinnen – vergessene Zeuginnen. Gebrochene Konzepte im Lukasevangelium. XII + 324 Seiten. 1998.

Bd. 39 GUDRUN GUTTENBERGER ORTWEIN, Status und Statusverzicht, im Neuen Testament und seiner Umwelt. VIII + 372 Seiten. 1999.

UNIVERSITÄTSVERLAG FREIBURG SCHWEIZ
VANDENHOECK & RUPRECHT GÖTTINGEN

ORBIS BIBLICUS ET ORIENTALIS (eine Auswahl)

UNIVERSITÄTSVERLAG FREIBURG SCHWEIZ
VANDENHOECK & RUPRECHT GÖTTINGEN

L'Institut biblique de l'Université de Fribourg en Suisse offre la possibilité d'acquérir un

certificat de spécialisation
CRITIQUE TEXTUELLE ET HISTOIRE DU TEXTE ET DE L'EXÉGÈSE DE L'ANCIEN TESTAMENT

(Spezialisierungszeugnis Textkritik und Geschichte des Textes
und der Interpretation des Alten Testamentes)

en une année académique (octobre à juin). Toutes les personnes ayant obtenu une licence en théologie ou un grade académique équivalent peuvent en bénéficier.

Cette année d'études peut être organisée

☞ autour de la critique textuelle proprement dite (méthodes, histoire du texte, instruments de travail, édition critique de la Bible);

☞ autour des témoins principaux du texte biblique (texte masorétique et masore, textes bibliques de Qumran, Septante, traductions hexaplaires, Vulgate, Targoums) et leurs langues (hébreu, araméen, grec, latin, syriaque, copte), enseignées en collaboration avec les chaires de patrologie et d'histoire ancienne, ou

☞ autour de l'histoire de l'exégèse juive (en hébreu et en judéo-arabe) et chrétienne (en collaboration avec la patrologie et l'histoire de l'Eglise).

L'Institut biblique dispose d'une bibliothèque spécialisée dans ces domaines. Les deux chercheurs de l'Institut biblique consacrés à ces travaux sont Adrian Schenker et Yohanan Goldman.

Pour l'obtention du certificat, deux examens annuels, deux séminaires et un travail écrit équivalent à un article sont requis. Les personnes intéressées peuvent obtenir des informations supplémentaires auprès du Curateur de l'Institut biblique:

Prof. Dr. Adrian Schenker
Institut Biblique
Université, Miséricorde
CH-1700 Fribourg / Suisse
Fax +41 – (0)26 – 300 9754

Nachdem Sie das Diplom oder Lizentiat in Theologie, Bibelwissenschaft, Altertumskunde Palästinas/ Israels, Vorderasiatischer Archäologie oder einen gleichwertigen Leistungsausweis erworben haben, ermöglicht Ihnen ab Oktober 1997 ein Studienjahr (Oktober – Juni), am Biblischen Institut in Freiburg in der Schweiz ein

Spezialisierungszeugnis
BIBEL UND ARCHÄOLOGIE
(Elemente der Feldarchäologie, Ikonographie, Epigraphik,

Religionsgeschichte Palästinas/Israels)

zu erwerben.

Das Studienjahr wird in Verbindung mit der Universität Bern (25 Min. Fahrzeit) organisiert. Es bietet Ihnen die Möglichkeit,

☞ eine Auswahl einschlägiger Vorlesungen, Seminare und Übungen im Bereich "Bibel und Archäologie" bei Walter Dietrich, Othmar Keel, Ernst Axel Knauf, Max Küchler, Silvia Schroer und Christoph Uehlinger zu belegen;

☞ diese Veranstaltungen durch solche in Ägyptologie (Hermann A. Schlögl, Freiburg), Vorderasiatischer Archäologie (Markus Wäfler, Bern) und altorientalischer Philologie (Pascal Attinger, Esther Flückiger, beide Bern) zu ergänzen;

☞ die einschlägigen Dokumentationen des Biblischen Instituts zur palästinisch-israelischen Miniaturkunst aus wissenschaftlichen Grabungen (Photos, Abdrücke, Kartei) und die zugehörigen Fachbibliotheken zu benutzen;

☞ mit den großen Sammlungen (über 10'000 Stück) von Originalen altorientalischer Miniaturkunst des Biblischen Instituts (Rollsiegel, Skarabäen und andere Stempelsiegel, Amulette, Terrakotten, palästinische Keramik, Münzen usw.) zu arbeiten und sich eine eigene Dokumentation (Abdrücke, Dias) anzulegen;

☞ während der Sommerferien an einer Ausgrabung in Palästina / Israel teilzunehmen, wobei die Möglichkeit besteht, mindestens das Flugticket vergütet zu bekommen.

Um das Spezialisierungszeugnis zu erhalten, müssen zwei benotete Jahresexamen abgelegt, zwei Seminarscheine erworben und eine schriftliche wissenschaftliche Arbeit im Umfange eines Zeitschriftenartikels verfaßt werden.

Interessenten und Interessentinnen wenden sich bitte an den Curator des Instituts:

PD Dr. Christoph Uehlinger
Biblisches Institut
Universität, Miséricorde
CH-1700 Freiburg / Schweiz
Fax +41 – (0)26 – 300 9754